SELLING CLOTHES
LIKE THIS

就应该这样卖服装

李朝阳 ◎ 著

悦读书·悦旅行·悦享人生
中国·广州

图书在版编目（CIP）数据

就应该这样卖服装 / 李朝阳著. —广州：广东旅游出版社，2018.10
ISBN 978-7-5570-1493-3

Ⅰ.①就… Ⅱ.①李… Ⅲ.①服装－销售 Ⅳ.①F768.3

中国版本图书馆CIP数据核字（2018）第204899号

出　版　人：刘志松
责任编辑：梅哲坤

就应该这样卖服装
JIU YINGGAI ZHEYANG MAI FUZHUANG

广东旅游出版社出版发行
地址：广州市越秀区环市东路338号银政大厦西楼12层
邮编：510060
电话：020-87348243
广东旅游出版社图书网
（网址：www.tourpress.cn）
印刷：北京嘉业印刷厂
（地址：北京市大兴区黄村镇李村）
开本：787毫米×1092毫米　1/16
字数：231千字
印张：18.5
版次：2018年10月第1版
印次：2018年10月第1次印刷
定价：48.00元

【版权所有　侵权必究】

本书如有错页倒装等质量问题，请直接与印刷厂联系换书

目 录

前言 懂得门道,卖得热闹 /V

行业现状,机遇与挑战并存

你追我赶的服装企业 /003
不景气的线下服装店 /010
服装网店,千军万马 /014
服装销售行业的远大前景 /023

新零售,服装销售新模式

新零售模式:六流合一 /035
整合资源,全方位出发 /044
利用新科技提高消费体验 /053
提高效率,为消费者提供最佳选择 /062

I

03 新技术、新推广,服装销售的新未来

以科技助力销售升级　　/073
"互联网+"服装销售全方位发力　　/079
人工智能"搞事情"　　/088
与新媒体并肩作战　　/099

04 销售素质,适应时代的新要求

服装销售人员的基本素质　　/111
服装销售与搭配技巧　　/121
如何更好地导购,并成为优秀的店长　　/127
耐心和微笑是制胜法宝　　/140

05 消费体验,未来服装销售的核心竞争力

无可替代的服装实体店　　/151
控制成本,装修招客　　/161
服装店的灵魂:消费体验　　/169
巧策划,多用力　　/176

06 网店运营,服装电商门道多

网店运营的技巧　　/189
服装网店竞争法宝:物流　　/198
前线战士,福星客服　　/207
迎新除旧,昂首向前　　/221

07 服装回收,行业的价值蓝海

服装回收市场前景广阔　/237
润物细无声的服装回收　/244
回收服装用处多　/248
服装回收是时代诉求　/256

08 私人定制,销售的时代呼唤

私人定制服装销售的前世今生　/261
互联网及私人定制　/269
私人定制和人工智能　/275
私人定制与设计师　/279

前言

懂得门道，卖得热闹

衣食住行，构成了咱老百姓的日常生活。从古到今，围绕服装，从生产到销售，行业一直如火如荼。面对激烈的市场竞争，在服装销售方面，大家八仙过海，各显神通。

如何让自家的产品卖得热闹，必须要懂得销售的门道。

说起服装销售，不得不从整个服装行业着手分析。作为服装行业的一个重要环节，销售员必须熟悉服装从生产到上架的来龙去脉，才能胸有成竹。本书重点从服装企业、服装店、服装网店三方面解析，虽然各有困扰，但我坚信服装销售行业前程远大。

结合现在服装市场众多新的时代元素的介入，本书率先从服装新零售概念切入正题。只有在这一概念下的服装销售，才是真正适应时代的。在整合资源、提高效率、改善服务方面，服装新零售用全新的视野，为服装从业者开疆拓土，攻城拔寨。

当今社会，科技是任何一个行业都不能忽视也不能抛开的重要推动力。服装销售和科技看似毫不沾边，实际上二者在悄然间已融为一体，近乎发展成了唇亡齿寒的关系。所以，了解服装新零售概念之后，我们必须知道新科技在服装销售里到底扮演着什么样的角色，在哪些方面可以助力服装销售，又该怎样为服装行业保驾护航。尤其是现在深入人心的人工智能技术，正在成为时代的风口，它能在不经意间取代一个行业，也能在不经意间助推一个行业进步。

卖什么就得吆喝什么。面对突飞猛进的新媒体，服装销售要学会借力打力，才能四两拨千斤，事半功倍。

在以上对服装销售进行宏观层面分析之后，我会仔细分析服装销售微观层面的操作。

作为第一线的服装销售人员，其素质直接关系销售业绩的好坏甚至整个品牌的生存。千里之堤，溃于蚁穴。服装销售人员的素质需要与时俱进，并且很多方面急需提升。

众多线下服装实体店，是服装销售的一个个主战场。怎么决胜主战场？开好一家服装店要做哪些准备？哪些操作更有利于服装销售？书中会着重分析。我始终坚信，线下服装实体店有其无可替代的重要特性。

与线下服装实体店相对应的，便是线上服装网店。服装实体店与服装网店，只是不同的销售渠道，并不是敌对势力，没必要拼个你死我活，其实根本不存在对立关系。做好一家服装网店，也有很多需要改善的短板，是非常讲究策略和技巧的。

分析完服装销售行业微观层面的具体操作，我们必须关注服装销售行业的两大前沿趋势：服装回收和服装私人定制。

时代在快速发展，服装早已产能过剩，每年都会产生巨量的旧衣物。虽说和服装销售并无直接关系，但服装回收不仅是一件利国利民

前　言

的大好事，而且其中蕴藏着广阔的市场前景和海量商业及社会价值，需要服装行业从业者发挥智慧。

服装私人定制和服装回收正好相反，服装私人定制作为一种高端销售方式，曾是"旧时王谢堂前燕"，如今随着生活水平的普遍提高和消费观念的升级，大有"飞入寻常百姓家"之势。服装私人定制的高贵和独特，会极大满足不少中高阶层的顾客之需。所以，怎样在当下的市场环境中深耕服装私人定制服务，也是服装销售需要重视及讨论的话题。

本书结合新观念、新技术、新角度，从宏观到微观，从趋势到实操，大处着眼，小处着手，力求全方位阐述服装到底应该怎样卖。

最后，希望每一位读者朋友都能真正从此中有所收获！

01

行业现状，
机遇与挑战并存

在电商、新零售、人工智能、新材料等时代新元素的轮番冲击下，传统的依靠人口红利、粗放生产的服装企业无可避免地将被淘汰。当前的商业环境，特别是新零售的强势崛起，既给众多服装企业敲响了警钟，又给从业者带来了未来的曙光。

面对市场，积极拥抱新变化，制定"接地气"的商业模式和最佳的营销战略，通过数据分析，了解销售情况，制定策略，生产受欢迎的产品，满足消费者的需求，这是一种从"产品思维"到"用户思维"的转变，也是新时代下服装行业变革的必然趋势。

你追我赶的服装企业

如果要"吐槽"那些辛苦的行业,服装行业一定名列其中。2018年已经过半,不知各家服装企业是在攻城略地还是在踽踽前行呢?众所周知,生产决定消费,站在整个社会基础上,生产使消费成为可能,只有生产出来,才可能产生消费;因此在我们研究服装销售之前,有必要了解一下生产端,即服装生产企业的发展状况。毕竟这些服装生产企业决定了服装行业在销售什么。

2018年,虽然服装行业经历了大规模"洗牌",不过也不失为高速发展的一年,但服装企业仍需要面对诸多坎坷和残酷竞争,甚至不少企业正经历生死关头,挺不过去就意味着"山穷水尽",转型成功则迎来"柳暗花明"。

我国是世界上最大的纺织服装生产国、消费国和出口国。2017年,根据国家统计局数据显示,在限额以上服装企业的批发和零售金额合计约10356.4亿元。

当我们回望过去的2017年,可以看到电商模式的爆发,"新零售"的崛起并被列入国家战略,产业转型势在必行。但是服装行业并未在2017年实现产业模式的大转变,产量实现了287.81亿件,出现了4年来的第一次下降,降幅达8.5%。

同时,面对不断上涨的劳动力价格和原材料价格,外贸加工成本节节攀升。所以,原本依靠外贸加工的服装行业利润率越来越低了。

当前的服装企业大致有以下几个特点。

第一，产量大、规模大。

众所周知，中国人口基数庞大，这就提供了广阔的消费市场和大量的劳动力资源，使得服装生产加工这种劳动密集型企业在国内有了充分发展壮大的土壤，在不知不觉间造就了我国服装行业的大产量、大规模的现状。

第二，集群化发展。

首先从地域来看，我国服装产业多集中在南方地区以及环渤海地区，借助长三角、珠三角和环渤海三大经济圈的经济发展优势，呈辐射状向外延伸发展。其次，围绕专业市场、出口优势、龙头企业等因素，形成了以生产知名产品为主的区域性产业集群。

第三，服装运营流程长。

很多服装本身的加工流程不长，但不同季节、不同款式的推出，往往涉及纺纱、织造、印染甚至新型纤维的生产等环节，所以运营流程较长，这就与时装流行的短暂周期产生了尖锐的矛盾。

第四，服装行业缺乏经济规模效应。

由于初始投入和固定资产投入较少，还有加工过程中相对的独立性和分散性，导致了服装行业缺乏经济规模效应。

第五，服装流行周期短。

服装受季节、时尚等因素的影响很大，所以服装流行周期很短，这种快速变化的特点给服装行业带来了无限的机会，但也给企业经营带来了很多不稳定性和风险。

第六，服装的实际意义已超出了遮体御寒等生理需要。

正是因为服装的实际意义已超出了遮体御寒等生理功能，已从美学意义延伸到文化价值，从象征意义延伸出社会价值，所以，服装很难合理定价。

在生产成本优势和价格优势减弱的情况下，很多纺织品服装出口企业已开始通过提升产品附加值和提高产品技术含量等方式，转向海外高端市场，以期摆脱低端市场同质化恶性竞争的不良影响。让我们一起看看怎么具体提高服装企业生存能力。

品牌的竞争：自主品牌的发展

有别于早期依托贴牌式的简单加工生产（OEM），我国服装行业逐渐开始向设计生产（ODM）和品牌生产（OBM）转变，国内外消费者对我国服装自主品牌认知度也有所提高，纱线、面料、辅料等原料和中间产品的品牌价值正逐渐得到市场认可。也就是说，我国的服装企业目前进入转型期，即面临从以产量取胜的外延型发展向以产品质量和创意、品牌美誉度和经营管理模式取胜的重要转变。

人才的竞争：留不留得住人才

电影《天下无贼》里有句经典台词："21世纪什么最重要？人才！"的确，无论哪个行业，人才都是最核心的价值。

服装企业的人才，往往事半功倍，甚至能决定行业的发展方向。而有些服装企业不注重培养人才，有些服装企业不知道如何培养人才，甚至有些服装企业组织体系内缺乏人才生存和发展的环境，缺乏用人标准。这些都是不利于人才发展的，也不利于服装企业的发展。

所以，在人才方面，服装企业切忌急于求成，切忌"一锄头挖口井""一口吃个胖子"，切忌"朝三暮四""朝令夕改""见异思迁"。服装企业要有"一年不见效，三年初见效，五年见成效"的心理准备。

面料的竞争：个性化消费趋势

面料是传统服装制作的直接材料，属于成品，但在个性化消费趋势越来越明显的当下，假如某类服装消费热度衰减甚至过时，那这类的服装面料就会滞销，乃至成为库存。因此，服装面料是依赖传统设计环节需求而存在的。

在 2017 年 3 月 15 日的中国（上海）国际服装展上，就出现了很多新品牌、新理念和新兴互联网企业。已经成功登陆新三板的丽晶软件 CEO 江旭东，讲述了"新智造""新零售"的概念。

江总表示：衣食住行，衣还是一个体量大、有高增长空间的行业。目前的服装市场并不是出现萎缩，而是消费者更加挑剔了。服装企业曾有过一段高速发展的好日子，但也正因如此，很多服装企业无法适应市场的新变化。目前服装企业的业绩下滑，主要是因为传统业务模式与消费者需求错位，并非市场萎缩。丽晶一直致力于为服饰企业信息化服务，专注于服饰行业的理解和研究，为服饰企业实现信息管理革命提供专业咨询和整体解决方案，要帮助企业建立一个新的模式，把错位的信息或资源梳理清楚、合理匹配起来。有些服装品牌商一直在强调品牌的价值、宣传等，而把生产商品的工厂当作累赘，追求所谓的"轻资产、重营销"。消费者一旦对过度营销不买账，服装品牌企业就会陷入困境。商品做不好，营销做得再花哨，也只是自欺欺人罢了。

所以，小批量、多批次印染，将会成为服装企业不得不面对的一个现实。在快时尚日益普及的今天和未来，大批量面料的产销方式，必然会令服装企业陷入进退两难的境地：要么没订单，要么难回款，要么库存积压。

设计的竞争：审时度势

设计是服装行业的灵魂。在市场竞争愈发激烈、消费者愈发挑剔的今天，需要服装企业能够审时度势，运筹帷幄，既要能把握时尚脉搏，又要能形成量产的能力。做到这一点并非易事，需要协调好设计师、资金链、供应链等多方面因素的运转，确保能抓住潮流的风口，甚至引领时尚潮流，而不是闭门造车，自以为是。

设计师往往没有充裕的资本，设计方案能否走向市场，首先取决于资本，也就是服装生产企业老板的定夺，还要接受市场及千千万万消费者的检验。如果对市场消费趋势把握不准，那不仅有损服装设计师的市场名誉，更会为服装企业带来库存的积压，造成重大经济损失。

加工的竞争：柔性供应链

在个性化、小众化市场特点愈发明显的趋势下，品类单一的大批量订单锐减，多批次、小批量的短周期订单会成为企业生产的新常态。这就要求新时期的服装企业必须有柔性的供应链，这样才能适应市场、化解风险。

柔性供应链，必须做到渠道完善且稳定；线上、线下多渠道齐头并进；有承接小批量、多批次订单服务的能力；能够规划、运营属于自己的供应品牌等。

现代的服装企业如果没有柔性的供应链，或者说没有自己的供应品牌，仅仅依靠别人代工，那将永远被动，迟早被市场淘汰。

工人的竞争：招工难

一份关于服装企业一线工人离职原因的调查显示：工作强度高、压力大是工人离职的最主要原因（16.2%），薪酬福利不好（10.9%）和加班时间长（10.9%）分列第二、第三名。这三项数字，直接说明了服装企业招工难的内在原因，也告诉了我们该如何化解。

有远见的服装企业家已提前布局，调整产业结构，向上游产业链延伸，提升企业竞争力，把劳动密集型企业改造为技术密集型企业。

部分企业调整组织架构、工资结构，改善工作环境，尝试8小时工作制，以激励每一名员工。

把员工和企业双方利益捆绑在一起,给员工归宿感,减少加班时间,以适应 3~5 年后的"95 后"新一代员工的物质和精神诉求,使企业稳定发展。

以人为本的服装企业,往往更得人心,应力求做到给员工家一样的感觉,方能令服装企业稳定发展。

工艺及设备的竞争:特殊性、功能化、自动化、智能化

现代人的审美越来越多元化,追求个性、标新立异、不拘一格,成为众多人选择服装的基本标准。而且衣服穿了几千年,要数今天的人最懒。所以,免烫处理已经成了服装工艺流程的标配。而且随着新技术和新材料的发展,设计师的创意越来越大胆,会采用很多稀奇古怪的设计元素,但是往往工艺达不到要求,造成了有作品却无法形成产品的尴尬境地。比如活性生物面料的出现,可能会给我们再造一层会自我监测、自我修补、自我裁剪、自我充电、自我调色、自己控温的"皮肤"。

要实现将众多创意变为最终产品,除了技术的革新,设备的迭代也是需要给予足够重视并需要尽快提上日程的。未来的生产设备,自动化和智能化是必然选择。

服装品类繁多,当前只是部分服装工艺真正实现了自动化,未来要真正实现机器换人还有相当漫长的研发路程要走。而且设备研发是极其耗费人力、物力和财力的,成果还容易被人抄袭,稍有不慎就成了"为他人作嫁衣",所以一定要非常注意知识产权的保护。

跨界的竞争:行业再无边界

科技不断发展,我们正在寻求能够生产出高科技智能皮肤服装,融合科技元素、植物元素、生物元素、信息技术元素等的尖端技术。"人不如旧,衣不如新"这句话得改改了,多功能智能服装陪伴我们

01 行业现状，机遇与挑战并存

的时间，可能会是一生，你敢随便换吗？以后衣服都是带功能性的，好似我们日常不离手的手机，能随便替换吗？

事实上，智能服装本身就是一个极度跨界的、专门为我们自己的身体服务的平台。

杜邦公司推出的先进聚合物平台Sorona大中华区市场部主任翁文瑾，曾在2017年分享了一场"一种纤维，无限可能"的精彩演讲。Sorona纤维凭借柔软性、延展性以及着色持久度的优势，有力支持品质升级，可以令内衣更细腻柔软，令户外运动服和牛仔服更具舒适弹性，令外套坚韧不易变形。

而Teflon全球市场经理申洁，全面解读了"面料防水防污科技新趋势"，展示了Teflon面料在防水防污方面的更多可能，成为未来新型面料趋势的一大亮点。

所以，谁的服装企业还敢偏安一隅，不尝尝科技，不学学生物，不试试植物？

服装销售咨询小贴士

2017年，作为"新零售"的元年，线上线下相融合成为趋势。传统服装行业遭遇发展瓶颈之际，应该积极拥抱新技术，适应市场新潮流，从变革中探索新的发展路径。

对于服装行业来说，2018年的发展方向肯定不仅仅于此，但是，如果服装行业的从业者不积极采取措施主动出击，等到市场格局逐渐稳定，想要再占有一席之地就很难了。

服装企业是服装销售的后院，看好了后院，才能在服装销售市场游刃有余。

不景气的线下服装店

据前瞻产业研究院整理发布的《2018—2023 年中国服装行业产销需求与发展前景预测分析报告》，2017 年服装行业实现年零售额 10 356.4 亿元，但零售额增速仅为 1.4%。新经济形势下，服装行业出现低迷已是不争的事实。

曾经红火的服装店生意如今的日子并不好过。不少服装商贸店主表示：服装店开了两年，一直不见起色，一晃又到年关，年后店铺是关是留，有点迷茫。同行都说今年生意差，有点看不到实体服装店生意的前景。

有句话说：选择比努力更重要！是不是选择服装这个行业已经没出路了？在回答这个问题之前，先来冷静审视一下这个问题：现在除了服装生意不好外，其他生意又有多少谈得上好做呢？

要不要坚持做下去？做决定前需要综合考量，如果同一商圈整体萧条，关多开少，优势没了，早点走为上策；如果只是你跑不赢整体，则需要反思的是如何提升你店铺在当地商圈的核心竞争力，例如货品优势、店铺优势、团队优势、客户关系、新营销。

放眼全国，从 2015 年起，大型纺织服装企业频现倒闭潮。服装行业上下游产业链就业人口高达 2 亿，曾是占据中国出口半壁江山的支柱行业，行业疲软的态势也牵动着国人焦灼的神经。业内知名品牌的几大商家的日子都不好过，都没能逃脱关闭门店、利润缩减的厄运，似乎正预示着服装行业及服装店生意的整体衰败，甚至出现了不

01 行业现状,机遇与挑战并存

少类似"实体店终将消失"的唱衰论调。

实体店真的会消失吗?我不这么认为。其实我们或许是有些过度焦虑了,关闭门店并不意味着衰落,或许只是与时俱进的策略调整。

为什么实体店不会消亡呢?

第一,人是社交型动物,需要交流的场所。

什么是社交?社交就是我们必须透过某种方式和工具来传递思想、交流信息和意识。因为我们只有不断地与不同类型的人进行交往和信息沟通,才能不断地丰富自己、发展自己、扩充自己的知识库。当今时代,经济社会环境的变化使得人与人之间的交往显得更加重要。而实体店正是满足这种交流需求不可或缺也是无法替代的场所。

第二,shopping mall(以下称购物中心)要承载集中经营式的体验消费。

购物中心是现代人非常重要的休闲娱乐消费场所,吃完饭去看个电影,看完电影去K歌、唱累了再去做个按摩等。购物中心不只有餐厅,电影院、美容院、咖啡馆、服装店一个都不能少。这些不都是实体店吗?

所以,多元化的服装实体店永远不会消亡,只会转变成实体店与网络相结合的经营形态。随着新零售的崛起和新功能、新材料服装的突破,或许2018年就是服装实体店的春天。

给大家分享这样一个故事。

有位父亲,养了四个儿子,一天在外面吃早餐,剩下一个包子舍不得扔掉,就带回家,可是家中有四个儿子,又不好分,于是计上心头,他对儿子们说:父亲在外面垃圾桶里捡了一个发霉的包子,你们谁要吃?

老大听罢说,发霉的我才不吃。

老二说老大都不吃的东西,我才不吃呢!

老三说垃圾桶里的东西，那是给猪吃的！

这时候老四好奇地想，既然老爸能带回来，肯定可以吃，于是说：我尝尝看！

老四吃罢，顿时高兴地说：爸，太好吃了，下次有这样的发霉包子我还吃！

这时，老大笑他傻，老二说他蠢，老三说他是傻瓜。

可事实呢，只有吃包子的老四和老爸知道。

这个故事告诉我们什么道理呢？

1.社会资源的分配总是不公平、不对等的，你的店综合竞争力能不能跑赢同商圈的大部分商家，决定你最终能分配到的资源份额。

2.面对新的机遇，比如实体微营销、移动社交电商，你是墨守成规、坐以待毙，还是像老四那样"尝尝看"？

如果服装店仍然像以前那样倚仗商圈半径，坐等顾客上门，靠长时间慢慢积累客源来经营，走进死胡同是必然的！

服装店要想再度兴盛，一定是与互联网结合在一起的，不可能仰赖传统的靠门面店引流，更多的可以通过互联网引流而避开高昂的租金成本，比如开在商场、写字楼或房租低廉的地段，以互联网、微信生态营销等工具的引流代替门店的引流，完成单一的商圈渠道向覆盖实体店、电商、移动端和社交媒体的复合渠道过渡，实现实体经济与电销经济结合的转型。未来，消费者已不再是购买产品，而是购买一种生活方式，终端更多的是要提供消费场景体验和商品样品展示的双重感受。

竞争激烈的市场行情下，市场细分已成必然。服饰零售正处于前所未有的瓶颈期。要想有所突破，摆脱这一现状，只有详细、精准地分析数据，才能让企业回归营销的本质。在互联网带来的大数据融合时代，传统的服装要达到市场要求，就必须考虑加入更多新的元素。

在保证满足消费者个性需求的同时，也为顾客提供更多的选择。例如"跑步经济"带来了运动品牌的业绩增长；"全面二胎"政策的落地加速了童装市场的发展；人们对贴身衣物的重视度的提升带来了内衣品牌的发展。这就是市场细分下板块的崛起与发展，这是服装企业寻求突破的机遇。

"选择比努力更重要"，这句话本身没有错，但还有一句话我也想给大家分享，那就是：信心比黄金更重要！应该说，服装行业是永远不会被淘汰的传统产业，很多人一边喊着生意难做，其实一边闷声发财的也不在少数。只要脚踏实地做好服装经营的每一个环节，心态放好，不要像炒股、炒楼那种幻想着一夜暴富，这门生意还是大有可为的。

服装销售咨询小贴士

变革当道，创新不凡，资本升级。新时代、新趋势已经发出挑战，匠心而为，时尚而上，品质与品位的双重提升，正是新时代下服饰行业变革的必然趋势。在新零售和消费升级的大背景下，服装店如何以消费者运营为核心，满足其品质与品位的双重需求，将匠心精神始终一脉传承，兼具迎合时下潮流，展现年轻、时尚、个性的态度？

服装店已经在2018年闪耀启程，能不能为服装行业更添精彩呢？让我们拭目以待！

服装网店，千军万马

服装电商行业现状

不得不说，服装电商的发展，对服装消费市场起到了非常大的拉动作用。

2012—2015 年，我国服装产量呈现持续增长态势。中国纺织服装业正从传统优势产业向新型制造服务业、时尚产业和战略新兴产业转型升级。2015 年，中国服装鞋帽有数据统计口径的总体规模为 21 550 亿元，其中线上的规模为 4200 亿元，占比达 19%，未来线上销售数据占比仍会继续扩大。

借助网红经济，服装网购渗透率进一步扩大，2017 年服装网购渗透率将达 36.9%，同比增长 10%。

可以看出，电子商务已经全面渗透进服装行业。在目前的服装电商市场上，除淘宝、天猫、京东、唯品会等综合型电商外，邦购网、玛萨玛索、梦芭莎、凡客诚品等垂直服装电商也占据了一定的市场份额。

从运营模式上看，既有优衣库、绫致服装、红领集团、衣邦人等 O2O 电商，又有韩都衣舍、茵曼、裂帛、七格格等淘品牌，另外反向定制的 C2M 电商量品、必要商城也崭露头角。而除了常见的 B2C、C2C 服装电商外，辛巴达、中国服装网、衣联网、中国绸都网、批来批往等 B2B 服装电商也在快速成长。

服装电商的优势及机遇

第一，网购不受时间和空间的限制。

24小时营业，随时随地任意挑选，解决了上班族购物的时间问题，同时，网络市场可以提供许多在消费者周围的现实生活中买不到的商品，可以实现"异域"购物，这为现今追求时尚和个性的都市男女解了燃眉之急。"跨时间、跨地域"购买成为网购市场区别于传统市场的最大优势。

第二，网购商品价格实惠。

网店的店面租金、导购员等一系列的费用支出比实体商店要低得多，其价格更便宜，更有竞争力。网络给大家提供一个广阔的竞争平台，网络卖家通过各自的渠道，利用价格优势实现盈利。

第三，信息量大。

"货比三家"是很多人的购物习惯，无论是在传统市场还是在网络市场，多数消费者都习惯对商品的价值和价格进行对比，选择性价比最高的商品。网上购物提供了一个资源丰富、购买便捷的方式，在网购平台，商品的信息一览无余。

第四，资源自由流动。

网络的连通性为资源流动创造了便捷通道，使得网购的购物模式可在更大范围、更多层面以更高效率实现资源配置，从而实现市场经济资源的优化配置。

综上所述，网购突破了传统市场的障碍，无论对消费者、企业还是对市场都有着巨大的吸引力和影响力，在新经济时期无疑是实现双赢的理想模式。

服装电商市场存在的问题

任何事物都有两面性，服装网购固然十分便利，但也有其不可避免的劣势和不足。

第一，服装网购市场法制不健全。

我国现有法律对网络购物的消费者权益的法律保护见于《民法通则》《合同法》《消费者权益保护法》《电信条例》等法律法规中，并没有专门的法律法规，内容零散，可操作性不够明确，且条文与当今快速发展的电子商务环境不匹配，所以不能满足全面、合理地保护消费者权益的需求。

第二，实物与信息之间存在差距。

网购只能看到有关商品的图片和一些解读信息，与实物在手总有一些差距，特别是对于服装这类特殊的商品，即使通过图片和解读信息对衣服的款式和尺寸有了一定了解，但由于不能试穿，仍然难以促成消费者的购买行为。

第三，某些商家不够诚信。

经营者的信用程度一直是消费者重点关注的问题。互联网技术使得某些商家存在通过匿名方式躲避调查，利用监管难度大、隐蔽性强、传播快的特点，大行虚假广告和欺诈之道，有的更是打着"特价""大奖"等旗号吸引消费者的眼球，借机牟取不当利益，以致侵害了消费者的合法权益。据淘宝网的统计数据显示：在网购诈骗案中，服装类的网购诈骗案占比一成左右。解决好服装市场的诚信问题，将极大地促进整个网购市场规范。

第四，网络支付存在安全隐患。

类似于淘宝、易趣等网站，大多采用支付宝作为网上支付工具，另外也可采用网上银行、汇款等方式进行支付，不管哪一种支付方式，都有被偷窥、密码被盗的可能性，网络支付的风险很大。

第五，售后服务机制不健全。

纵观当前的消费者市场，越来越多的消费者重视产品的售后服务问题。同样地，生产者也把售后服务看作是参与竞争的一项重要手段。电子商务交易平台因其虚拟性的特殊属性，其售后服务机制的健全就显得比较困难，但同样显得越来越重要。

第六，商品配送存在问题。

在网上购买的商品需要经过配送环节，目前的网购商品配送快则一两天，慢则一周甚至更久，物流时间太久。有时商品不满意还需要经过配送环节调换，费时费力。

服装电商发力与品牌创新

中国服装电商的起步较晚，但成长迅猛。根据罗兰·贝格的数据显示，2013年中国服装业的线上渗透率已超越美国，位居全球第一，潜力很大。这些年移动互联网的发展进一步助推了品牌商向数字化营销、电商多渠道转型，而本土企业对于线上渠道的摸索终于迈向了更加成熟的阶段。

纵观各家2017年财报，收益正向的品牌大致分为两类，一是电商自我发力，线上持续增长；二是服装品牌建设创新多元，自我风格成熟，数字营销精准而完善。

第一，线上渠道的销售额增速普遍快于线下门店，但是占比依然处于低位，空间很大。

2017年，海澜之家取得了182亿元的总收入，净利润33.29亿元，同比增长6.60%，其中电商（线上）业务10.54亿元。

2017年安踏销售额增加25.1%至166.9亿元，净利润增加29.4%至30.9亿元。财报中特别提及电商业绩优秀，在天猫"双十一"购物狂欢节创造了销售新高，再度体现出2017年其在电商领域的迅猛发展势头。

森马营收120.28亿元，同比增长12.76%，主要得益于线上电子商务业务及儿童业务的持续发展。

第二，在品牌建设方面，本土企业在产品打磨和品牌创新转型方面下的功夫似乎有了起色。

2017年，李宁作为国内首个登上纽约时装周舞台的运动品牌，其设计感和新潮感受到消费者追捧，也在社交媒体上引发了热烈的国产服装"争气、长脸"的讨论。

另一个尝到了风格成熟甜头的品牌是江南布衣，2018上半财年，会员所贡献的零售额占比达67.4%，线上渠道销售占总收入比重提升至8.5%，增长45.1%，高于线下自营的23.6%。

国内男装十大电商品牌

以下排名不分先后。

第一，虎都（Fordoo）。

品牌特色：虎都服饰以男装和西裤为主要产品，主要服务于中国高品位男士。

品牌文化："锐意虎都，领驭未来"，一场经典的演绎，却不失风雅的传承。代表着卓越与品位的虎都，写下了无数雅士的辉煌篇章，而从诞生之日起便带着经典尊贵气质的虎都，如蒲公英一般蓬勃发展，尽情演绎着自己独有的文化蕴涵。虎都品牌携带着永恒的卓越梦想，以服饰的名义，见证着时代风尚的精彩撞击。"男人自有主张"是虎都的品牌口号。

第二，杉杉（FIRS）。

品牌特色：杉杉作为中国服装的龙头企业，引领中国服装业的产业方向。自创立之日起,它以高瞻远瞩的眼光在中国服装界第一次系统地提出了品牌发展战略,着力打造品牌。

品牌文化:"杉杉"品牌创始于1989年,品牌的创始灵感来源于杉树,其挺拔的树干彰显了"杉杉"的正直向上,积极领先的精神。杉树的绿,则寓意着"杉杉"品牌注重环保、自然,追求工作与生活平衡的价值理念。"杉杉"品牌是风度精神与绅士西服的先驱者,志在为中国男人打造绅士品位的着装方案。

第三,七匹狼(Septwolves)。

品牌特色:七匹狼以"品格男装"突显国际化品质和中西兼容的文化格调,以时尚传承经典,立足中国,面向世界。

品牌文化:七匹狼男装创立于1990年,2000年推出格子夹克,成为红遍大江南北的"夹克之王",并在此后连续16年在中国夹克市场占有率第一。2004年七匹狼实业股份有限公司成为中国服装业首家上市公司。2003年和2005年,两度赞助"西班牙皇家马德里足球队中国之行",成为品牌传播和营销创新的经典案例。"男人不只一面"的服装品牌文化经营理论,形成了以品牌为核心、以生活形态产业为主导的现代企业经营体系。"诚信、责任、专业、创新"是七匹狼一直以来坚持的核心价值观。七匹狼尊重每一位员工的权利,致力于为员工创造发挥能力的平台。

第四,雅戈尔(YOUNGOR)。

品牌特色:雅戈尔品牌是国家第一批"重点支持和发展的名牌出口商品"品牌,并被国家商标局列入全国重点商标保护名录,多次入选"中国最佳服装品牌""最受消费者欢迎的男装品牌"。

品牌文化:雅戈尔集团创建于1979年,从单一的生产加工起步,经过不断努力,迄今已经形成了以品牌服装经营为龙头的纺织服装垂直产业链。"创国际品牌"是雅戈尔的发展目标。在经过近30年的发展后，雅戈尔已成为中国的知名品牌，提出了"坚定、提升、发展"的战略方针，在充分发掘区域市场的前提下，加速品牌高相关度市场的多元化计划实施，形成核心品牌结构，采取多渠道或多形式的品牌运作方法和策略，推进品牌国际化。

第五，才子服饰（Tries）。

品牌特色：才子服饰始创于1983年，是才子服饰股份有限公司旗下知名品牌。才子以其独有的审美眼光，运用时尚的潮流元素和精致的剪裁工艺，充分展现商务男士的独特魅力。

品牌文化：才子服饰股份有限公司创立于1983年，自1995年开始，才子跻身中国服装行业百强之列，并成为全国服装行业重点生产企业。"才子"商标是全国服装行业的驰名商标，在国内享有盛誉。才子男装以中国精英族群为群体定位，以中国五千年文化精髓为产品创作灵感源泉，目标在于打造"中国文化原创第一品牌"，并向"规模化、资本化、国际化"企业迈进。

第六，柒牌（Seven）。

品牌特色：柒牌男装自2003年推出中华立领后，便备受社会推崇与关注，荣获"中国名牌产品""2007年度中国500强最具价值品牌"等多项荣誉称号。

柒牌是一个以时尚中华为产品主线，追求国际化和生活化，出彩出色，彰显高雅，有型有色，彰显自信的男装品牌，目标消费群体是年龄在25~55岁之间，有文化、有责任感、有品位的新时代男士。柒牌作为中国知名企业，制定了立足于全球化竞争的品牌愿景：打造比肩世界一流的品牌男装。

第七，九牧王（Joeone）。

品牌特色：九牧王男装集面料板型工艺为一体，注重细节及每一道工序，力求品质完美。时尚的设计感与流行前沿的时尚搭配，是九牧王男装绅士个性的表达。顶级休闲商务男装品牌,中国十大男装品牌之一。

品牌文化:九牧王男装的核心诉求是理性的品质诉求。因此,九牧王男人是理性睿智的男人,对九牧王男人而言,人生的价值是在内在与外在的、冷静与激情的、经典与时尚的、运动与静止的变化中,取得完美的平衡。而这种"变化中的平衡"也将通过九牧王的系列产品来体现。

第八,庄吉(JUDGER)。

品牌特色:庄吉集团旗下商务休闲男装,主打男士西服及配件等,年产西服 100 万套。

庄吉集团是一家"无区域"现代企业集团,于 1996 年组建成立。系浙江省"五个一批"重点骨干企业,入选全国服装企业"双百强"、中国民营企业 500 强、浙江省民营企业百强、温州市企业 50 强,涉足服饰、船舶、有色金属、房地产等领域。2009 年实现销售收入 22 亿元。

第九,海澜之家(HLA)。

品牌特色:海澜之家秉承"科技引领时尚,创新成就价值"的企业发展理念,坚持科技创新,运用新技术不断推出新产品,在与澳大利亚羊毛发展公司(AWI)合作中,开发出海澜之家"海之唯"可机洗系列羊毛西服,打破了羊毛西服只能干洗的传统,为中国男装界吹进了一股时尚健康之风。

第十,劲霸(K-BOXING)。

品牌特色:劲霸男装成立于 1980 年,专注做夹克,它用独特设计,终结了夹克的单调,从而成为中国高级时尚夹克领先者,同时引领夹克及配套服饰的研发设计,让休闲装更时尚,极具影响力。

劲霸男装秉持"一个人一辈子能把一件事情做好就不得了"的核

心价值观，38年不断改进夹克，一直专心、专业、专注于以夹克为核心品类的男装市场。

服装销售咨询小贴士

随着科技和网络的发展，现在越来越多的人会选择网上购物。网上服装店是比较新潮的一种服装购物方式，其撇开了人们以往购买服装都必须体验试穿进而再决定是否购买的消费习惯。

而电子商务的发展，使得网上服装店不断完善，现在已经推出七天退换、正品保证、货到付款等多重保障，从而解决了很多消费者对网上购物的顾虑问题。

服装销售行业的远大前景

中国服装销售行业发展特点

第一,百货商场竞争力下降。

以前,百货商场一直是中国服装销售的主要市场。但是目前中国部分百货公司的服装销售模式是把卖场的位置出租给服装厂家或个体经营者,百货公司只收取一定金额的费用或租金。这种模式造成百货商场利润水平下降,从而在与购物中心、大型专卖店等购物场所的竞争中,优势逐渐丧失。

第二,网络销售规模扩大。

随着电子商务深入发展,越来越多的消费者选择网上购物。服装生产和销售企业纷纷在网上开设店铺,服装行业网上销售额近年来始终保持高速增长。

第三,服装体验店发展较好。

服装品牌连锁店具备商品种类齐全、产品更新速度快、产品更具时尚性等诸多特点,而服装体验店颇受年轻一代追捧。

第四,实体店销售仍占据着主导地位。

从总体上来看,虽然电商销售业绩表现良好,但是目前销售市场仍然是由实体销售企业占据主导地位,实体销售企业仍然占据着主要的市场份额。

服装销售行业未来的新趋势及背后的商业逻辑

服装作为传统制造业的代表，一直沿着传统的生产模式轨道发展，但是近些年密集型劳动、高强度作业、低生产效率等因素成为制约服装行业发展的瓶颈。随着服装生产技术的不断进步，越来越多的智能软件与自动服装设备的应用，将有力解决服装行业的发展难题，不断助力企业提升生产效率。新软件、新技术、新服装设备的革新，为服装行业大发展提供了强大的技术保障。

第一，数字化是未来服装的生产方式。

随着服装科技设备的深入研究与发展，越来越多的高效率、自动化、人性化服装设备代替了传统型服装设备，例如：智能拉布与电脑裁床改变了人工进行拉布、裁剪作业方式，效率大幅提升。如今新型服装模板技术结合服装工艺与服装样板技术，通过设定不同模板类型改变工艺作业模式，提高了生产效率，降低了对工人的技术要求，促进了车间生产标准化、流水化、现代化。

未来服装生产将走向数字化时代，智能化软件、自动化机械服装设备、新型技术、新奇材料的应用，诸如3D技术、机器人作业、自动化技术应用等新工艺，以及整套流水化、现代化、数字化解决方案服务，数字时代生产模式将颠覆传统，促进服装行业大发展，提升企业发展现代化步伐，服装行业转型升级，将真正迎来数字化时代生产模式。

第二，智能化是未来服装的设计方式。

服装应用型软件改变了服装行业设计、技术部门的作业方式。二维款式设计软件改变了手绘设计模式，三维款式将沿着设计、成样、试衣、走秀的发展方式颠覆整个服装行业的传统模式，服装CAD以及工艺单的普及应用，提高了技术版房的作业效率。现在样板的设计、放码、排料、工艺单以及样板管理，都利用智能化软件完成，结合输入、输出自动服装设备，实现高效率作业。

智能型服装的功能性设计需求，向未来的服装设计师提出了更高的技术要求。可以想象，未来的衣服对功能的要求，将不局限于保温、防水、透气等，更趋向于电子和生物通信服装，甚至附带电脑、手机、抗生素等智能功能，未来的服装将成为真正的"多功能便携式高科技产品"。而包含自动3D身材测量、自动3D制版、3D编织在内的3D打印技术也正在进入服装行业，在2013年的巴黎时装周上，就展示了多款3D打印机制作的服装，这种在家里就可以完成的服装设计、生产方式，值得服装行业关注和思考。

第三，"两化"融合成未来供应链模式。

服装企业的业务流程非常烦琐，许多服装企业每天需要处理成百上千的库存单位，并要管理无数的款式、结构、客户标识等数据。在这种复杂性极高的经营管理过程中，以精确预测、采购管理、生产计划和分销管理为特点的供应链管理就显得尤为重要。在这条供应链中，体现了三个层次——物流链、信息链和价值链。

物流链就是物的流通以最好的方式来实现，价值链则是在物流过程中让产品的价值不断增加，而信息链是前面两个链实现的保证。未来在服装行业，企业资源管理系统（ERP）软件、客户关系管理（CRM）软件、电子印章、物联网和射频识别（RFID）技术、全球定位系统、激光扫描器等信息传感设备将得到普及应用，电子信息技术广泛应用于工业生产的各个环节，信息化成为工业企业经营管理的常规手段，实现智能化识别、定位、跟踪、监控和管理，以信息化带动工业化、以工业化促进信息化，"两化"融合将是传统服装行业供应链减少成本、提升效益的有力手段。

第四，云平台打造未来服装的销售方式。

现在很多零售实体店已经成为零售商品的展厅，仅为消费者提供选择和订购产品的服务。这种模式有些类似目前的苹果体验店，它重新定义了零售商店的角色——不只是卖东西，还致力于开发客户关系和提升品牌价值。

不久的将来，消费者可以不用在拥挤的试衣间里试穿一大堆衣服了，他们只要进入一个房间内，由门店专门设置的3D身体扫描仪对顾客进行扫描，不到一分钟就可以得出顾客多角度的身体尺寸，然后将这些尺寸数据上传给一台计算机，由计算机建立一幅3D图像，并提供一系列体形漂亮、风格各异的服装，顾客可随意挑选并在虚拟试衣镜中看到试穿效果。这就是3D虚拟试衣系统，如今在国外知名服装品牌店面如优衣库已有应用。

此外，服装企业都有一个梦想：智能定制。智能定制系统将使这一梦想照进现实。上海意利就是这样一家服装业信息化企业，它用两年多时间，颠覆了传统服装产业的定制模式，打造出一种模块化标准模式，通过智能化的信息系统，以数据分析，得出消费者的购物习惯、需求等。

未来的服装新型销售模式，将需要超大的数据存储空间和计算能力才能实现，云计算将为服装行业这一发展提供强大的技术支撑。

第五，DIY互动为未来服装的购买方式。

电子商务开辟的全新的配送渠道和物流系统具有传统销售渠道无法比拟的传播和销售优势，"触网"自然不可避免，而实际上，传统服装企业电商化，并不意味着低价促销，而是利用互联网信息平台，更快地搜集时尚流行趋势和消费者消费习惯，更好地满足消费者的购物需求。

想象一下，当人们发现一套想要的衣服时，拍下照片并在网上搜

01 行业现状，机遇与挑战并存

索，找出设计者以及距离最近的商店，然后在手机上形成三维画像，就可以看到那套衣服穿在自己身上的效果，并用平板设备进行DIY修改，最后让朋友在线观看并提供意见。这将让服装购买变得更加轻松、更加快捷，并充满DIY互动的乐趣。

众所周知的淘宝网，已建立买家应用中心平台，技术主要包括"虚拟衣柜""虚拟试衣间"和"梦境全息展示柜"三大部分，其中已植入发布会上将做走秀的服装服饰，现场体验除了能够看到炫彩夺目的走秀展示，更能通过3D服装体验技术对展示服装进行试穿搭配，虽然目前技术还不成熟，但足以预见未来的发展趋势。

"虚拟衣柜"主要运用体感互动和非触摸控制技术，预先植入系统的服装服饰将会以三维动态的形式出现在大型屏幕墙上，体验者只需通过简单的手势控制，就可以知晓选定商品的所有信息，实现虚拟挑选体验。

"虚拟试衣间"则是运用虚拟肖像增强技术，只要一张体验者的脸部正面照片，想试穿的服装就会以3D图像的形式出现在体验者身上。

"梦境全息展示柜"则是运用全息成像技术，让产品实物与绚丽的动画效果相结合，最后用混合现实（MR）的方法呈现给体验者。

这三项技术基本展现了3D服装体验的特质，便捷，可以判断，随着这类技术的推广和应用，服装网络购物将进一步普及和被认可。

目前，实现3D试衣、DIY互动的瓶颈在于人体轮廓数据的缺乏。人体轮廓数据，又称体表尺寸，是服装制作的依据，构建相关数据库系统则成为服装行业急需的基础设施。我国人口众多，数据采集难度较大，相关数据库建设尚处于起步阶段，目前只有局部小规模的研究。

2018年服装销售行业的十大趋势案例分析

1.2018年奢侈品将持续积极拥抱中国电商市场，走向年轻化。

2017年第三季度，各大奢侈品集团纷纷公布财报数据，拿出了强有力的回暖证据：

开云集团旗下Gucci、Bottega Veneta、YSL等品牌延续之前的增长势头。Gucci的销售额同比增长42.8%至15.53亿欧元；Bottega Veneta的直营门店销售额同比增长2.8%；YSL的销售额同比增长17.7%至3.83亿欧元。

爱马仕集团截至2017年9月30日的统计数据显示，其销售额同比增长11.3%至13.37亿欧元，品牌在全球所有地区的销售额均取得增长。

以上数据表明，2017年奢侈品市场全面回暖，据预测，到2025年，在线销售在所有销售中所占比率将从当前的9%上升到25%。目前中国电子商务市场蓬勃发展，相信会进一步提高奢侈品销售额。

2.潮流IP助力服装销售市场，潮流新品牌不断涌现。

2017年，随着《中国有嘻哈》的走红，在全国掀起一股嘻哈热潮，也把嘻哈文化、街头文化延伸出去的街头服饰抬到了风口，催生了国内估值3000亿元的嘻哈周边潮流生意。2017年，潮流产业开始在国内井喷。如今的中国年轻人终于可以与欧美潮流文化同步。错过了藤原浩的时代，中国年轻人终于赶上了Vetements、Supreme、Off-White的时代。一直被有限渠道压抑的潮流需求一旦拥有释放的空间，就开始呈爆发之势。

3.全渠道整合力度加大，纯线上的淘品牌消失速度加大。

近年来，随着电子商务的迅猛发展，越来越多的传统行业从线下转移到线上，通过开辟电商业务来拓展市场。然而在这种趋势下，有一些互联网品牌却反其道而行之，从线上走到线下，大幅拓展线下市场。向线下进军的有小米、三只松鼠、茵曼等具有代表性的互联网品牌，巨头阿里巴巴、京东也全力拓宽渠道，着力发展线下经营，布局新零售。

4.实体店服装零售科技化,试衣魔镜,AR、VR等应用场景加大。

以GXG为例,2017年"双十一"狂欢期间,GXG颠覆消费者的体验,携手天猫打造智能化橱窗和无人售货机。GXG品牌发言人表示,相较于门店,自动售货机运营成本更低,他们正在尝试用科技加深与消费者的互动,让他们获得更加立体、好玩的炫酷购物体验。目前,GXG已在全国范围内精选优质门店进行试点投放,未来GXG自动售货机将开放升级更多的人机互动功能。

2018年实体店将以全新的面貌继续回暖,将更注重消费体验与互动。零售重新嫁接科技、娱乐部分,注重顾客体验,重新定义人、货、场,充分利用技术创新来为顾客提供最好的购物体验。

VR(虚拟现实技术)和AR(增强现实技术)是将虚拟和现实世界进行融合。AR和VR的概念已经存在很长时间了,一直是科幻小说中的想象。现在对于零售行业来说,AR和VR是激动人心的科技,未来在零售店的宣传和市场推广有着巨大的应用前景。

5.消费升级下,大量出现新品牌,迎合新生代年轻人。

中国居民的人均收入净额快速增长是推动男装市场飞速发展的主要原因,中国男士已变得更为注重风格与时尚,更加愿意对自己的外表进行投资,而且希望着装能适用于多种场合。在2016—2020年的预测期间,预计中国男装市场将保持复合年增长率13.1%的稳定增长。2017年男装市场的零售收入将达6733亿元;2020年,男装市场的零售收入将达9793亿元。

"90后"已成为主力消费群体,"00后"的未来力量也不可小觑。这一群体是出生在互联网时代的年轻人,而且有不少人拥有国外生活或旅游背景,他们拥有独立自我、个性张扬的特征,敢于接受新事物,对潮流资讯拥有自己独特的看法,追求高品质,崇尚自由、舒适随意的生活方式,对服装的设计审美及质感有着较高的要求。

换句话说,摆脱了西装革履,又经历过几年休闲时尚洗礼的男性消费者,对品牌和品位都有了更高的要求。他们喜欢更有趣、更年轻化的设计,同时兼顾实穿和便利性;选择最好多一点,但品质希望始终如一，期待更多个性化服务。

6.国内品牌大复苏，国货品牌升级，品牌转型效应发挥。

《麦肯锡2017中国消费者调查报告》中提出了四个关键趋势，其中一个关键趋势是"中国消费者对全球品牌和本土品牌的认知更为细致"。往年的调查结果显示，中国消费者对外国品牌兴趣浓厚。渐渐地，人们的视线转向了本土品牌。在质量与价格处于同等水平情况下，目前有62%中国消费者更偏向选择国内服饰品牌。另外，也有研究显示，"90后""00后"对国际大牌的敏感度降低了，现在很多国货在高端市场越来越受到消费者的欢迎。

7.童装销售市场持续火热，众多童装品牌业绩上涨。

据统计，全球童装市场2016年增幅为5%，超过了女装和男装，达到2034亿美元。近两年，各大品牌或是进入童装销售市场，或是持续在童装销售市场加大投入。童装市场的活跃度持续上升。童装销售市场的消费也正呈现出由低端走向高端的趋势。越来越多的中国本土童装品牌迅速崛起，或开拓品牌副线，或加码童装细分品类，各种力量同在童装市场角逐。

8.中国风、品质极简风、运动内衣销售受到青睐。

Victoria's Secret（以下简称"维秘"）借助中国风系列，在上海大秀，吸引中国市场。维秘在2016年，就推出了"中国风系列"，2017年的"青花瓷"系列颇受好评。2009年的"维秘秀"只有1个中国模特，而2017年"维秘秀"的55名国际超模中有6位来自中国，这创下了"维秘秀"开秀以来，中国模特人数的最高纪录。还有各种各样的"中国风"配饰、环节设计……维秘吸引中国市场的目光，这几年越来越明显。

随着经济的快速发展和物质的丰富，人们除追求产品本身外，更为注重对品质生活方式的追求。极简主义风格因蕴含着无限的智慧和积极的生活态度，被越来越多的人所青睐，有越来越多的极简风品牌推向市场。

全民皆运动，运动已成为一种时尚生活方式。随之而来的是运品牌业绩的上扬以及运动市场的火热。有权威报告指出，在体育产业中占比最大的体育运动产品和品牌方面，中国服装鞋类、保健、休闲和教育产业未来五年将强劲增长26%至42%。

9.国内买手店继续盛行。

自2010年起，中国买手店的开店速度可以用"激增"来形容：以上海为例，2014年上海约有买手店70多家，到2015年，全国买手店有1636家；2017年激增至3781家，增幅超过130%。

随着一线城市市场逐渐饱和以及二三线城市商业地产发展渐热，买手店也逐步扩展至二三线城市，其中不乏实力雄厚的连锁品牌买手店。除了北上广深四座一线城市买手店数量持续逐年增长，杭州、成都、重庆、南京等二线城市也陆续开了几十家，而代表性三线城市新增的买手店也在10家以内。

如今多品牌的买手店模式无疑已经成为零售热点而面临消费升级，时尚电商的疯狂增长，网络带货红人兴起，快闪店等新商业模式出现的冲击，成长为一家真正成熟且能赢利的买手店也绝非易事。

10.国际小众品牌继续盛行。

随着中国消费者消费理念的升级，以及对个性化的需求，他们需要新的品牌力量，他们拒绝为同质化的设计埋单，愿意欣赏那些使用上乘面料又拥有独特设计的服装。这些品牌往往质量一流、拥有强大的品牌基因，而且在国内拥有一定粉丝基础。它们正在替代那些以往在人们心中最具时尚影响力的大众奢侈品牌。

小脏鞋的品牌名叫Golden Goose Deluxe Brand，是意大利品牌，鞋子的风格就是每一双都进行了做旧处理，看上去脏兮兮的。这双鞋走红的原因是因为韩剧《太阳的后裔》的热播，宋仲基在剧里穿过这双小脏鞋，随后就引起了一阵风潮。

Golden Goose Deluxe Brand继续在零售业上发力，2016年12月，该品牌来到了北京三里屯开店，2017年1月在上海恒隆广场Plaza 66地下一层开立门店。欧美和亚洲市场共同发展的战略，也标志着这个原本定位小众的时尚单品正变得更加大众化和商业化。

服装销售咨询小贴士

　　面对市场的变化而制定"接地气"的商业模式和最佳的营销战略,通过数据分析了解销售情况制定策略,生产受欢迎的产品,满足消费者的需求,这是一种从"产品思维"到"用户思维"的转变,站在顾客的立场思考问题,以顾客为导向,提供顾客想要的产品。

　　把握好供应链管理模式,把控产品设计风格的同时,确保货品在每个环节的顺利快速流转。服装行业虽眼下寒冰出现,但市场份额和前景依旧不可估量。相信未来服装行业会带给我们不一样的惊喜!

02

新零售，
服装销售新模式

环境的变化正在推动销售逻辑的变化,而这种逻辑的变化,正在把效率变成服装企业经营的核心目标,所以服装企业一定要对当前的市场环境有清晰、敏锐的认识。

无论零售业的概念如何更新,技术如何进步,商家和消费者的诉求都不会改变:商家期望通过更加精准的需求分析来降低成本,提升效率;消费者不仅希望买到适合的产品,更希望有美妙的消费体验。

新零售模式：六流合一

在《2018年中国服装市场分析报告——行业运营态势与发展趋势研究（目录）》中对新零售模式是这样描述的：新零售模式带来企业效率的提高，商流、物流、信息流、资金流、服务流、数据流的"六流合一"。

◇ 商流主要是讲产品定位于消费者需求，目前物美价廉是消费者最主流的需求；

◇ 物流承载了资金和信息，越来越多的服装企业建立了现代化物流系统；

◇ 高效IT系统的建立，体现了信息流和数据流的统一，企业实现终端销售实时跟踪管理，分析爆品和市场需求，极大地降低了企业库存和经营风险；

◇ 资金流加速运转，带动产品加价倍率不断下降，终端高性价比产品受消费者追捧；

◇ 服务流体现在线下零售企业为消费者提供更加优质的购物体验与场景。

服装品牌专家杨大筠指出：互联网时代，纯零售的形式早已被打破，纯电商的时代也终将结束，未来的消费市场趋势必定是线下与线上深度结合，再加现代物流，并利用大数据、云计算等创新技术，最终将引领全新的商业模式。

现在，让我们一起去了解那些令服装店经营事半功倍的新零售秘密。

传统零售与新零售

零售业态的变迁与发展,大致经历的阶段为:百货商店—大型集市—购物中心—线上购物—新零售。

传统零售业态的场景主体为:超市、便利店、专卖店、百货商场及超市、购物中心等。

传统零售的劣势为:首先利润与成本低,如商场及超市毛利不超20%,依靠黄金地段获取流量;其次坪效偏低,每年每平方米仅有0.5万~1万元;再则,流量被线上瓜分。

线上零售的瓶颈为:平均获客成本高达每人250元,利润缩水。同时,移动支付、大数据、虚拟现实等新技术开拓了线下场景。最重要的是,"新中产阶级"崛起。他们是"80后""90后",高学历、追求自我提升者,并逐渐成为社会的中流砥柱。

在传统零售业受限,线上零售遭遇瓶颈时,新零售应运而生。

新零售特征

第一,商品社会化。

我们去实体门店购物,会觉得店铺商品琳琅满目,东西买都买不完。当新零售把顾客数字化后,顾客仅仅通过线上店铺购物,就会觉得你的店铺东西少,品类缺乏。这就是新零售时代对品类管理的挑战,需要商家重构供应链才能解决。解决的办法就是社会化供应链:卖自家货、他家货;自己卖、请别人卖;卖土货、洋货、农特货等商品。

第二,经营数字化。

今天商业变革的目标就是一切在线,通过数字化把各种行为和场景搬到线上去,然后实现线上线下融合。零售行业的数字化包括顾客数字化、商品数字化、营销数字化、交易数字化、管理数字化等。数字化是通过IT系统来实现的,所有数字化战略中,顾客数字化是基础和前提。

第三,门店智能化。

大数据时代,一切皆智能是必然。门店智能化可以提升顾客互动体验和购物效率,可以增加多维度的零售数据,可以很好地把大数据分析结果应用到实际零售场景中。在零售行业,商家数字化改造之后,门店的智能化进程会逐步加快,但脱离数字化为基础去追求智能化,可能只会打造出"花瓶工程"。

第四,渠道一体化。

即多渠道深度协同,融合成"全渠道"。当今,消费者随时随地出现在实体门店、淘宝、京东、美团等外卖平台、微店及网红直播频道等各种零售渠道。零售商在打造多种形态的销售场所的同时,必须实现多渠道销售场景的深度闭合,才能满足顾客随时随地想买就买的需求。

新零售现状与模式

新零售价值共享主要包含两点:一是逆向生产。新零售通过大数据挖掘消费需求,从而指导供应链前端的研发设计,真正实现消费方式逆向牵引生产方式。二是重构供应链。通过中间化和多级分仓,一方面降低运营成本,另一方面让消费者在最短时间内获得商品,提升顾客体验。

目前新零售市场的竞争情况,呈现出阿里、腾讯两大阵营主导的形势,也初步形成了两大新零售模式。

第一,阿里系新零售把控线下渠道入口。比如,盒马鲜生通过"餐饮+超市"吸引年轻群体,通过淘咖啡无人便利店培育用户习惯等。阿里系强调中心化生态效益,通过对各渠道的控制和后台技术的支持，为无数前端场景赋能。

第二，腾讯系新零售以社交平台为依托，强调共享式生态效应。围绕社交流量展开，将社交流量导流至线下，让零售主体成为一个线下出口。

预计到2022年，整体零售的市场规模将达到18万亿元，所以从巨头到普通商户，都不想错过这块大蛋糕，服装行业也应积极拥抱新零售。

超级物种：永辉超市供应链下的生鲜新零售

创新之处在于通过"供应链+生鲜引流+餐饮"的模式，有效提高消费者复购率。超级物种的自有SKU（Stock Keeping Unit，库存量单位，是大型连锁超市配送中心物流管理的重要方法），相比永辉超市来说比较少，主打生鲜爆品，日均可以卖出30条三文鱼、400只龙虾。绑定餐饮也是其一大特色，与传统超市不同的是，超级物种大部分空间用于提供餐饮的位置，在这里消费者可以即选即做，第一时间享受生鲜产品的美味。在结算过程中，无论是称重还是支付环节，消费者都可以自主操作，大大减少因等待而产生的时间成本。

居然之家：定位高端的综合性零售服务集团

包含超市、跨境电商、数码、文娱、养老、体育等多个零售业态。超市，主打高端进口食品和天然有机食品零售。养老，通过引入世界先进养老产品打造国内最专业的养老用品服务平台。

公开信息显示，居然之家是以家居为主体，以电商、物流为支撑的大型商业连锁集团公司。截至2017年底，居然之家已在全国开设223家门店，市场销售额超600亿元。按照规划，居然之家将在2022年前实现线上线下完全融合，实体店数量超过600家，年销售额超过1000亿元。

2018年2月11日，居然之家宣布引入逾130亿元战略投资。其中，阿里巴巴及关联方投资约54.53亿元，获得居然之家15%股份。根据双方签署的战略合作协议，阿里巴巴将协助居然之家进行卖场的全面数字化升级，基于双方会员系统打通和商品数字化，实现消费者选建材、买家具的场景重构和体验升级。双方将共同打造云装修平台，在装修设计、材料购买和施工管理等环节全链路重构家装行业模式。居然之家将进行以实体门店为依托、以大数据为驱动力的商业模式变革，开展线上线下高度融合，积极探索大消费领域的新零售模式。

新零售趋势及分化

新零售的未来发展有五大方向，即全渠道、人性化、数据化、无边界、可视化。而新零售的壁垒包括两点，即"黑科技"的应用和渠道网络的搭建。

技术手段是决定新零售企业实力的先决条件之一，新零售的本质是以互联网技术革新新零售面貌，从而实现让消费者以最短的时间买到合适的产品和服务，比如目前的移动支付技术。支付也将是零售破局的关键。

新零售的渠道融合了线上和线下两个部分，在线上流量基本稳定的情况下，谁能掌握广阔的线下渠道网络，谁就将争取到更多的市场主动权；同时，随着阿里、腾讯两大阵营布局新零售，渠道的排他性也将会变得愈发明显，渠道资源可能会因此受限。

综合来看，新零售再创新包含以下三点：第一是人，即以消费者为核心，逆向驱动供应链；第二是货，即供应链数字化；第三是场，即借助门店互联网化和体验智能化，实现精准营销。所以，在新零售业态下，门店已经不只是买卖的渠道。通过新零售再创新来提升产品的附加值，给顾客独特的消费体验，才能让实体店的经营变得越来越省力。

服装行业的新零售案例

2017年被人们称为"新零售元年"。马云在2016年10月的云栖大会上首次提出了"新零售"这个概念,自此,各行各业开启了对新零售的试水和变革。距离"新零售元年"已经过去一年了,如今中国服装行业在新零售上有怎样的进展呢?我们不妨来看以下几个案例。

太平鸟携手阿里

2017年9月20日,太平鸟与天猫达成新零售合作。双方拟在品牌建设、大数据赋能、消费者运营和线上线下全渠道融合等领域开展深入的战略合作,还包括携手开拓海外市场。就在2018年,太平鸟联手天猫登上了"纽约时装周天猫中国日"的舞台,4月还一同前往澳洲。太平鸟的新零售将以智慧门店的形式落地,这个智慧门店不需要导购,24小时营业,只要通过智能橱窗,消费者就可以随时浏览并快速试穿。

透过2017年的"双十一",可以看到太平鸟在新零售上的尝试:联手天猫在台湾地区开了快闪店,加深台湾地区消费者的印象,增加线上店铺的引流;打通线上线下,支持门店扫码吊牌直接下单购买、线上购买就近门店提货;"双十一"前夕开启五折抢先购等。

新零售给太平鸟带来了什么?2017年"双十一",太平鸟销售额突破8亿元;2017年财报显示,太平鸟净利润为4.73亿元,较2016年增加2000万元。到2020年,太平鸟还将与阿里一起开启双百亿计划,线上销售额力争突破百亿元。

鸿星尔克发力智慧门店

2016年鸿星尔克在市场的占比仅有2.4%,增加业绩、抢占市场份额是鸿星尔克的当务之急。

鸿星尔克在2016年接入了支付宝支付系统,主动做出了改变;2017年"双十一"和天猫打造了"智慧门店"项目,并配合支付宝活跃市场、增加会员基数;打造智慧物流,提高物流运作效率等。

02　新零售，服装销售新模式

开启新零售的尝试后，鸿星尔克会员数量暴增99%以上，会员复购率增加58%，客单价提高15%，客单件旺季增长100%。除此之外，鸿星尔克布局的智慧物流也进一步促进了新零售的进程。但是面对李宁等品牌的强势崛起，鸿星尔克还没到满足现状的地步，更应着力提升品牌形象、做好品牌定位。

海澜之家的资源整合

2018年3月，海澜之家上榜了"2018最具价值的中国品牌100强"。而在2018年2月6日，海澜之家募资6亿元对全国5500家门店进行产业链信息化升级（智慧服务系统），希望有助于整合产业链资源，实现资源优化配置，提升自身的经营效率。

这并不是海澜之家新零售的初次尝试。早在2017年8月，海澜之家便与阿里正式签署了新零售战略合作，而双方在还没有任何实质性进展之前，海澜之家又转向了腾讯。2018年2月，腾讯入股后一周，海澜之家旗下的"海澜优选生活馆"微商城和"海澜之家"小程序上线，紧接着4月8日"海澜之家"微商城上线。

高库存一直是困扰海澜之家的问题，2014—2017年的库存分别是60.86亿元、95.8亿元、86.32亿元和81.83亿元。联手腾讯布局新零售生态圈，是海澜之家解决高库存问题的又一次尝试。但是海澜之家是否真的能够依靠腾讯的技术和流量解决自身的高库存问题，还需要一定的时间来证明。

所以，要做好服装行业的创新发展，不仅要做好产品、平台，还要做好渠道和生态系统，这样才能打造一个好品牌。全球新零售风口之下，满足客户不断变化的需求的零售本质不会改变。如何在新零售盛行的大环境下脱颖而出并有所作为，仍然需要企业发现并改善自身的不足之处。

今天，越来越多的品牌方开始践行新零售，并品尝到了新零售带来的甜头。下面跟大家分享两个案例。

江南布衣的野蛮生长

创始于杭州的中国本土设计师设计品牌江南布衣,至今已在北京、上海、广州及海外的美国纽约、加拿大温哥华等地建立了直营公司。相信杭州的小伙伴们都见证了江南布衣一路走来的成长。不可否认,在江南布衣的发展过程中也历经瓶颈,但至少数据展现了他们践行新零售的一些成果:2017年上半财年,微信会员贡献的零售额占零售总额的63.6%;截至2016年12月31日,江南布衣已经拥有会员逾160万,其中微信账户数逾110万;2016年度购买总额超过5000元的会员达到11.3万人,其零售额达到13.3亿元,这一连串的数字就是对江南布衣发展的肯定。

160万会员包括110万线上会员和50万线下会员,而江南布衣的体系真正运营的时间并不算太长,却在短期内收获的线上会员数量反超经营了十几年的线下会员数量,并拥有不低的销售转化率,新零售的潜力不言而喻!

笛莎的电商基因

笛莎,一个专做女童产业链的品牌,曾经是一个纯电商品牌,在2014年"双十一"服装品类中排名第六。2015年下半年,笛莎开始从线上走向线下,希望能借助线下门店良好的客户体验和更精准的流量推动品牌进一步的发展。线上线下的融合发展也让它获得了第一拨红利:2016年笛莎线下30家新零售门店年销售额超过6000万元;应季售罄率达90%,门店成交转化率达16%;老客复购率达60%;线上下线将近600万会员。

这些数字展现了笛莎新零售的成果,当然这与笛莎的电商基础密不可分,品牌的全部行为,如商品企划、货品采买、上货波段、活动策划都以数据驱动,并不像传统服装企业中的设计师需要等待一个月、半年甚至一年才能获取相应数据的反馈。

02 新零售，服装销售新模式

服装销售咨询小贴士

在过去的2017年，整个零售业拥抱科技，用新的商业模式塑造新的零售业态，已成主要的风向标。所以，新零售已成为中国数字经济的加速器。

2018年新零售有三大趋势：1.新零售推动门店体验再升级；2.新零售服务商将大量涌现；3.数字化程度向产业上游渗透，大数据推动供给侧结构性改革。

寻找适合自身的新零售之路，必先深刻反思自身乃至行业存在的问题，从零售本质、效率和消费者的需求入手，切勿盲目模仿他人的表象行为。

整合资源，全方位出发

马云提出"新零售"概念后，大家都在探讨什么是新零售。新零售就是线上线下融合现代物流。而服装企业要转型，一定要结合自己的实际情况，寻找适合自己的新零售系统。

目前企业线上的操作体系是相对独立的，大多是独立的电商部门，单独运作线上的旗舰店，由此形成了独立的经营体系，独立的顾客管理系统。目前来看，大多企业对线上的定义也比较简单，就是卖货。

而目前看到很多的厂家在一些电商平台开设自己的旗舰店，包括一些零售店也在尝试线上开店，也有越来越多的企业在逐步重视运用微信公众号等新媒体做企业推广，也取得了很好的效果，有些企业公众号的订阅用户达到几百万甚至上千万。

如何将这些独立的资源整合起来，全方位发力呢？这是全行业都在探索的问题，对此我们也有自己的观察。

服装供应链中不同的角色都有的优势

事实上，新零售既是一种帮助企业实现盈利的商业模式，也是一种为企业带来数据增长的运营体系，而新零售下服装供应链中每个不同的角色都有不一样的优势。

第一，服装品牌商。

长久以来，大部分服装品牌商特别是杭派女装是依托于代理商发展起来的，而现在代理商非常动荡，合作的关系并不稳定，不少代理商在发展属于自己的集合店、买手店，代理商发生动荡，企业也面临巨大的风险。

原来品牌商与代理商间仅依靠产品链接，现在的服装企业还要做到从输出产品到输出整个运营模式。服装品牌商要教代理商如何进行O2O运营，培训他们运营和维护社群等，能帮助代理商提升业绩才能让代理商与你保持稳定的合作关系。

第二，服装渠道商。

在新零售系统中，渠道商需要清楚地了解旗下不同区域的门店运营情况，了解他们所有的数据信息，包含如何处理不同片区、不同门店间的库存调拨、进销存、VIP、店长、导购、营收情况等，这是一个完整的数据集合。

第三，服装门店经营者。

无论是加盟商还是组货店老板，如果拥有十家以上门店，他们需要思考如何搭建新零售团队，并帮助团队提高业绩。他们要非常了解和熟悉导购管理以及导购所能创造的业绩。

第四，无线下实体门店企业（电商、工厂）。

对于没有零售门店的企业而言，起步可以不是直接去经营一家店铺，而是通过微信商城去打造核心圈层、做社交、做内容等，要让更多人了解你家是做什么的，跟他们有什么关系，会带给我什么好处，这样他们会不断积累传播，当积累到一定量、打好基础以后，再落地开店，让消费者或者潜在用户看得见、摸得着产品，有体验与互动，这更有利于消费者与品牌之间的深度链接。

第五，店长及导购。

在新零售体系中，店长应该拥有线上线下融合的门店店务管理系统，统一进行商品管理（进销存）、VIP管理、导购管理、销售目标分解等。导购则应有销售和自我管理的工具，使其更清楚自己旗下的客户数据，以及在整个销售团队中自己的业绩排名等。

第六，消费者。

对于消费者来说，需要的是一个能够了解企业商品、发展、品牌定位的窗口，例如微商城、品牌官网。

在新零售体系中，每一个角色都有不一样的切入点，而这些都离不开以消费者为核心、以数据为驱动、以技术为载体这三点，将三者整合并帮助企业实现盈利，才是一个成功的新零售运营体系。

服装新零售如何全方位整合资源

随着线下支付系统的完善、提倡线上线下物流一体化的新零售带来的零售变革、AR实景支付技术的应用，2018年，服装行业或将迎来真正的复苏，各品牌也将陆续在线下开店。2016年，海澜之家发力线下，前三季度新增门店972家，相当于平均每月开店超100家，同时在这三个季度里营收过百亿元，位列2016年前三季度全国服装零售业上市公司总营收榜首。当然，开店的背后则需要时尚且实用的产品和设计，灵活、快速反应的供应链体系，以及精细而系统的营运管理。否则开再多的门店也难逃关门的厄运。

如今服装企业都在谋新求变，像海澜之家一样疯狂开店谋求新生长机会的企业不在少数。除了当前愈演愈烈的同行业竞争，服装业还要直接面对消费者市场，其产品开发与消费者需求关系密切。但是消费者需求变化多端，加上服装流行主题变化快速，人们对服装产品讲求设计性与流行性的要求越来越高。服装企业顺势转型能否得到消费者的认可，很大程度上取决于有效整合资源，做到全方位出发。

第一，线上线下无缝融合。

零售行业的发展，在过去的一年，人们常说一句话，在线下跟着王健林去万达开店，在线上跟着马云发展网红经济。而如今，线下的

02 新零售，服装销售新模式

万达集团在谋求线上业务的整合，线上的马云也开始瞄准实体店的开发。

数据显示，96%的千禧一代在实体店购物时习惯使用手机支付，手机等移动终端设备已成为千禧一代的购物伴侣。未来，线上线下的无缝连接将成为新的消费趋势，而全渠道的服装企业与零售商将成为真正赢家。品种繁多的购物选择，一方面拓宽了服装品牌的销售渠道，另一方面也可以最大限度地优化消费者的购物体验。

线上线下高度融合已成为一种趋势。无论是本土的老牌服装企业还是新兴的淘品牌，它们都认识到线上线下打通的必要性。

海澜之家始终坚持以高性价比为核心，聚集整合产业链优势资源，加快线上线下全渠道融合互补，积累与提升品牌价值，实现经营业绩的持续稳定增长。海澜之家的高性价比，抓准了消费心理，加速了线上线下高度融合。

森马加大互联网业务投入，变革商品体系及零售体系，其2016年度业绩同比增长3.37%。

森马将其业绩增长主要原因归结为：互联网业务投入、推动商品体系及零售体系变革、提升供应链品质及效率、线上电子商务业务。

伴随着新零售概念的普及，曾经假想的消费场景和商业形态正一步步实现。靠低价、时尚取胜的淘品牌们辉煌不再，它们也开始谋求线下出路。

2017年初银泰下沙工厂店的开业，应该是国内第一家生于互联网的百货门店。"双十一"期间，入驻银泰集合店的淘品牌达40个，包括茵曼、七格格、妖精的口袋、鹿与飞鸟、日着等服饰淘品牌。这类集合店与天猫自动同价，货品、价格、仓储、物流、结算实现线上线下完全融合。

在消费升级的时代背景下，消费者的需求日趋个性化、多样化，进而催生出了线上、线下渠道融合发展的"新零售"模式。通过拓展"新零售"模式，电商和实体零售企业有望打通全渠道、实现优势互补，能够为消费者提供更好的购物体验，同时有助于扩大业务规模。而实现线上线下无缝连接，关键还取决于服装企业与零售商的渠道整合能力。

第二，渠道下沉。

中国市场似乎存在着两个平行空间，一二线城市的门店里总是熙熙攘攘，在三四线城市的门店却鲜有人光顾。一些难以在一二线城市赢得青睐的品牌，却在低线城市活得颇为滋润且价格不菲。两个空间的消费者，有着迥然不同的时尚理念和购物体验。

一线品牌与三四线城市消费者之间，可以说目前仍保持着某种拘谨，存在相互隔膜的"不友好"关系。而一线品牌在大多数三四线城市的缺位，恰好成了本土品牌拿来发挥的重要空间。

根据上海拉夏贝尔股份有限公司的财报数据，在2014年至2016年，公司旗下一共有12个品牌，年营业额高达100亿元，三线及三线以下城市的收入占比保持在45%以上，成为权重最高的市场。

低层级城市布局力度较大的安踏、都市丽人服装业务收入增速优于同行业其他公司。安踏主品牌及童装品牌专注二三线城市市场，目前低层级城市门店占比85%，2016年四季度的线下零售额实现15%~20%高位增速；都市丽人网点集中于低层级城市，门店占比约90%，在经历了2016年的销售挫折后积极推进渠道变革、门店升级后，业绩有望超预期。

在消费升级的过程中，品牌化是重要的升级方向。过去三四线城市的服装市场以无品牌的散货为主，随着三四线居民人均可支配收入的持续提升，消费者将越来越青睐有品牌的产品，逐渐从满足数量转向追求品质，从满足基本功能转向追求时尚和品牌。而品牌产品又可以分为两类，一类是三四线本土发展起来的品牌，如以纯、潮流前线；另一类是有一定知名度下沉到三四线城市的品牌，如森马、海澜之家。三四线城市品牌化是未来服装行业发展的趋势，其他一二线城市的品牌服装将来也会越来越多逐渐下沉到三四线城市。

朗姿股份此前宣布在2017年考虑进驻一些三四线城市的最高端商场，针对三四线推出专供款，产品价格会比一二线低。短期来看，低层级市场基数低、品牌普及率低、开店空间大。中高端女装品牌的竞争与细分已经趋于饱和，同质化和过剩问题明显，中高端女性消费者的需求消费层级在一二线城市陆续完成文化、审美、价值观的圈层细分，以前的盲目跟风消费已趋于减少。目前来看，三四线"大淑女装"消费者的成熟度还不够，所以，朗姿下沉或许存在一定空间。

有专业分析认为，三四线城市的服装品类升级路径与一二线城市基本是一致的，只是由于目前三四线城市中的新一代消费主力大部分是受过良好教育的"80后""90后"，对新事物的接受程度较高，加上近年来互联网普及程度提升，信息来源多样化，三四线城市的升级速度将高于当初的一二线城市。

随着城镇化的加速以及国内三四线服装市场的迅速成长，三四线城市的消费潜力将进一步释放，也为国内服装企业拓展了市场新空间。这种消费趋势的变化势必吸引更多企业"向下"深耕，国内中高端服装品牌也会陆续把渠道"下沉"。

第三，多品牌抢占细分市场。

多品牌战略在过去一年似乎也取得了不错的成绩。2017年，体育用品市场整体回暖趋势明显，安踏、361°、李宁、特步等四家公司的毛利率均在40%以上，升幅明显。其中安踏"单聚焦、多品牌、全渠道"战略在多品牌的布局步伐跨得最大。除了安踏、安踏儿童之外，其在高端市场拥有DESCENTE、FILA和FILA KIDS等品牌布局。

361°采用包括361°、361°童装以及户外品牌ONEWAY的多品牌策略，分别针对国内大众市场、儿童运动以及高端户外运动市场的不同细分领域。

李宁公司2017年度业绩报告显示，经过2013年的低谷之后，李宁近三年收入增长势头明显。2017年收入上升13%至80.15亿元，毛利较2016年的31.93亿元上升16%至37.05亿元。

特步国际控股有限公司2016年度业绩公告显示，实现收入53.97亿元，同比增加1.9%；毛利率连续4年上升至43.2%。

快速演变的消费升级使绝大部分的本土服装品牌仍面临较大的经营挑战，只有整合全方位的资源，才能在消费升级中寻求突破口，在2018年继续领跑。

第四，转型跨界。

2017年，在服装产业转型升级过程中，众多服装企业选择了跨界，多元化经营，或者选择瘦身，变更主业，也有不少服装企业围绕服装主业，以资本为纽带，向产业链的上下游特别是向下游的物流、渠道、零售、服务等产业链环节延伸，向多品牌、多品类、"产品+服务"式的生活方式品牌转化，整合上下游的资源。

朗姿收购了两大医美品牌。朗姿股份2017年营业总收入、利润总额、净利润均呈不同程度增长，为其加快全面升级提供了动力。2017年，业绩增长的主要原因在于不仅持续深耕女装业务，并且加快阿卡邦婴童业务在全国线上线下的市场拓展，以及迅速打造医美板块。

02 新零售，服装销售新模式

早在 2014 年朗姿就开启了投资转型计划，声称要构建"泛时尚产业互联生态圈"。2016 年 4 月，朗姿向韩国 DMG 公司投入 2520 万元，进入医美领域；同年 10 月 16 日，朗姿发布公告称，公司拟出资 5 亿元设立全资子公司朗姿医疗管理有限公司，将专注于医疗整形美容产业领域。

2017 年，朗姿股份加速融合女装、婴童、医美、化妆品等四大业务板块。

服装行业市值规模仅次于海澜之家的雅戈尔，也在持续加大对房地产、金融投资领域的投入。颇有先见之明的雅戈尔，早早实行了"房地产+投资"的策略。早在 2009 年，其房地产和投资业务便贡献了当年近八成的利润。雅戈尔这个由李如成一手打造的"服装王国"，已经横跨纺织、地产、外贸、金融投资等多个领域。

杉杉则打算把服装业务分拆上市，还干起了能源锂电池；七匹狼不仅像雅戈尔那样投资地产，搞得风生水起，还涉足再保险业务；步森则是开发起"企业金融科技"这个新的业务方向。除了传统老牌服装企业，年轻品牌同样在尝试接地气的"不务正业"。美特斯邦威尝试在旗舰店开设书吧和咖啡吧，拉夏贝尔重金投资咖啡品牌。服装企业多元化战略玩得风生水起，"不务正业"似乎是必然之势。

对于服装企业来说，跨界尝试已经成为一种新风潮。不过业内人士坦言，真正将跨界合作转变为常规赢利模式的企业案例并不多。

跨界合作已经成为消费者期待的营销方式，真正的跨界是以产品吸引消费者，卖的却是品牌，是以品牌自身全方位的资源为基础。

服装产业未来的发展道路并非坦途，转型是必然趋势。服装企业改革势在必行，至于如何转型新零售，如何全方位地整合资源，各家企业需要根据实际情况尽快找到适合新零售的转型方向。

服装销售咨询小贴士

在未来的几十年,零售行业有三点是不会变的:顾客喜欢低价的东西;顾客喜欢送货速度更快;顾客希望有更多更快的选择。简单地说,新零售其实是技术驱动的零售提升模式。

新零售最核心的人、货、场的次序变了,原先的传统供应链体系,其实叫"货、场、人",先有了产品再想怎么卖。未来是"人、场、货",就是原体系的倒推,要先想到你的产品卖给谁,再考虑在什么场景下供货,能够根据不同的场景生产不同的货品,应对消费者的需求。

利用新科技提高消费体验

有关数据预测，到 2020 年，我国社会消费品零售总额将突破 50 万亿元，这对于零售商来说是个好消息，也是个大机会。这是一个消费者主权时代，即互联网技术的突破与创新，使消费者的购买行为发生了极大变化。

尽管如此，多数企业却还在原地踏步。

德勤公司一份针对"中国消费者与企业家关系"的调研结论显示："75%的中国消费者并不满意目前的消费体验……中国消费者对于客户体验的要求已大幅提升，但中国企业普遍未能跟上变化的步伐。"

这一结论实则道出了当下中国众多的零售企业正面临的困境：战略上懒惰，不习惯勤奋，不习惯迭代，不习惯变换姿势……

因此，从传统零售过渡到新零售，一部分"脱轨"的从业者将被无情淘汰，只有适应新节奏、掌握正确方向的企业才能脱颖而出。那么，所谓的"新零售"概念对于服装业而言究竟意味着什么？本土服装企业又将如何融入其中呢？

新零售形势下，用价值观选品是未来消费需求的趋势，而选择什么样的产品就投射出什么样的价值观。唯有专注于给用户创造价值，才会带来财富，让商品之外的人文、艺术、情感、社交的价值，根植于客户的内心。平台孕育新物种，新物种反哺平台，最终实现平台与商户的共同进化。

依文集团董事长夏华在由中国企业家俱乐部主办的"2018 中国

绿公司年会"期间接受新华网采访时表示，新零售的核心在于"动机""场景"以及"体验"，三者缺一不可。具体说来，即是在消费升级的时代背景下，消费者的消费动机已悄然发生转变。消费者对于商品已不仅仅是纯粹的购买需求，更注重在各式新场景下的体验感、参与感以及互动感。

对比电商和线下，电商的优势在于价格相对较低，产品丰富度高，而线下的优势在于实物可见，产品质量与预期差别小，"即买即走"无物流等待时间，同时可以在店铺中试穿、比较，全方位体验购物。在价格敏感度强的消费阶段，体验类的需求被抑制。

线上消费之所以价格低廉，除了压缩了渠道成本外，消费者牺牲了实体购物中的隐性服务，我们认为在收入增长、服装消费占比降低的情况下，消费者对此项支出的敏感度降低，所以除了基础的使用需求，对体验、服务的需求被唤醒。

随着人均收入水平提高，服装价格并未明显增长，消费者对基础类服装产品的价格敏感度降低，在满足原本使用和审美需求后，对服务、个性的需求也将被唤醒。

新零售本质是重新定义用户消费场景

近年来大卖场和百货店日渐式微，其略显陈旧的经营方式，已很难赢得消费者的喜爱。所以我们看到，零售业在经历了"大"时代之后，"小"时代日渐兴起。"小"意味着场景聚焦，场景来源于生活，又高于生活。

第一，与消费者审美观共鸣。

体验设计作为新零售基础架构，需要完成的是消费者预期管理，从感官到内心，创建超越期待的新消费场景。例如无印良品在2013年夏天上线了一款助眠App——MUJI to Sleep，制作者走进深山林间，搜集自然的声音，制作成一款有5个场景选项的高音质应用，与店内和睡眠相关的书籍、杂货一起形成提案，如同MUJI倡导的减法生活。

第二，定义新的生活方式。

连接性与内容力是零售业进化的两个秘诀：连接性在于对用户需求的精准响应；内容力指向生活方式定义能力。

在米兰，由意大利最大的连锁超市集团负责建设的"未来超市"，每种食物都拥有自己的故事。超市在货架上安装显示屏，当客户触摸某件商品，甚至只是手越来越近时，显示屏便呈现食物的详细信息。每种食物的完整表达赋予其生命属性和身份标签，对食物生命的感知正是人与物进行的平等对话和意义交换。

第三，触发用户情绪。

购物早已不是一件严肃的事情，而是与休闲紧密结合在一起。消费者希望购物的过程不仅可以满足生活需求，还能发现生活的乐趣。

台湾地区全联便利店的"小确幸"，MUJI BOOKS的"寂寞"，造作的"新设计主义"都是源于用户情绪的场景再造。

新零售新消费场景案例："复星+奔驰"，巨头的进化之道

事实上，今天用户情绪的消费主张不再是功用层面的价值观念，更多的是圈层审美态度影响、激励下的消费动机。

在上海BFC外滩金融中心，一向"高冷"的奔驰公司开了一家"网红"体验店。不同于其他4S店，作为主角的奔驰公司，卖美食、卖红酒、卖咖啡、卖周边、卖生活方式，就是不卖车。随处可见的汽车元素，搭配美食、周边、试乘试驾，甚至成为轰动上海的一处新的时尚地标。

这样的形式不难理解，因为商品和服务是有价的，但是其背后的独特文化和体验是无价的。在消费者购物的过程中，如果商家能够营

造出一种独特的文化氛围，为消费者提供一种独特的感官体验，就能让消费者提高对产品的价值认同，潜移默化地提高品牌在消费者心目中的影响力。

奔驰汽车餐厅只是一个缩影。无论是传统零售企业还是"新物种"，越来越多人注重场景再造，重塑自身的内容力与连接性。在这场零售转型大潮下，不乏像复星集团这样活跃的巨头的身影。

在寸土寸金的上海CBD，复星打造了42万平方米的BFC外滩金融中心，它是外滩唯一的商业综合体项目，集合了超甲级写字楼、购物中心、艺术中心和酒店。

当前，商业地产正经历从"量变"到"质变"的重要转折期。BFC的"野心"不止于商业，用现在时髦的说法，BFC并不是一个物理意义上的综合体，而是一个包罗万象的生态系统，商务社交与休闲娱乐融为一体。作为关键一环，商业就必须打破常规。

如今消费者的需求日趋多元化、个性化，BFC的解决方案是：不单纯迎合需求，还要创造需求，构建一个全方位的商业生态圈。

试想，如果有这么一个地方，餐饮不止于餐饮，购物不止于购物，会是怎样一番场景？50米半径内，BFC为顾客描绘了这样的生活场景：上午在永辉全国第一家"精标店+超级物种"购买生鲜；中午在Mercedes me外滩体验店享用地道的西餐；下午品尝米其林大厨推出的创意甜点；晚上在博纳影院特别开设的高端院线，或在复星艺术中心欣赏一场艺术展……

BFC不止是简单引入自带流量的新零售IP，作为平台，它甚至拿出整个集团的资源孕育新物种，使其与平台深度融合、重组。

以人工智能和互联网技术为基础的服装零售体验

每一次商业变革都必然伴随重大的技术创新，新零售也不例外。

02 新零售，服装销售新模式

近年来，人工智能、图像识别、语音搜索、物联网、大数据、传感等相关技术不断升级，持续催生新型的商业模式。智慧门店可以说是各种技术应用的重点领域，也是新零售体验店的典范。

目前人工智能和物联网技术落地门店应用主要包括三类应用场景。

一是人工智能搭载物联网，通过摄像头的图像识别、人脸识别辅助管理。例如在门店内装上摄像头或其他感应设备后，通过图像识别技术对客流量做评估，指导门店服务人员根据热力分布及时做出调整和反馈，提高运营效率，降低人力巡店成本。

二是"千人千面"的个性化推荐，基于消费者的历史消费偏好进行精准推荐，从而提升客户体验，这既是精准营销的手段，也能切实提高成交量。

三是品牌通过RFID技术对供应链、库存和门店产品实现高度数据化管理，以服饰门店为例，通过RFID技术可以精确统计一件衣服被从货架上拿起过多少次，被带进试衣间多少次，售出详情如何，帮助门店实现对单品动线的把握，对门店陈列和组货的高效管理，对消费者兴趣的精准把握。

当前在新零售领域的AI技术结合消费新体验尝试

第一，虚拟试衣——人工智能化的效果实现。

当前线上购物一大痛点在于无法直接抚摸、触碰到商品，消费者对于商品的认知来源于拍摄的图片，无法即刻试穿、试用。尤其是服装的网销，受尺码不统一和图片色差的影响，会导致退换货的问题。近几年网络虚拟试衣技术的开发相当迅速。虚拟试衣解决的需求其实有两层，一层是"合身"，另一层是"搭配"。

早期的虚拟试衣因为技术的限制集中在"搭配"上，解决的核心需求是让用户看到不同服装单品搭配出来的效果。我们当前看到的大量虚拟试衣App集中在这个领域，如每日新款、Every、衣恋时尚、天天试衣。

这类试衣App大多采用标准模特身形，部分App可实现换脸功能，将用户本身的头像简单拼接到模特头像中去，但目前的头像拼接技术还较为拙劣，因为用户自拍的角度不同，直接拼接到模特头像上看上去非常不自然。

在搭配的基础上，我们也发现有越来越多的开发者在虚拟试衣上实现"合身"的试穿，如衣恋时尚、Metail、宜定时尚、好买衣虚拟试衣间。

这一问题在实体门店更容易解决，比如优衣库推出的魔镜系统，因为在实体门店中魔镜安装的角度是固定的，用户和镜子之间的距离可以方便地探测到，可以做到较为精确地建模。

因此我们预测未来"合身型"试衣的线上线下链接点可能在魔镜这一环节，在实体门店线下采集用户身体数据建模后，可以便利地实现线上和线下的虚拟试衣。

第二，智能货架——铺货的人工智能化管理。

如果你关注零售终端的智能化管理领域，会发现尽管消费者的支付方式发生了快速迭代，从钞票支付到卡支付再到移动支付，但是店铺的铺货管理手段还停留在极其原始的阶段。

今天大部分实体门店的铺货情况是通过神秘客走查或者巡店的方式进行管理的，而这一领域其实早已可以通过人工智能实现更有效的终端管理。

铺货问题的核心需求，源自厂商并不完全掌握销售终端的铺货情况。

比如一家饮料厂商，他们的产品在不同超市的货架摆放情况如何？货架上没货了是否能及时补货，促销信息是否及时传达给了消费者?这些表现与当季的销售表现有哪些关联,应该做出哪些调整,这些信息都需要通过神秘客走查或者巡店的方式获得。当前国内有一家叫"拍拍赚"的企业正尝试通过"神秘客监测+机器视觉识别"的方式来协助企业做销售渠道管理。

这样做的缺陷在于信息收集的时间较长,反馈的速度偏慢,并且监测的是切片性的局部数据而非全面数据。

第三,面部识别——店内定向营销的人工智能化。

提到面部识别技术在新零售中的应用,很多人第一时间想到的是进店识别老客户。但仅仅将这项技术用在辅助服装销售人员与顾客拉近关系上,显然不够直观有效;此外,对那些声称自己有社交恐惧症、不愿与服装销售人员进行不必要互动的顾客来说,这样也不是良好的体验。

2013年,全球零售巨头Tesco就做过通过人脸识别播放定制化广告的尝试。顾客一般在收银台附近会停留较长时间,收银台附近的广告屏会对消费者脸部进行扫描,识别出各项面部特征,并根据算法得出年龄、性别等基本信息,从而根据情况,推荐最具有说服力的护肤品。

然而这项技术在近几年没有看到进一步应用的报道,说明面部识别技术在成本和隐私权上面还面临着较大的障碍,一旦取得实质性突破,则可能形成巨大的定向广告商机。

绫致是一家丹麦的服装公司,但在中国市场颇受欢迎。绫致非常了解中国市场,其产品定位和营销手段都非常受中国年轻人的青睐。绫致时装与微信合作,用微信玩转新零售更是大受好评。

绫致时装旗下ONLY、JACK & JONES、VERO MODA、SELECTED四大品牌的66家门店与微信合作,开启了新零售探索之路,这为绫致时装一夜带来了1000万元的销售额,被互联网行业及服装行业奉为典型的新零售成功案例。

那么绫致时装的成功之处究竟在哪里呢?作为一家传统的服装企业,绫致时装做了哪些调整,使其在互联网领域这么如鱼得水?绫致新零售的成功在于以下几点。

第一,调整内部的利益分成。

每当有新事物诞生时,所有人都会好奇地想要了解这个事物是什么。但当人们了解了事物的本质之后,便会有反对的声音,因为新事物的推广必然会损害部分人的既得利益。幸运的是,绫致时装在探索新零售时没有遇到太多阻碍。这是因为绫致时装都是直营店,没有加盟商,所有店面都是一体化管理,因此,绫致只要协商好利益的分配即可推行此模式。另外,绫致旗下的ONLY品牌负责人也给其他店面起了头,同意在ONLY店铺中率先进行实验。当取得好的收效时,其他品牌自然会争相效仿。

新零售的运营根本便是线上与线下的结合,所以在推出了新零售模式后,绫致时装用户的线下购买力必然会有一部分转到线上,这是商场最不愿意看到的情况。因为只有在商场下单之后,商场才能获得绫致的分成。然而,因为客户在线下浏览、选择商品、现场支付、取货离开是一个现场即可完成的交易过程,交易完成后绫致便能取得收益,所以绫致会尽力劝说客户当场交易,以免"夜长梦多"。另外,由于绫致的线下店铺有三分之二左右都位于商场的商店区,都是独立店面,对其他店面影响不大,因此,商场也就不会过于阻挠绫致时装新零售的推行。

第二,新零售业态下的导购。

导购是"前线战士",因此导购的积极性非常重要。导购的大部分收入来自销售提成,因此,要推行新零售,无论是在线上还是在线下产生的销售额,都要确保导购的提成不会被抹掉。此时,通过二维码建立导购及店面与整个新零售销售体系的关联就显得非常重要。绫致时装的做法是给每一位导购配置唯一的二维码,顾客下订单时必须扫描导购的二维码,这样导购的二维码就能与订单相关联。因此,无论

02 新零售，服装销售新模式

顾客是在线上还是在线下购买，导购的销售提成都不会被抹掉，这也就保证了绫致时装新零售的实施。

第三，调动士气，全民皆兵。

新零售的探索是一种新的尝试，对于绫致时装中的任何人来说都是如此，没有人有经验，因此每个人都需要重视。正是基于这个原因，绫致时装专门成立线上团队，跟进项目进展，每天把控各种细节和流程，处理各种临时出现的问题等。另外，在每天的晨会上，绫致时装还会动员所有员工直接参与新零售的运作，形成全民皆兵之势。

第四，灵活的仓储配送方式。

绫致时装就新零售的运营模式做出了整套仓储和物流的管理体系。首先，绫致时装统一发货源，无论是线上销售的商品，还是通过线下产生订单后需要物流配送的商品，都统一由负责配送的部门发货，这就解决了线下店面的配送问题。其次，将商品价格在线上和线下统一，避免了线上和线下的竞争。当在线下销售了一件需要发送物流的商品时，系统就会自动减去该店面的一件库存并安排发货，做到线上与线下"和平共处"。

服装销售咨询小贴士

无论零售业的概念如何更新，技术如何进步，商家和消费者的诉求都不会改变：商家期望通过更加精准的需求分析来降低成本，提升效率；消费者不仅希望买到适合的产品，更希望有美妙的消费体验。

服装消费的升级可分为档次的提升和隐性需求的开发。

对于隐性需求的开发，主要集中在大众服饰，也就是对这些产品有常规的需求，对普通定位的产品价格敏感度已经不高，但还没有升级到要消费中高档产品的情况下，消费者对即买即走的要求提高，对产品预期差的容忍度降低。

提高效率,为消费者提供最佳选择

在 2018 中国绿公司年会的"打造商业信生态"专场,银泰商业集团执行董事兼 CEO 陈晓东提出,新零售解决的是零售系统中的核心问题——因混乱而造成的低效,所有的零售要素都会被新零售重构。

目前的零售业核心的问题是随着系统数据的持续输入而造成混乱程度加深,这导致本应由零售商来承担的业务环节,也因为混乱"增加"而不得不外包出去。新零售正是降低零售系统中混乱程度的关键。数据作为经济生态里的新能源,正与互联网技术共同驱动,从而降低系统内的混乱,提升效率。

随着对顾客个人、商品识别能力的提升,人和货的匹配效率会越来越高,届时无效库存会降低,也没有混乱、低效的营销手段,这之后便是"批量柔性化定制"。届时,哪些零售要素仍能给消费者带来价值,哪些要素能被整合进新零售闭环中,值得我们去思考。

服装零售企业需要更高的效率

追求效率必须是服装零售企业始终不变的目标,并且要成为重要的核心目标。没有效率的服装企业肯定是没有生命力的。互联网环境下,重构新的零售运营体系,应作为服装企业提升效率的前提和基础。以往的服装零售商业逻辑在发生改变,消费者与零售店之间的关系面临重构,单一的到店零售模式面临挑战,单纯买卖关系的零售方式面临新环境的考验,整体零售企业的运作效率面临来自消费者新需求和外部竞争者的新压力。

总体来看，面对消费者的新需求特点，面对互联网的快速发展，面对外部竞争者的不断创新，效率在逐步成为零售企业之间比拼的核心。更快、更近、更便利、更精准已经成为零售企业需要高度聚焦、高度关注的效率提升核心。

可以说，新零售其实是一场关于效率的革命，其核心在于通过技术的力量帮助零售业实现"降低成本、提升效率、提升体验"，依托人工智能和物联网等先进技术对固有零售业态结构及生态圈进行赋能和升级。

消费者主权时代，需要构建新的、效率更高的服装零售模式

从以往的零售理念转向更加注重效率的新零售理念，是一项复杂的系统工程。但这可能是零售服装企业必须接受的新零售理念。因为这是新的消费需求推动的零售变革，是新的竞争对手快速创新的新零售模式。服装企业必须看清形势，尽快变革，提高效率。

第一，新零售转变观念，模式重构。

在此我想分享韩国零售专家卢泰彻老师的"零售发展三段论"观点：服装零售的发展走过了商品主权时代、渠道主权时代，已经进入消费者主权时代。消费者主权时代，是完全不同于以往两个时代的零售时期。但是目前的零售理念、零售技术还是基于商品主权时代、渠道主权时代的定位，重点还是站在自己的角度，关注的是商品，是毛利，是商品销售，严重缺乏对顾客价值的关注与研究。

消费者主权时代，零售店必须彻底转换到以消费者为中心的零售理念，重构一套新的以消费者为中心的零售技术体系。这些理念、技术体系，极有可能是颠覆性的。

第二，新零售，打造完善的信息化体系。

当前，很多服装企业对互联网的认识走入误区。很多服装企业只是把互联网当成卖货的工具。这可能是对互联网最大的误解。

如何认识互联网？用阿里巴巴"总参谋长"曾明的生动化解读，互联网就是以下这样的。

互：交互，可以实现企业与各个要素之间的实时交互。

连：连接，实现了人与人、人与企业、人与物的连接。

网：结网，即借助互联网的连接、交互，企业和各个要素之间形成新的关系，这种关系可能就是一种更紧密的社群关系。

这才是更完整、更准确的对互联网的理解。

当然，不能简单地理解链接与交互。交互、连接、结网将会改变目前的零售模式，迭代出新的零售模式。所以看互联网一定要看清链接、交互的重要价值。

海尔集团的CEO张瑞敏就非常重视看清互联网连接的价值。张瑞敏讲：整个家电企业还有没有出路？肯定是没有出路了，只能从卖产品，转型到社群经济。看企业的社群规模有多大，顾客价值有多高。

海尔集团的轮值总裁周云杰曾分享了一个案例，也证明链接、交互在颠覆以往的商业模式：海尔的大顺逛平台集合几千万用户的意见，确定了一款洗衣机，在交互阶段就产生了25万台的预订量。产品下线后，直接送达消费者家中，不入仓，更不用走传统的渠道模式。

链接、交互一定会产生更多有价值的新的零售模式。关键是互联网的链接、交互会从根本上提升零售效率。

从近两年诸多新零售的创新模式看，大多打着提升效率的旗号，其借助的就是互联网的链接。没有互联网连接，可能不会迭代出这么多的新零售模式。

02　新零售，服装销售新模式

服装零售企业特别需要看清互联网的价值，核心就是交互、连接、结网的价值。要在这几方面深度挖掘新的零售模式。只有这样，才会更好地提升服装零售效率，从根本上解决零售效率问题。

连接效率：服装销售的效率变革首先要看清连接的价值，首先构建以消费者为中心的连接效率变革。连接效率要把消费者由买卖关系变为用户关系，由一次性关系变为终身用户关系，目标是使用户为服装企业创造更大的价值。提升连接效率，必须借助互联网的连接手段，借助互联网能够打造出各种类型的平台特别是社交平台，构建起各种有价值的连接模式。

提升连接效率的主要目标是：找到顾客、建立连接、产生影响、增强黏性、打造顾客终身价值。

在这个过程中，一定会出现借助链接、交互，产生更有价值的新零售商业模式，譬如海尔大顺逛平台交互产生的新商业模式。

订单效率：对销售企业来讲，订单效率应该包括上游订单、内部订单、下游订单。

服装企业要加强与上游厂家、经销商之间的配合，改变目前的采购订单效率。借助互联网信息技术，使采购订单的速度、精准度得到改善。要改造服装企业的信息技术，提升门店与总部之间、与物流之间的订单协同，并能形成配合门店有效实现到店、到家、O2O等多种订单模式。要改变目前的销售关系，逐步把与消费者之间的商品售卖关系，改造成一种订单关系，必须实现顾客的全注册，通过注册实现顾客的价值管理。

订单管理的核心是活跃度、复购率和顾客价值，把对消费者的买卖关系，改造成一种订单关系，这是一件非常有价值的事情。

这种订单关系，不是以往的零售企业顾客客单的简单分析，它的目标是围绕顾客价值，做更有深度的分析、关联。最终的目标是实现更精准的顾客分析，可以把分析具象到每个单一的顾客，实现企业与每个顾客的直接对接。

交付效率：交付效率需要零售企业重新认识。

以往顾客到店的交付，只是满足顾客的一个需求场景，而目前的顾客已经迭代出更多的需求场景：所想即所得，所见即所得，到家需求等。这些需求已经是当前更多顾客的基本需求。顾客只会选择能够满足自身需求的商家。

从目前的一些新零售创新案例来看，这些需求潜力已经具有相当规模。譬如盒马鲜生，其门店订单有一半是通过到家模式实现的。包括外卖平台的快速发展。2017年，我国网上外卖用户规模达到3.43亿，较2016年底增加1.35亿，同比增长64.6%。其中，手机网上外卖平台用户规模达到3.22亿，增长率为66.2%。数据显示，2016年我国在线餐饮外卖市场规模达到1657亿元，增长率为36%。2017全年市场规模将突破2000亿元大关，2018年在线餐饮外卖市场规模将有望突破2300亿元。

加班、周末聚餐、下午茶、宵夜等订餐场景出现，外卖消费呈现多元化趋势，据悉，仅是"饿了么"就有接近30%的交易额由这些非就餐时段的订单构成。这些场景，都应该是零售企业特别关注的新场景。

回到服装行业，未来的服装销售交付场景，不可能还是单一的"到店交付"这一种模式，可能是"到店+到家+线上下单、到店自提"等多种方式。

面对新环境，零售店必须研究多种新的商品交付模式，要重新树立商品快速交付的新理念。这种重构需要以消费者为中心，以快速反应为目标，以满足消费者的新需求为基础，以超越竞争对手为前提，重构服装企业新的组织和流程，提升服装销售效率。

中国经济这艘超级巨舰正在乘风破浪、扬帆远航，消费升级的潮流势不可当。对企业来说，主动求变尚有一线生机，稍有迟疑，就可能错过整个时代。

美特斯邦威新零售的"人、货、场"高效尝试

第一，人。会员不断流失？大数据分析实现精准营销。

正值转型阵痛的美特斯邦威（以下简称"美邦"）发布2017第三季度财报时，数据显示前三季营收4.44亿元，同比下滑5.69%。不仅如此，当时美邦还预计2017年全年的净利润将亏损2.07亿~3.62亿元。业绩下滑、成本提升、利润减少，这些都是品牌迈向灭亡的征兆，形势异常严峻！

为什么会导致以上问题？核心原因就是用户需求没找准！截至2017年11月，美邦拥有3800家门店，作为流量数据的入口，应该能收集到足够多的数据去掌控消费趋势，但年报显示出美邦售卖的商品并不符合用户的消费需求。美邦的定位主打"90后"群体，却没有真正了解"90后"。这类人群大多已经走上工作岗位，处于打拼、买房、买车、结婚的阶段。反观美邦的衣服，却设计老旧，服装低龄化，对受众的吸引力极低。因为不了解目标群体的消费需求，生产了大量不适合受众的商品，导致业绩下滑，库存积压；通过宣传推广等方式增加销量，但投入大量广告费用，导致成本上升；"双管齐下"却致使利润减少，在恶性循环中已经走到了被市场淘汰的边缘。拥有庞大的终端流量数据却缺乏黏性，成本高企，库存积压，利润缩减，这就是当时美邦的尴尬处境。

痛定思痛，在收集数据之后继续深挖，进行集成多角度的大数据分析，做出更有价值的市场决策支持，这才是品牌运营管理该做的事，空有数据而不分析、不调整，最终导致品牌原地踏步，甚至"被后浪拍死在沙滩上"。

近几年，美邦虽然走了些弯路，但现今的美邦总算发现了这个问题并且做出积极改变：搭建O2O全渠道零售终端平台工具、大数据商

业智能平台；打通营销、商品、服务、组织协调能力等企业内部环节；采集消费轨迹、获悉消费者偏好习惯；提供个性化精准营销、智能搭配、货品推荐和消费者生命周期管理，从而实现锁住商家价值增值管理、增强品牌黏性、提高连带销售。未来美邦还将通过线上云店和线下场景的搭建，寻求与消费者更多的互动和共鸣，结合社会大数据给消费者画像，从中寻找规律，顾客对款式的所有反映数据都可被采集和记录，这些数据被用于指导商品企划从而提升品牌格调和产品的品质。

进入互联网时代后，大数据成了企业了解消费者的重要方式之一。通过各种方式收集用户信息，使用SaaS（软件即服务）工具进行系统分析，从而将消费者精准定位，挖掘消费者的用户需求，推出有针对性的商品。另外通过用户画像分析，能有效洞察消费者的消费趋势，对总部的运营规划起到重要支撑作用。

第二，货。库存积压？提高效率原来如此简单。

美邦存货占总资产的比重在2017年达到25.28%，存货周转天数竟高达204天，产品生产和销售进入恶性循环。对比Zara、H&M等广为受众称道的快时尚企业，它们的成功之处就在于能够迅速地响应潮流，而且是全球化的供应链响应协同。而现今的美邦无疑成为被这种"高效率"撕裂的典型服装企业，供应不能与消费匹配，大量库存积压，为了清库存就大幅打折，然后各种恶性循环……

新零售时代，强调的是经营效率的提升。而对于服装零售业而言，供应链问题存在于每个发展环节，正如美邦所遇的窘况：采购、入库、销售的循环变慢，导致各项成本飙升、利润下降，企业的负担越来越重。因此要对企业管理的模式进行整合和创新，重构内部供应链，显著提升效率，降低成本。

2017年的美邦在进一步梳理和优化供应链布局，以此有效衔接产品生产和终端销售。根据半年财报显示，美邦服饰拥有上海、温州、沈阳、东莞、西安、成都、天津、武汉等8大区域物流中心，从工厂运送至区域物流中心，然后分拣配送至公司仓库，最后配送至各店铺，

02 新零售，服装销售新模式

形成了高效的三级配送体系，其中上海六灶物流中心日均可达到50万件服饰产品的物流处理能力。

新零售时代，强调的是品牌企业线上线下的互动运营效率。电商持续增长，但其中的弊端早已显露无遗，那就是电商的运营成本在大幅增加。未来的企业需采取线上线下互动营销方式，终端门店重视客户体验，打造更适应客户生活与工作场景的场景式消费；线上云端注重便捷购物与实时咨询，方便消费者的随时购买行为。借助全渠道服务为实体经济升级助力，让彼此之间的连接变得更简单，实现品牌、门店、消费者、导购快速有效连接；建立全渠道会员体系，线上线下用户数据融合分析。

第三，场。企业规划不落地？驱动终端是关键（增加线上线下互动）。

过于纠结互联网，就容易忽视了终端本身和消费者的需求。2015年4月美邦推出有范App，并冠名《奇葩说》，但近亿元的投入换来有范极低的转化率，最终在2017年9月宣布有范内部调整，暂停运营。线下门店方面，盲目地在一线城市最贵的黄金地段打造旗舰店，但获益甚少，产品不受欢迎、库存增多、业绩下滑，种种迹象表明，美邦的线上线下战略双遇冷。美邦想抢占年轻消费者市场的定位没有问题，转战互联网也没有错，但最致命的问题是，美邦在最根本的终端门店方面走错了。

美邦近几年放了太多精力在吸引消费者上，导致对终端门店的规划缺乏条理。互联网时代，似乎大部分品牌都急功近利，盲目涌入线上，试图用"便捷攻势"俘获消费者。而在线下扩张方面，采取的都是大规模开店方式，导致库存高企，品牌同质化严重。其实这些大品牌都犯了忽视实际场景应用以及忽略驱动终端执行者主动落地上层规划的错，无法真正提高终端的执行效率，最终导致上层战略规划无法落地的尴尬局面。

如今的美邦，逐步调整线下战略，从管理终端转变为赋能终端。总部提出实际规划，将运营管理的权力下放到门店，释放终端个体的力量。终端开始采用数字化的管理方式，利用信息化完善门店管理，优化升级线下门店消费体验。赋能终端的核心是驱动门店提升效率，把线下门店的流量、转化率、客单价和复购率做到极致。

新零售时代的服装零售行业，需要紧抓"人、货、场"的三字真言，运用互联网大数据，实现洞察消费需求与趋势，通过优化供应链，提升企业管理效率，高效协调线上线下互动营销，脚踏实地驱动终端并赋能终端，最终实现品牌可持续发展。

服装销售咨询小贴士

由于环境的变化正在推动销售逻辑的变化，而这种逻辑的变化，正在把效率变成服装企业经营的核心目标，所以服装企业一定要对当前的市场环境有清晰、敏锐的认识。

服装零售的进化，一直是以效率变革为显著标志的。譬如在20年前，效率更高的连锁大卖场、超市、便利店快速取代以往效率低的零售形式。在新环境下，将会是效率更高的新零售形式取代目前的零售形式。

零售变革的基本规律就是效率更高的新零售形式，必将打败效率低的零售形式；效率高的零售企业，打败效率低的零售企业。零售企业进入模式转换、效率提升的关键时期。当前及未来的零售竞争，已经开始效率比拼。

03

新技术、新推广，服装销售的新未来

技术的发展，实际上不是一步步渐进式发展的，而是到某个阶段会有爆发式的突破。未来的零售进化，离不开新技术、新算法的推动。决定营销效率的就是顾客需求数据的准确度和产品匹配的精准度。

未来人工智能在服装搭配推荐上的强大功能将会成为极佳的导购渠道；"互联网+"通过各种营销方式，在抓眼球的同时，能获得顾客数据留存和链接；新媒体的快速发展给服装品牌的传播方式、销售方式、服务方式都带来了全新的变革，也给消费者提供了更多的品牌选择渠道。

以科技助力销售升级

衣，作为人类生活中最基本的物质需求之一，以非文本的方式记载着社会与生活的变迁，它是一个时代永恒的烙印和缩影。随着社会的发展进步，人们对衣服的审美观念也在不断变化，从以前关注衣服的实用价值，转向关注衣服的时尚化、个性化、品牌化等因素，甚至借助更多科技因素使衣服展现非同凡响的功能，而这些都是产品的价值提升。

科技提高消费体验

服饰零售行业经历 2017 年的"新零售元年"的变革和进化之后，在 2018 年迎来了全面爆发。在 2018 年新零售创新创投峰会上，衣脉科技 CEO 涂征辉先生就服饰新零售发表了演讲，并在圆桌对话上谈新零售该如何借科技之力跟上消费升级的大势。

涂征辉表示，线上的获客成本越来越高，流量红利的时代已经成为过去时；线下的流量也在减少，商场租金却与日俱增；加之服装行业的高库存压力，新零售时代，服装行业亟待转型。衣脉科技作为一家立足于服装行业的科技公司，针对服装行业，提供创新性的解决方案，从消费者角度对服饰新零售模式做了一种设想，通过屏幕选衣服，结合线上浏览的优势，同时升级线下试衣的体验，用户换色换码在试衣间内即可自助完成。对于用户而言，这是一种全新的购物体验；对于商家而言，这种模式将极大地优化线下空间的使用，突破坪效的潜力，并通过数据理解用户、理解货品。

销售额与转化率息息相关，我们从两个方面提升转化率，一个是智能选衣屏 5 分钟即可浏览 500 套衣服，顾客发现衣服的效率大大提升；另一个是智能试衣间，超过一半的店铺面积作为试衣间及其联动的智能仓库，试衣间内配置可旋转的智能衣橱，顾客无须走出试衣间即可试遍店内所有款式，提升顾客的服务满意度。

除了短期收益外，衣脉也从提升客户黏度、增加复购比例等方面来提升中期收益；而长期使用这套零售方案之后，库存风险和成本压力都会有所降低，从而提升整个行业的盈利水平。

涂征辉还表示，消费升级是货品层面的升级，客户对于商品的感知度越来越细致，货品提升将是未来的一大方向。另一个方向是模式和体验的升级，服装行业试图传递 C2M 模式，这是体验的升级。体验升级和商品升级，是相互循环的过程。

衣服最初解决温饱问题，铠甲解决安全问题。我认为衣服最终会是人表达自我的方式，消费者的升级也是人的品位升级。

就零售业来说，实体店购物已经走过了相当长一段时间，在实体店购物通常会有导购和镜子来辅助实现购物。而在经历了数字革命后，如今的消费者可以在线购买任何东西，并且这种购物方式开始影响人们在实体店的消费方式。未来，人工智能将成为现代技术在商业世界中的基石，因为所有行业的公司都会从自动化、定制和推荐引擎中受益，继而将更多的消费者带入其业务场所。

现在的零售业已经非常科技化了，人工智能可以帮助消费者根据自己的兴趣找到适合自己的产品，开始在购物体验中发挥作用。此外，VR 让客户更容易尝试项目，而无须实际投入。其中有许多企业使用机器人过程自动化（RPA）技术将正确的产品推送给合适的人。

03 新技术、新推广，服装销售的新未来

人工智能在以下方面都会显著提高消费体验：

第一，浏览数字目录。

人工智能给我们带来了先进的推荐引擎，使消费者能够花费更少时间找到更合适的产品。消费者可以浏览数字目录，而不是浏览数百个实体物品，根据个人信息、颜色偏好等因素，目录可以向他们展示适用于他们的项目。

第二，高级手势识别。

除了拥有这些电子目录之外，零售商还可以通过监控消费者的面部和手势来了解他们的购物成功度。购物者对特定商品的反应方式可以告诉机器人销售助理，该商品是潜在爆品还是失败之作。此外，通过了解项目如何影响用户的更多信息，推荐引擎可以更有效地找到适合特定用户的项目。

第三，在虚拟的镜子上试穿衣服。

顾客可以使用虚拟镜像来查看商品穿在身上的样子，而不用真的试穿衣服。这需要VR和AI技术支持，使用户能够在短时间内尝试更多不同款式、不同风格的衣服。如果顾客正在寻找合适的服装，就可以使用这项技术来确定哪件商品最合适，以及其他服饰或配饰是否适合该商品，并提供不限数量的服装选择。

第四，在客户参与中使用视频分析。

计算机视觉技术的进步为更舒适的消费体验铺平了道路，为购物者提供了更有利的体验。

2018年2月13日，腾讯旗下顶级机器学习研发团队腾讯优图实验室亮相纽约时装周，举办业界首个"AI+时尚"大秀。借助人工智能、人脸识别与图像处理技术，分析了上一年QQ空间相册千亿张公开照片，并结合唯品会"95后"服装销售的大数据，发现了"95后"最喜欢的颜色、搭配等时尚趋势和品味。基于应用场景，他们还将与

设计师合作，在纽约国际时装周打造一场名为"The Present & The Future（现在和未来）"的先锋时装秀。

优图团队发现，一种特殊的黑色在"95后"群体中地位卓然，颇得"恩宠"。和常规的RGB（工业界的一种颜色标准）值为0/0/0的黑色不同，这种RGB值为22/20/24的黑，并不是太饱和，像"95后"的性格一样，带着一种酷酷的神秘感。在QQ空间海量的公开图片中找到这一个特殊的流行色并不是一件易事，腾讯集团副总裁、优图实验室负责人梁柱介绍，找到这个"95度黑"有两大技术难点。

一是精确分析不同年龄段的流行色，需要对参与统计的用户进行年龄识别。从技术角度出发，首先要输入给计算机非常多不同年龄的人脸照片数据，然后通过人脸检测、人脸五官点定位、人脸归一化处理，再送到一个深度学习网络中训练，获得模型，从而对照片人物进行年龄识别。

二是大数据以及人工算法的统计。对空间用户的衣服颜色进行分析，然后进行色系统计。难度在于空间用户上传的公开照片主要来源于生活照，因此背景和颜色非常复杂，为了实现准确的颜色获取，腾讯优图借助包括人体检测、衣服分割等技术，将人体和衣服从背景中剥离出来。

腾讯优图和唯品会的"AI+时尚"报告展示了时尚潮流的另外一种方向，C2F——由消费者决定时尚走向的"Consumer to Fashion"。销售大数据加上用户需求挖掘，黑科技将会为时尚界带来更多变化，碰撞出更多潮流。

科技数据助力服装销售

通过大数据来收集消费者喜好并进行产品推荐，已成为服装企业公认的新零售方式。从消费者进店后，品牌商就可以通过互联网大数据中积累的信息，分析消费者的需求。我们可以从消费者以往的消费记录获得消费者的身体数据并了解消费者的性格和喜好，从而向消费

03 新技术、新推广，服装销售的新未来

者推荐其喜欢的商品。

所以，21世纪，数据也是新能源，其在整个经济生态中的应用，会给所有参与的经济体注入新的动能，会使所有封闭体系里的混乱程度降低。

根据对顾客消费行为的画像，通过数据的推动，去完成批量的、柔性化的定制。这种竞争条件下，还会有库存吗？中间还需要零售吗？

想象一下，未来中间的这个链条会被数据所驱动，甚至会被数据所替代。因为所有的顾客都可识别了，他们的画像会越来越精准；所有的内容全被识别了，它们的画像也会越来越精准。

科技需要再完善

尽管全球各地虚拟试衣创业公司都在努力，包括Fits.me、Metail、优衣库在内，是虚拟试衣的先行者，但目前也不同程度地面临技术瓶颈、业务扩展困难等问题。

而在某种程度上，有些问题是这些技术手段难以解决的。

首先是规模化应用。现行的技术还难以保证虚拟试衣的效率，而且其使用的成本较高。

其次是虚实整合的代入感。如何让消费在3D模型中，满足真实、美观、个性化的试衣需求，是一个很大的难题。

最后是互联网化和购买途径。虚拟试衣的目的，从根本上讲还是要把衣服卖出去，那么其应用必须产生合理的购买闭环。

服装销售咨询小贴士

黑格尔说：凡是合理的东西都是现实的，凡是现实的东西都是合理的。

新科技、新技术，可能还有更厉害的新智能算法，都正在酝酿当中，或者已经投入使用，只是我们不得而知。未来的零售进化，离不开新技术、新算法的推动。当然，任何一种科学技术都有其应用空间，也有其局限性，看系统使用者如何应用，如何发挥优势作用，以此提高服装企业运营水平，提高员工的工作效率，进而提高服装企业的经济收益。

"互联网+"服装销售全方位发力

什么是"互联网+"

"互联网+"是创新2.0概念下的互联网发展的新业态,是知识社会创新2.0推动下的互联网形态演进及其催生的经济社会发展新形态。这与网店或者微商截然不同。

"互联网+"是互联网思维的进一步实践成果。它代表一种新的社会形态,即充分发挥互联网在社会资源配置中的优化和集成作用,将互联网的创新成果深度融合于经济、社会各领域之中,提升全社会的创新力和生产力,形成更广泛的以互联网为基础设施和实现工具的经济发展新形态。2015年7月4日,国务院印发《国务院关于积极推进"互联网+"行动的指导意见》。2016年5月31日,教育部、国家语委发布《中国语言生活状况报告(2016)》,"互联网+"入选十大新词和十个流行语。

"互联网+"是"两化融合"(信息化与工业化高层次的深度结合)的升级版,将互联网作为当前信息化发展的核心特征提取出来,并与工业、商业、金融业等服务业全面融合。这其中的关键就是创新,只有创新才能让这个"+"真正有价值、有意义。

通俗来说,"互联网+"就是"互联网+各个传统行业",但这并不是简单的两者相加,而是利用信息通信技术以及互联网平台,让互联网与传统行业进行深度融合,创造新的发展生态。

"互联网+"与服装销售的结合

在进入互联网和移动互联网时代后,电商彻底改变了零售业的格局,也对服装零售业产生了巨大影响,人们购买衣服的阵地部分由线下部分转移到了线上。

互联网电商模式解决了传统服装销售中的一个重要问题,那就是信息的不对称。传统线下销售中,消费者可以浏览的商品受到时间和空间限制,而在网上这一限制被解除,人们可以获取更多商品信息。

中国电子商务中心的监测数据表明,2015年中国服装网购市场的交易规模达到7457亿元,服装网购渗透率为34.7%,而2016年达到了9343亿元,网购渗透率为36.9%。也就是说,中国人有超过三分之一的衣服是在网上购买的。"互联网+"像水和电一样成为无所不在的基础设施,直接替换传统服装行业商业流程中的某些环节,甚至创造了新的商业流程。

这是一个出言必称"互联网+"的时代。翻翻新闻,但凡服装企业有什么新的举措出台,或者有新的战略布局宣布,一定少不了"互联网+",而且必是浓墨重彩。"互联网+"仿佛是一个神器,一剂万能药,不管是什么行业、什么产品,只要一贴上"互联网+"、互联网思维的标签,就顿时显得高端大气上档次起来。甚至在很多人眼里具有化腐朽为神奇的魔力。

但是,任何事物在密集出现、过度解读后,就难免会让人有一丝反感,会有反对的声音。曾有学者指出,互联网思维几乎没有新东西,甚至是错误的。一个人要是张口闭口就是互联网思维,那就是没有思维。

新事物的出现,必然伴随有争辩,孰是孰非,不同的声音,至少能让我们保持冷静,让大众能多个角度思考,拨开纷繁复杂的热闹景象,尽力看清世相。站在理性、客观的角度,我们必须肯定互联网给服装企业和品牌带来的颠覆性的创新和革命,肯定新时代背景下诸多新概念、新技术为我们的生活带来的改变和值得期许的未来想象。但是,也需要看清自身实际情况,建立正确、客观的认知,防止人云亦云和盲目跟风,切忌单纯追逐热潮的炒作和噱头。

"互联网+"服装销售的三个关键点

第一,主线:转型升级和跨界并购。

互联网革命正深刻地影响着传统服装行业,转型升级和跨界并购将是推动服装企业发展、变革的主旋律。业内龙头公司借互联网提速,不断通过并购和产业链整合,拓展新的增长空间。龙头公司的成长价值正被重构,新一轮的价值掘金开启,产业效率提升进入加速通道。

第二,核心:重构消费者沟通模式。

"互联网+"成了一股浪潮,一处风口,正在快速渗透和改造服装行业。但是,商业的本质是洞悉人性,无论是技术进步、产业升级还是商业变革、模式创新,无不指向最终消费和消费者。这也正是服装企业在应对各种变化时应当选择的原点和核心。

消费升级和社会转型孕育着太多的消费盲点和商业机会,服装行业的当务之急是重新认识国内市场,重新思考我们的顾客在哪儿,他们的真正需求是什么。线下实体门店如何融合现代消费习惯,用新技术打通线上线下连接渠道,做到与消费者建立全方位连接。从产品到渠道再到体验,如何重构品牌与消费者的沟通模式,这才是服装企业当前面临的最大挑战。

第三,基石:突出互动。

在这个被称为"互联网+"的时代,微博、微信等新媒体的普及,改变了信息的传播模式和发布路径,进入了"所有人对所有人"的传播时代。人们通过互联网建立实时连接，正在形成一股巨大的、看不见却又能真实感受到的力量。

未来的商业变革将不再局限于商业信息是否对称，信息技术不断创新，也不再局限于以价格形态助推消费需求。品牌不再单纯地由企业预设，消费者越来越多地亲身参与到品牌的定义、形成、运营和营销当中，由用户共同来参与决策，制造他们想要的产品。要想凸显互联网思维的特性，最重要的就是突出互动，但更关键的是如何互动。

无疑，互联网已经渗透到各个行业，渗透到企业运营的整个链条中，互联网化将成为下一次商业浪潮中最关键的词汇。未来改变思想观念和商业理念，优化企业经营的价值链，发掘更多机会，这才是互联网时代的制胜王道。

"互联网+"影响下的服装时尚之路

传统服装行业嫁接互联网，带来了服装买卖方式的嬗变；现代生活方式嫁接传统服装产业，悄然兴起原创设计、高端定制等新型业态。无疑，消费者、服装品牌商都在求"变"。

第一，网上买服装，更爱品牌尾货。

互联网大潮中，消费者正成为传统服装企业转型的推手。喜爱品牌，催生了互联网上贩卖品牌尾货的超级大市场，特卖电商唯品会就是其中的佼佼者。

唯品会CFO杨东皓指出，服装行业的尾货是一个常态现象，服装是个性化非常强的产品，从设计、生产到零售环节的周期非常长，经常达到12个月甚至18个月。这样一个行业特点会产生一个结果，那就是没有人能够准确地预测一个品牌服装的每一个SKU（库存进出计量的基本单元）到底能卖多少件，这样不可避免地会产生尾货。

03 新技术、新推广，服装销售的新未来

为什么越来越多的消费者会选择购买品牌尾货？网购时尚达人总结了几点理由：品质有保障、退换货快速、价格亲民。更关键的是，曾经试穿过这些品牌衣服的消费者，对尺码、规格、品质都有所了解，会省去不少可能出现的麻烦。由此也可以看出，网购消费者仍是尾货消费群体的中坚力量。

第二，服装经营店：跨界成趋势。

轻奢女装品牌OZZO（欧尼迩）的创始人计文覃在同乐TCL创意园附近经营了一家"纯手工坊"，经营苏绣等传统手工艺，这一仅对客人、朋友开放的小型艺术中心，在寻求与艺术家合作之后，向公众开放。如今，在深圳服装品牌的高端会所，欣赏画作、聆听音乐，已经成为一种时尚。

作为新时代的消费者，可以到跨界的艺术空间内来坐一坐，喝杯咖啡，在小房间里看看老电影，享受一下花艺，甚至学学如何欣赏音乐。未来的跨界空间体验，只有小部分地方做时装销售，其他的空间可以进行艺术沙龙、时尚PARTY，进行跨艺术门类的教育，如学钢琴、诗歌会等活动。

第三，高端定制成为新风尚。

用世界上最稀缺的面料、最前卫的设计、最精致的剪裁、顶级的手工打造出"可以穿的艺术品"，目前，影儿时尚集团正全力攀登高端定制这一时装制造的金字塔尖。

除了来自意大利著名设计师之外，影儿时尚集团的设计团队中，还有留学英法的设计师，国内的新锐设计师团队，他们既熟悉中国文化时尚现状，又具有国际化视野。与设计师团队相匹配的，是影儿时尚集团制定的一系列的服务规范，涉及售前、售中、售后三大服务环节，涉及客户基础数据库建立、设计师与衣者的沟通、描绘灵感的草图、甄选最适合的面料、板型修改、精密的手工制作、定时专送服务

等几十个流程环节，这些规范从根本上保障了高端定制的服务质量。

深圳服装行业协会秘书长张洪涛如是评价影儿时尚集团推出的高端定制：这是深圳服装品牌的一面旗帜。深圳服装品牌不一定靠它赚钱，但代表了深圳服装品质的一个标杆。

第四，个性化是未来潮流。

有消费者提出，玛丝菲尔、七色麻等服装品牌的设计感越来越强，但不太适合平时穿着。目前的主流观点是，设计感强、个性化是未来潮流。于是，深圳服装业界，悄然涌现了很多原创设计师。朱威特和林萧馨是搭档，也是夫妻，他们从海外留学回来之后，于2012年创立了vmajor品牌。"多元化是未来的趋势，原创设计师不会在同一个地方待太久，设计的产品不会有明显的地域性痕迹。"朱威特介绍，他对vmajor品牌的定位是多元化、国际化的都市时尚品牌。

人人都要穿衣服，都想穿新衣服，但许多衣服大同小异，很难穿出个性。预计未来定制模式会越来越多，更有利于小品牌的生存。

"互联网+"服装行业电商平台B2B模式，
"三驾马车"助力全球内衣网冲刺新三板

十年前，以阿里巴巴为代表的B2B业务风生水起，但最近五年来，业务开始出现巨大瓶颈。由于B2B平台没有把数据两端打通，不敢贸然下单，仍然离不开展会。因此，传统的B2B门户已经不能满足企业需求，尽管信息极度泛滥，但买卖双方信息不透明的问题始终没有得到有效解决。从交易价值链上分析，垂直、专业化的B2B电商模式正成为主流电商战场。

与一般B2B模式不同的是，为全球内衣网量身定制的B2B模式打通了从B2（品牌商、生产厂家）到B4（终端零售商），实现了从F（Factory，即工厂）到R（Retailer，即线下零售终端），即F2R模式，

03 新技术、新推广，服装销售的新未来

该模式能够把多个渠道环节扁平化，直接供货给线下零售终端，从而提高供应商销售收入、降低线下零售终端的采购成本、提高整个供应链和物流流通效率。

1. 战略精细化、从易到难。

许多B2B行业平台构架太大，总要做得大而全。仅以电商平台的网站为例，从行业资讯到人才栏目，从论坛到广告位，全面出击，结果往往给网站运营带来很多负担和陷阱。

内衣行业存在多级批发商，流通渠道仍比较单一，基本属于链式结构，同时中间环节多。对于全球内衣网来讲，切入的核心点在于"缩短流通环节"，平台建设初期要围绕"B端"从原料供应商到终端零售商优化服务、建立数据体系。因此，全球内衣网需要精细化运作、从易到难。

相应地，平台在线上网站弱化了信息资讯功能，没有广告位和人才招聘，整体设计简洁明晰，侧重对优质品牌商家、优质买家的数据匹配和推荐。线下全力打通产业链上的各级B端，全球内衣网围绕内衣零售商的进货渠道进行了扁平化革新，直接提供厂家货源，降低内衣零售商的进货成本，增加了内衣零售商的生存竞争能力，同时也为厂家生产提供了实际市场的需求和销量数据，真正做到以销定产。

2. 各个运营环节深耕细作。

通过对全球内衣网线上线下全方位的体验，提出了平台系统性优化建设方案。

根据买家的供应商管理需求、卖家的客户关系管理需求，全球内衣网不断优化提供信息匹配服务的用户体验：从资质评定、专业认证、同行互评、其他买家评价、财务信用评估、信用担保等各个环节，帮助买家优选供应商，提供供应商筛选流程和数据服务，为买家导购、推荐适合的产品及服务；从信用评定、信用担保、购买能力评估等各个环节，向卖家推荐优质客户，提供客户线索及机遇管理流程和数据服务。

与此同时，为买卖双方提供交易服务及货款支付的互评反馈服务。

营销宣传方面，全球内衣网首创内衣行业销路"大渠道"，完成了12大内衣销售渠道系统的布局，开拓发展"电商""媒商""人商"等多段立体渠道网，在实践中开拓出适合垂直电商平台、适合内衣行业发展的最优模式。

3.强力整合内外部资源。

B2B是基于传统企业生态与"C端"电商的精耕细作，平台本身必须保证合理又全面的产品资源，以整合出最佳产业链。

通过对全球内衣网现有资源及对标企业的分析，协助总结提出了全球内衣网可以开展的业务与服务，并基于业务分析了全球内衣网的盈利模式、业务拓展考虑，为全球内衣网提出了三大能力提升建议：产品品质差异化，打造强大的产品设计能力；全面利用自身和外部资源；强化营销推广执行力，构建立体营销体系。

4.业绩斐然，获资本市场青睐。

全球内衣网成立后两个季度内，即达到营业额3705万元，2012年11月底营业额即达1.1亿元。目前，全球内衣网注册供货商已经超过5000家，联动中的全国大中型批发商8900家，已经注册的零售商超过60000家，网站展示商品近十万件。

进入2015年，全球内衣网面向全球内衣万亿级市场，加速产业链的斜向整合，建立产销一体化的实体工业贸易园区，实现多站、多省分布，力求呈现新的内衣加工、出口贸易新模式，并于2015年成功登陆新三板。

未来，全球内衣网将发力外贸电商、移动互联网、供应链金融、物流服务的综合性平台整合，使B2B平台功能更深入、更专业、更细化，更加重视企业用户的实际需求。同时，产业垂直整合、各地方政府对电商企业的大力支持也为平台整体估值加分不少。

03 新技术、新推广，服装销售的新未来

服装销售咨询小贴士

"互联网+"服装销售的关键，在于通过各种营销方式，在抓眼球的同时，能获得顾客数据留存和连接，以备这次不转化、下次可以转化，拉新、转化、复购能形成良性循环。而决定营销效率的就是顾客需求数据的准确度和产品匹配的精准度。

当然，也有很多以移动营销、微信为依托的系统小软件，可以让很多实体店终端简单地实现线上营销、线上销售的功能。

人工智能"搞事情"

服装行业的智能化时代来临

衣食住行，几乎涵盖了每个人生活的基本需要，而"衣"位列其首。所以，服装行业几乎是人类社会最传统的行业之一，也是从古至今变化最小的行业之一。但这并不代表服装行业没有与时俱进，服装领域已经进入改革的新时代，随着新零售的强势崛起，消费者购物习惯的变化，服装业开始积极拥抱新零售、新智能。

2016年以来，人工智能似乎迎来了大爆发，无人驾驶、人机大战、深度学习等各类新闻、研究论文一次次震惊世人。在新零售领域，国外的亚马逊，国内的百度、京东都在布局全智能店铺技术，亚马逊甚至开设了无人店铺体验店。服装业内不少人认为在人工智能高速发展并于服装领域的应用过程中，率先进行改造的应该是仓库管理，然后才是门店，因为仓库最容易标准化，门店比较复杂，但最接近客户，也最容易和直观地提升消费体验。但从现在的情况看，有些变化出人意料，最先被改造的或许是服装设计环节。

2018年6月15日，由上海市经济和信息化委员会、上海市商务委员会、上海市长宁区人民政府指导，上海市长宁区青年联合会和亿欧公司联合主办的"2018全球智能+新商业峰会——智能+零售峰会"聚集近20位零售顶尖人士，共同探讨如何迎战新零售格局。互联网新时代，实体零售积极寻找线上队伍，线上巨头也逐渐蚕食线下实

03 新技术、新推广，服装销售的新未来

体零售。在技术不断迭代的今天，零售行业从业者该如何寻找新的机遇，应对新的变化，巩固行业地位？

"有些企业无法跟上市场的变化自然会被淘汰，而有的服装企业的经营正逐渐与世界接轨。"极极平台战略副总裁李晓冬表示，"一些老品牌在服装展会上消失，就是因为市场的需求变了。"

创创股份董事长晏许勇更是在展会上发表了关于"新经营的八大红利"的讲演，从新常态、消费升级、产品赋能、集中、好产品不贵、效率、生活方式、内部创业八大模块出发，详尽阐述消费品企业发展基业长青的本质。

丽晶软件CEO江旭东也讲述了新智造、新零售的概念，并表示，"以前我们做一件衣服，提前6个月或8个月，做个3万件或5万件，然后层层批发。现在，看的是前方消费者有需求的时候，你能不能通过后台的供应链做出快速反应，及时将产品送到消费者手上。新智造就是通过互联网直接连接制造端，让其变为一个从工厂端直接发到终端的过程，甚至以后可能实现直接发产品给消费者。"

新零售、人工智能的应用前景

服装行业的智能化、新技术层出不穷，如何从服装产品运营本质去审视人工智能呢？传统零售又要如何看清这些为新零售推波助澜的新科技呢？

在服装服饰领域人工智能技术主要应用在以下几个方面。

◇虚拟试衣，优化线上购物体验；
◇服装预售，降低库存；
◇服务机器人，开启智能导购新篇章；
◇个性化定制、大数据、精准营销和分析用户画像；
◇智能人台与尺码匹配，大数据和AI算法，服饰挑选和推荐，智能选购；

◇服装设计图像识别，打造智能货架，提升门店运营管理效率，以图搜布、智能花型匹配。

第一，智能试衣镜。

随着国内外智能可穿戴产品的大热，智能元素越来越受到消费者追捧，智能服装也是服装行业未来发展的一大趋势。

2017年10月10日，马云在天猫新零售体验馆体验了"好买衣智能试衣镜"，这是目前在试穿销售智能领域极具代表性的技术。在天猫刚刚开启的新风尚活动中，"虚拟试衣"成为整个女装会场的最大亮点。不过好买衣虚拟试衣和其联合创始人兼CTO柴金祥教授对这项技术的预期可不仅仅停留在"试衣"，他们希望通过人工智能改变整个服装产业。

用户可以进行深度、个性化的虚拟试衣互动体验，实现用自己真实的脸与身材，体验身临其境的虚拟试穿。天猫新风尚活动中，好买衣虚拟试衣获得不错反响。

智能试衣镜的使用流程：消费者站在镜子前，启动智能人脸与身材识别，输入身高体重、勾选身材特征等基本信息，结合其独家的女性身材数据库，可以推算出几千项身材数据。再利用机器学习和图形学，可以对消费者进行较为准确的人体建模。最后将其拍摄的面部照片进行三维重现，就能够得到一个接近真实的消费者"自己"。30秒内可以"复制"出一个虚拟的"我"（官方称还原度高达85%）。接下来不到3分钟，可以试穿100多套当季服装，可以上下自由搭配、内外多层次穿搭。

顾客还可以将镜面体验存入手机，方便顾客随时查阅，不受时间、地域限制，多次体验在线试穿，最终在全渠道转化为购买。

虚拟试衣一方面使用户的停留时间增加，另一方面使用户通过虚拟试衣增强了购买信心。有了虚拟试衣，顾客可以更容易地了解自

03 新技术、新推广，服装销售的新未来

己更适合穿什么衣服，因此购买行为更有针对性，并且有了身材数据后，最终购买的尺码也会更合适，不容易出现频繁退货、换货的情况。

智能试衣镜主要解决如下问题。

◇顾客进店试穿省去穿脱的麻烦，同时由于短时间内试穿多套，找到喜欢的衣服命中率更高，以及根据顾客体貌特征数据匹配衣服，精准搭配、个性化款式满足率更高，体验感更好。

◇无须服装销售人员绞尽脑汁找衣服、想搭配，系统自动搭配，节省服装销售人员时间和培训及管理成本，连单率可能比人工更高。

◇提升未购买顾客的转化率，试穿后的顾客不会失联，品牌可以通过累计的未购买顾客的试穿体验数据和已经建立的连接，捕捉潜在需求，提供延续更精准的产品服务，品牌可持续捕捉更广泛客群的需求。

智能试衣镜，主要围绕的是"款式新发现"，因为体验到更多的搭配和风格，顾客也会因此发现自己从没尝试的衣服，从中找到心仪的单品和喜欢的搭配。顾客使用智能试衣镜试穿的销售转化率有30%~35%，而常规线下店铺进店顾客的转化率仅为8%~15%，转化效果的提升是非常明显的。智能试衣镜能做到消费者"离店不失联"，快速实现线下线上数据绑定。

优衣库和高端百货商店Neiman Marcus与AR创业公司Memomi合作，在店内安装AR试衣镜Memorymirrot。与好买衣试衣镜的功能相似，也是通过试穿时采集顾客体貌特征数据，通过顾客线上下单建立顾客连接，既获取了宝贵的数据，又提升了顾客的消费体验。

智能试衣镜核心功能是线下往线上导流的工具，通过线下消费者体貌特征数据获取试穿过程中的喜好，获取更完整的顾客数据并建立连接，线上变现，同时累计获得更大规模的顾客数据库。

好买衣试衣镜虽然增加了试穿效率，但丢失了顾客亲自试穿的体验感。这与线下体验价值冲突吗？这个问题我们需要多角度思考。

智能试衣镜，如果在实体店铺大面积应用的话，更多的价值是获取顾客数据和建立顾客连接，助力品牌更大规模的顾客需求挖掘和营销应对。另外，针对线下零售，顾客进入实体店时，亲自试穿和试衣镜试穿很可能要结合，让顾客通过场景体验品牌产品理念、工艺，通过试衣镜快速选款搭配，选中合适的再上身试穿，继而转化成交。这样由于便利，就可以留存更多的进店顾客数据，为日后精准营销奠定基础。

这种模式让终端销售服务变得简单、高效，最后比的是品牌产品精准匹配的能力、升级改造原有的调配货、营销活动、渠道管理的旧模式。通过顾客数据驱动，精准决策、简化终端、赋能终端。

一旦这种新零售模式落地打通，相应的供应链就会被改造升级，实体零售的买手模式、设计研发、订货模式等都会被颠覆式地升级改造。

第二，服装预售。

预售模式是服装零售行业在进入互联网行业后产生的新经营模式，也是一次全新的尝试，由消费者的购买意愿直接决定产量，解决了传统服装行业的库存积压问题，又将生产端与消费者直接联系起来，进而提升用户购物体验，服装品牌省去了很多中间环节，既缩减了成本，又增加了利润，而且预售对用户来说是未来网购独有的"提前消费"体验。

但与网购衣物类似，预售模式也存在尺码与顾客的匹配度以及款式是否合适的问题，因此在使用了虚拟试衣后，品牌可以进一步解决预售中出现的尺码、配货比问题以及售后的用户退换货问题。

第三，智能导购。

在高端线下门店和一些高消费人群中，导购不仅仅承担引导顾客的作用，还可以为顾客提供时尚咨询服务、穿搭建议。一名资深的Stylist（形象设计师）咨询有超过80%复购率，同时会大大提高顾客的转化率。

但是，其高端属性注定很难实现大众化。衣服是非标品，穿在别人身上好看，穿在自己身上不一定好看，给用户推荐合适的衣服，尤其需要考虑用户的长相、身材、气质、风格，线下导购做得到，但对品牌网上销售来说，是很难做到的。

人工智能技术可以解决这一问题，利用独家用户身材和脸的数据、精确的衣服标签及其他搜集到的数据，结合机器学习对消费者的信息以及喜好进行分析，在未来也可以为顾客提供智能导购服务。

第四，个性化定制。

个性化定制，也就是C2M的模式，可以为消费者量身打造适合他们身材特征、相貌及喜好的衣着，这是很多服装品牌希望尝试的领域。但是目前，只有男式西装、衬衫等品类和极少数高端女装可以实现。

原因很简单，西装和衬衫的样式比较单一，可改变的只有颜色、尺寸等，在保有服装样板的情况下，比较容易进行设计和制作。但女装品类复杂，很难在短时间内完成打版、制作过程，并且无论对男装还是对女装，C2M模式基本无法实现规模化量产。

人工智能可以大大提高个性化定制的可行性。顾客的身材信息经过测量，重建身体模型，再结合其相貌特征，将设计和打版过程进行优化，再加上全程基本上由算法完成，人工成本降低，可以实现规模化应用。

第五，智能人台与尺码匹配。

目前国内使用的S、M、L、XL等4个尺码，其最初的规范来自20世纪80年代的日本。抛开中日消费者的差距，仅仅在过去30年间，中国消费者的身材就发生了巨大变化，因此这一标准尺码以及在服装制作过程中使用的人台，其实也需要调整。

通过虚拟试衣获得的关于顾客身材的大量数据，未来可以为服装制造厂商提供智能人台服务，不但符合现在消费者的现实需求，还可以真正做到因人而异，调整人台的尺寸细节。

第六，服装设计。

除了定制衣物外，服装制造厂商还会定期推出新款，大量用户数据的反馈同样可以帮助企业在衣物的设计和制造方面有所创新。

现在的服装行业，厂商和消费者之间依然存在着信息壁垒，尽管企业会进行市场调研和往期产品销售情况的统计，但这部分信息仅有出货量、销售量之类的宏观数据，对于衣服卖给了谁、是否符合设计时目标客户的需求，服装制造厂商大都模棱两可，并没有明确的答案。

在未来，通过大数据为服装设计环节提供更加全面的顾客喜好信息，让厂家在设计时目标更精准，可以真正切中消费者的"要害"。

2017年11月30日—12月2日，"2017创业邦100未来领袖峰会暨创业邦年会"在国家会议中心举行，好买衣联合创始人兼CEO黄仲生发表了名为"虚拟试衣＋人工智能——好买衣打造服装全渠道新零售"的主题演讲，总结了通过虚拟试衣和人工智能是如何帮助服装企业产生变化的。

演讲指出，顾客的线下体验升级了，门店需要各种各样的酷炫、新潮的方式来吸引顾客，帮助顾客找到穿起来最好看的那一件商品。对品牌来讲，消费体验的提升就意味着稳定、忠诚的消费群体。另外将顾客的消费行为数据全部留存下来，在为顾客建立的社群中推送不同款式的商品，如果推荐的商品和折扣顾客喜欢，就能得到顾客的青睐，顾客也更愿意跟品牌互动。这时即使你告诉顾客某件衣服将要售罄，线

03　新技术、新推广，服装销售的新未来

下哪个店有货，顾客是会专程去逛的，这样就把顾客带到线下，产生成交量。

好买衣的角色不只是试衣间，还是超级导购，帮助品牌结构化数据管理，了解顾客和商品，呈现最好的衣服给顾客，理解新零售如何围绕每一个独特的顾客来提供全方位的消费体验，把结构化的数据更好地转换成商业体验。

人工智能前景

2018年作为人工智能商业化的元年，又有哪些领域可以顺利实现人工智能商业化？服装服饰行业在人工智能的映射下有将有哪些创新突破？如何用人工智能等新技术创造更多服务形态呢？

人人都能变时装女王

每年秋冬，来自巴黎、米兰、纽约的时尚大咖和靓丽模特都会汇聚一堂，发布下一年春夏季节的流行样式和流行颜色。几个月过后，商场的货架上就会出现秀场上发布的流行单品，供消费者选择。如果此时有娱乐明星、"带货女王"或超级网红因穿戴了某一种单品而被大众所知，还可能会出现超级爆款，引发全民跟风的热潮。

看起来，时尚仿佛是一个自上而下的过程，时尚界的业内大咖们决定了接下来要流行什么、人们要穿什么。而当人工智能踏足时尚圈，自下而上的用户需求数据将成为设计和搭配的出发点，时尚潮流的方向会出现另外一种可能。

人工智能时装设计师

时装设计师是时尚潮流的源头，如果我想创造属于自己的时尚，谁能做我的专属服装设计师呢？

谷歌与德国电商Zalando进行合作，正在合力打造一款人工智能时装设计产品Project Muze，该产品基于谷歌TensorFlow系统，会向

顾客提出几个针对性的问题，根据顾客的答案和需求设计服装。如果你能提供给它自己的性别、心情、兴趣爱好和喜欢的艺术类型等信息，再在模特身上画一个简单的图案，Project Muse就可以马上为你设计一款时装造型。举个例子，如果顾客是一位热爱古典音乐、心情有点迷茫并且在模特身上画了三角形的女士，它就会设计一条斗篷式的绿色连衣裙，外面还会覆盖一层有忧郁气质的棕色薄纱。

人们对于时装美感的评判是比较主观的事情，处于初期的Project Muze可能外观还不是非常靓丽，但相信在经过更多算法训练和时尚设计师的调校后，它会给人们带来更多惊喜。虽然人工智能完全替代时装设计师目前还是比较遥远的事情，但它确实有希望能够为设计师们提供更多灵感、为有个性化需求的顾客提供更多有趣的选择。

人工智能服装搭配师

"明天怎么穿"可能是除了"明天吃什么"之外最让人头疼的问题了。一位专业的形象设计师在搭配服装时要考虑到被搭配人的体型、肤色、性格、生活习惯、职业特点等多方面的因素，也因此要价不菲。而人工智能服装搭配师的出现，有希望让每个人都能拥有自己专属的服装搭配师，不再为"明天穿什么"发愁。

国内外有很多初创公司涉及人工智能服装搭配领域，采用的切入方式也各有不同。有的采用智能衣橱的方式，通过识别用户日常风格、天气、穿着场合等，在衣橱中现有的衣服里选择搭配；有的通过收集用户的个人特征、结合购物记录及在社交网络上给明星或网红穿搭点赞的数据，帮助用户找到最适合的穿搭产品。

以国外的一家时尚电商平台Thread为例，它就融合了时尚顾问的穿搭感觉和机器算法，为用户推荐最适合的服装选择。用户只需要上传几张个人照片和填写基本问卷，Thread就能从自身高达3.7万亿种搭配组合的数据库中挑选最佳搭配推荐给顾客，据说每个人都会得到完全不同的搭配推荐。同时随着顾客的购买数量增多和顾客的反馈评价增多，它的算法也会越来越精准。这种基于机器学习的算法，能够让顾客得到越来越好的购物体验。Thread的用户数量在2年内增长了10倍，已经达到50万，给合作商家带来的销量也增长了10倍，这证明了将时尚搭配师的智慧与机器学习算法结合的方式确实得到了市场的认可。

人工智能的参与的确在改变时尚行业。一方面，积累了大量顾客购买行为数据和社交网络穿搭图片数据的时尚产业有机会通过算法调整市场与销售策略，提高销量，同时减少库存；另一方面，一直在被动接受时尚信息的消费者也将有机会通过人工智能选择和决定属于自己的时尚潮流。

再也不用担心今天的衣服是否得体、配色是否奇怪，并且可以节省早晨挑选衣服的时间，省去很多烦恼，那是多么惬意的一件事。人工智能的发展将给予每个人享受原本稀缺的个性化服务的机会，也许这就是它的魅力所在吧。

3D人工智能

3D人工智能通过模拟真实的布料纹理、多层次的服装处理、精确的缝制效果展示，可以让一件衣服呈现得越来越接近真实。顾客可以在手机端触摸操作观看一件衣服的各个角度，相比普通图片，能更真实地感受一件衣服的材质和工艺，同时通过3D场景化模拟呈现，实现视觉购物功能。

这项技术其实是线上图片视觉营销的升级，核心功能还是提升线上转化率。

服装销售中人工智能的不足之处

就目前的人工智能发展水平来看，我们老百姓要想满意地穿上机器人设计的衣服，还需攻克一些难关。其中最大的一个难关，就是社交、消费、图文等信息数据是割裂分布在不同厂商的，比如腾讯有社交信息、阿里有线上消费信息、门店有线下消费信息，如果大家都不愿意共享各自的信息，没有必要的数据支撑，那么再智能的机器人也"巧妇难为无米之炊"。并且人的心理是个非常奇怪的东西，人天生就有标新立异的心理，很难去推断一个人这一刻想要什么、下一刻又想要什么。

不管怎么样，穿机器人设计的衣服的时代曙光已现，如果你是服装公司的老板，你会雇用一个会深度学习的机器人还是一个有多年经验的设计师？作为一个消费者，穿上一件用机器人思维设计的衣服，你会不会感觉奇怪呢？

服装销售咨询小贴士

就像金融、汽车、家居等行业一样，在人工智能出现后，一部分问题得到了很好的解决。好买衣联合创始人柴金祥教授创立好买衣虚拟试衣的目的，就是希望通过机器学习的方式，解决现阶段虚拟试衣甚至整个服装制造和零售行业中存在的问题。

未来的人工智能应用一定会和商业场景相结合，而人工智能在服装搭配推荐上的强大功能将会成为极佳的导购渠道。相信在不久之后，我们将会拥有全方位私人定制的网络购物商城，商城中的每一件服装都是经过精心挑选的，适合个人的型号、喜好、需求甚至是购买预算的。再结合VR，我们可以直接在网站上试穿，真正拥有一个具有我们个人风格的时尚搭配空间。

技术的发展，实际上不是一步步渐进式的发展，而是到某个阶段会有爆发式的突破，上一个甚至几个台阶，想要准确预测未来是很难的。

与新媒体并肩作战

何谓新媒体

新媒体是新的技术支撑体系下出现的媒体形态，如数字杂志、数字报纸、数字广播、手机短信、网络、桌面视窗、数字电视、数字电影、触摸媒体。相对于报纸、广播、电视、杂志四大传统意义上的媒体，新媒体被形象地称为"第五媒体"。新媒体最大的特点是它的消解力量——消解传统媒体之间的边界，消解国家之间、社群之间、产业之间的边界，消解信息发送者与接收者之间的边界等。服装品牌通过新媒体的传播，也得到了快速发展。当这些新媒体大量出现的时候，服装品牌的新媒体营销策略研究就成为企业的重头戏。

新媒体营销

新媒体营销是指通过新媒体进行的营销活动，作为一种全新的营销方式，具有分众、个性、交互、多元等鲜明的传播特点和很强的实践性。新媒体营销对于服装销售的打造和传播具有十分重要的意义。

第一，服装销售传播从大众化走向分众化。

服装品牌的营销需要品牌个性，而品牌个性的最终目的是将其与竞争对手的商品或服务区分开来，其目的是在顾客和消费者心目中树立起对企业产品或者服务的品牌形象。新媒体营销作为革新性的营销方式，促使服装品牌的受众群体被分化成了一个个碎片。每一个碎片都是一个小的受众群体，虽然零散，但同一群体之间的相似度却增加了，更加有利于服装品牌传播的精准化，而受众群体之间的差异性又有利于媒体的个性化发展和传播创新。

第二，互动媒体的诞生加速了服装销售的深度。

互动媒体的出现极大地改变了市场营销传播的品质，使得服装品牌的传播也从传统的营销者的宣教模式中解放出来，消费者可以把自己的信息传到网络与其他消费者共享。通过这样的良性互动，服装企业可以获取更多、更准确的市场信息，大大增加服装品牌传播的有效性。

第三，新媒体传播的形式多样化。

网络技术的应用为新媒体的品牌信息传播提供了强有力的技术支持，使品牌可以通过声音、图像、文字等多种形式向消费者提供信息服务，更有利于塑造服装品牌的个性。如当前的服装品牌利用微博和微信平台进行营销，营销者不定期通过服装照片的分享和最新产品的链接发送来宣传，都取得了不错的效果。

第四，新媒体传播主体的多元化。

在新媒体时代，传播门槛降低，传播主体增多，几乎所有人都可以成为传播主体，可以利用网络平台把自己变成信息载体，用自己的言论和行为来影响他人。在网络技术如此发达的今天，谁都可以成为"名人"，人与人之间的距离在缩短，人与品牌之间的距离也在拉近。任何一个人都可能成为服装品牌的传播者，新媒体赋予了品牌传播无限的空间和可能性。

新媒体服装销售的现状分析

服装品牌通过新媒体的传播，让更多人从原来的被动接受改变为主动认知，人们对服装品牌的概念更加具体化了，对线上和线下的品牌体验模式也有了更高的追求。在当前如此快节奏的生活方式下，新

03　新技术、新推广，服装销售的新未来

媒体满足了人们对"快"的需求，不过其中也有不少问题。

第一，服装企业的营销理念亟待突破。

很多服装企业管理者对新媒体营销认识不深，还是停留在传统的营销管理模式上，同时不重视员工的培训和全员数字营销理念的培养。很多服装企业虽然建立了自己的网站、博客或电子商务平台，但是很多企业信息网站更新不及时，对最新的服装动态、流行趋势、行业走向缺乏及时的更新；网上客户意见反馈不到位，对网络各类舆论热点缺乏敏感性，还没有意识到利用新媒体进行品牌营销、抢占虚拟市场对企业竞争优势的重要性和迫切性。

很多地方服装企业由于管理模式的问题，更多的是停留在贴牌生产、线下传播和固定订单销售的模式，没有从传统生产加工模式转变为品牌打造模式。新媒体的出现，对很多关注品牌打造的服装企业来说是一个良好的契机。

第二，服装企业对品牌价值认识不足。

新媒体营销的商业价值，主要体现在市场销量的增长、品牌价值的提升和受众忠诚度的提升。这三个方面都是企业追求的目标，但是现在很多服装企业往往只注重销量的提升，而忽视了对受众信任度、满意度和忠诚度的培养。目前国内很多服装企业过度追求销量，而对品牌是否得到消费者的积极反馈不够重视，实际上这对品牌长久发展是非常不利的。

当下，新媒体短时间内给予品牌快速传播的能力，也导致消费者缺失了更多思考和体验的空间。正因如此，服装品牌更应该将品牌新媒体的传播效果和服装实物做到精准匹配，有效提升品牌价值。

第三，服装销售在新媒体传播过程中缺乏诚信。

服装是电商销售中最重要的商品类目，而现如今困扰电商的最大难题就是商家诚信缺失，如货品描述和实物不符、服装板型和号型严

重偏差、色差现象严重、品牌商品以次充好、商品货源渠道不明等现象充斥网络购物，给多个国际服装品牌造成很多负面影响，同时也给新媒体的发展提出了新的课题。

第四，新媒体营销中人才匮乏。

新媒体营销所需要的既善于运用服装品牌营销理论和技巧，又熟悉各种新媒体技术的专业营销人才是十分匮乏的，这已经成为服装企业开展新媒体营销活动的一大瓶颈。相关高校应该积极响应社会需要，开设相关课程，培育适应新媒体发展的服装品牌营销人才。

服装销售新媒体的传播策略

第一，服装销售定位应趋向差异化。

个性化的需求始终是服装品牌发展的趋势，那么服装品牌要最终形成"品牌"效应，要有效地了解消费者，确立企业自身品牌与竞争品牌之间的差异性，塑造独特的令受众群体认同的品牌个性与形象，提供有针对性的服务。"穿出个性，拒绝跟风"的消费主张，也从一定程度上体现了当下消费者的消费心态。因此在新媒体高效细化市场的前提下，营销者应该努力找到某个符合品牌定位与受众需求的契合点。

第二，服装销售传播内容、渠道应整合。

当今社会处于信息大爆炸的时代，各种各样的品牌信息充斥着人们的生活。而如何在这样的背景下快速锁定受众群体，成为新媒体营销和服装品牌传播亟待解决的问题，需要企业对服装品牌信息的传播方式进行整合，将手机、网络、电视、杂志等不同的媒体视为组合信息终端，统一进行传播内容的设计与制作，在不同信息终端之间建立联系，使品牌信息从各个渠道中发出统一的声音。在数字化进程中，媒介融合各媒体发展的大趋势，包括传统媒体与新媒体的融合，以及

03　新技术、新推广，服装销售的新未来

新媒体之间的相互融合，这样才能向消费者全方位输出品牌价值。

新媒体营销中出现了不少新的理念，如长尾理论、病毒营销、口碑营销、社会化媒体营销及湿营销。一些理念在新的营销教材中已有所触及，并将它们与整合营销传播、统合营销及全方位营销衔接起来。

第三，服装销售应利用网络口碑提升品牌知名度。

新媒体高速发展的今天，每个人都可能是品牌传播的主体，所以网络口碑对于服装品牌的发展至关重要。消费者在使用产品的过程中或在使用产品之后获得的良好产品体验，产生正面、积极的评价及推荐等行为，将会有助于消费者对产品的购买决策。同时，通过互动平台，服装企业能够直观地了解消费者的心理诉求，并且向消费者传播真实、具体的品牌信息。

服装服饰行业需要先了解各类新媒体渠道的主要特点，分析自己的行业或企业的产品或服务的特点，然后寻找契合点，继而思考最适合的渠道组合。目前，使用最多的新媒体渠道是微博、微信及网络视频，还有免费的"百科"及"知道"类应用。

服装服饰行业的微博应用也蔚然成风。一方面，一些服装服饰企业的高管率先使用微博，例如七匹狼董事长周少雄、凡客诚品董事长陈年、茵曼创始人兼CEO方建华及韩都衣舍创始人兼CEO赵迎光，都在微博上比较活跃；另一方面，企业官微也是当仁不让，运用纯熟，比如柒牌、香奈儿、雅戈尔。服装服饰企业的高管与官微不仅可以利用微博推广自己品牌的影响力，进行新品介绍、活动开展，提供客户服务，还可以进行市场调查、监测需求及发现危机，可说是一举多得。

第四，服装销售应利用网络公关提升品牌美誉度。

通过虚拟社区、品牌网站等途径，紧跟热点事件，线上推广和线下活动相结合，向消费者传达能够满足他们现实需要的信息，并及时

得到反馈，拉近消费者与品牌之间的距离，提升品牌美誉度。因此，服装品牌如何让消费者迅速记住，并及时反馈有用的信息，网络公关也是品牌企业急需完善的。

第五，服装销售依靠自媒体营销传播口碑。

互联网时代是以口碑选择产品的时代，互联网思维就是口碑为王。很多人都在谈互联网思维：专注、极致、口碑、快，而其中口碑是最重要的。以前口碑都是在小圈子里传播，而今天微信、微博这样的社会化传播媒体，让整个口碑传播的信息链速度提升了千百倍，产品好、故事好，就能收获好的传播效果。服装企业不再单纯或过度依赖传统媒体，可以通过头条、微信、微博、App、博客等自媒体平台进行推广运营，大幅降低营销成本。同时，自媒体以其平民化、个性化、亲和力强、传播迅速等特点，迅速被企业运用到品牌塑造和营销的各个环节。

对大多数服装企业来说，建设自媒体平台并提升其影响力已经成为企业发展过程中的重要需求和战略，越来越多的企业依托自媒体平台，正以一种私人化、平民化、普泛化、自主化的传播视角，运用电子化、信息化的营销手段，向特定的目标受众传递企业文化、产品信息，实施精准营销和客户管理。

当前消费者关注更多的是故事而非口号。故事的产生不仅仅是打出口号，更重要的是做好内容，企业只能通过碎片化的故事，一点点不断地渗透到用户的脑海中。对企业来讲，做营销，不是做广告，而是在做内容。

服装企业应该如何做内容自媒体

第一，自媒体不是试验田，而是主战场。

自媒体应该放在公司战略高度，而非浅尝辄止。如果公司不做自媒体,未来只有死路一条,因为传统广告的投放效果越来越差,用户对口碑的依赖度越来越高。

第二,先做服务,再做营销。

企业在做营销时,一定是先做服务再做营销,比如在微信上做售后服务,在微博上将促销发布给用户。

第三,每天都要上头条。

每天都要想办法上各大媒体平台的头条,如果不上头条,那么消息很快会被海量信息淹没。如何上头条,需要品牌企业"八仙过海,各显其能",最重要的手段就是借助热点事件来传播。

第四,让员工成为粉丝。

员工如果不热爱自家的产品,是很难有热情去传达和表达产品真正的优势和亮点的。

波司登牵手优酷土豆建"大娱乐"新范式

从普通投放到内容营销,从单一节目合作到大整合营销,从线上到O2O,波司登的互联网营销创新之路,在2014年10月迎来里程碑式的拐点——波司登与优酷土豆合作,以契合品牌调性的"大娱乐"为主线,聚焦互联网娱乐时尚核心目标受众,突破传统单一节目合作模式,前所未有地整合优酷土豆平台内所有重磅热门娱乐资源,集电影、韩娱、大剧、时尚、娱乐等几大板块之大成,打造服饰行业千万级别的年度营销活动标杆案例。

为了扩大品牌影响力,最终实现品牌的转型升级,波司登同样将目光转向最具潜力的自制内容营销,借助深受互联网核心受众喜爱的王牌自制娱乐节目,强化品牌高端定位,提升品牌时尚印象,实现品牌互动沟通,加大产品曝光力度和范围以最终助力销售。

波司登将与优酷土豆的九档王牌自制综艺栏目展开深度合作,每日热推,全季无休。其中,《星映话》每集平均播放超过800万次,《轻松时刻》每集平均播放超过 620 万次，《原创精选》每集平均播放超过 320 万次，《陆琪来了》第三期节目上线 24 小时点击量便突破 140 万次，其余的栏目每集平均播放也都超过 200 万次。自制节目因其强互动性的内容生产及全新、多元的广告模式，已然展现出了巨大的商业价值和发展活力，其影响力也与日俱增。

此次，波司登将通过 TVC 多屏贴片及九档综艺节目的鸣谢身份传递品牌调性，通过全综艺汇总的定制专区及创意互动贴近消费者，通过王牌综艺的时尚定制板块提升品牌形象，通过主持人着装展示宣传新品。以重磅合作栏目《星时尚》为例，该节目将为波司登开辟全新定制板块，每期为观众推荐时下最潮的羽绒穿衣搭配并分享搭配心得，既巧妙地推介了品牌产品，又以传递资讯的互动姿态拉近与消费者的距离，同时，主持人的羽绒穿搭示范以及节目中的街拍内容的路人穿搭，更进一步对品牌做了曝光和呈现。此种多栏目、多时段、多形式的不间断的综艺轰炸，让品牌在合作期内始终保持大声量、高关注和强影响。

除了线上营销合作，此番"大娱乐营销"的触角也将延伸至线下，通过线下活动、公关发布、店面授权等打造全方位营销。以《陆琪来了》为例，其将在波司登销售的一线重点城市打造四场《时尚地标——陆琪去哪儿》情感讲座，配合各大市场片区品牌落地宣传，助力销售。同时，栏目组以此为契机发起 SNS（社会性网络服务）互动，由网民投票决定活动城市，利用陆琪本人的明星效应，发散活动影响力。除此之外，线下营销还将向店面延展。波司登获得优酷土豆的授权，其线下门店均将播放合作栏目，也将通过店面海报对节目及专场活动安排进行传播，通过海报上的二维码又可将用户带回线上专区参与互动回馈，由此全面打通线上线下的营销活动。

可以说，此次合作以"大娱乐"带起的全方位自制内容营销，打破了单一栏目合作模式，同时广度覆盖与深度沟通相结合、线上与线下联动，最大化地保证了品牌的曝光与情感性沟通，毫无疑问将成为自制内容营销模式创新中亮眼的标杆案例。

03 新技术、新推广,服装销售的新未来

《欢乐颂2》"霸屏"

《欢乐颂2》持续2个月"霸屏",以全网220亿的播放量收官。延续了第一季的热度,《欢乐颂2》主要通过三种方式进行营销:一是在开播之前,"五美"就频频聚首为《欢乐颂2》宣传造势,不仅"合体"参加活动,更是拍摄杂志封面,可谓赚足了眼球;二是用营销大号制造话题,引发用户共鸣和自发讨论;三是60多个品牌的硬性植入,虽广受诟病,但在带动流量上功不可没。

戏里大大小小各种品牌的服装饰品被五个美女展示得淋漓尽致。单单王子文就换了61套服装。因为这些广受欢迎的人物形象,服装品牌得以深入人心,对销量的拉动自然不在话下。

服装销售咨询小贴士

新媒体的快速发展给服装企业带来了生机,也给消费者提供了更多的品牌选择渠道。新媒体也将服装品牌的生产、销售、服务等信息更多地传递给了消费者,对服装品牌的传播方式、销售方式、服务方式都带来了全新的变革。

中国很多服装品牌在应对新媒体传播的浪潮下,还存在诸多盲点。例如营销方式还较为单一,定位不准确,售后服务滞后,对于新媒体的一些网络公关和口碑缺乏关注。

中国新媒体产业对于服装品牌的打造和传播具有十分重要的战略意义。因此,服装品牌如何通过新媒体进行有效传播,是每个服装企业都要深度思考的问题。

04

销售素质，适应时代的新要求

服装销售人员的核心工作就是要找出具体销售工作中制胜的关键。只有找到销售制胜的关键，服装销售人员才能有的放矢。

世界上最顶尖的优秀业务员曾总结出10个成功的关键因素：明确的目标、健康的身心、极强的开发顾客的能力、自信、专业知识、找出顾客的需求、好的解说技巧、善于处理反对意见、跟踪顾客和收款。

服装销售人员的基本素质

销售人员应当具备八大素质要求

优秀的服装销售人员是每一个店铺经营者都希望找到的,但该如何辨别一名优秀的服装销售人员?如何寻找具有潜质的销售人员?如何培养优秀的销售人员?经过对服装服装销售人员的长期接触与培训,发现优秀的服装销售人员应当具备八大素质要求。

第一,工作目标放首位。

成功的服装销售人员首先要有明确的工作目标。明确的工作目标包括两个方面,其一是服装销售人员个人发展目标,即服装销售人员对于自己的未来发展要有规划;其二是确定顾客目标群,因为顾客目标群定位的失误,会使服装销售人员浪费很多时间,却一无所获。只有明确了顾客目标群,服装销售人员才能够知道如何接近潜在顾客,充分了解顾客喜好,并在最短的时间内说服顾客购买产品。

第二,个人形象是名片。

根据心理学规律,第一印象非常重要,对于服装销售工作来说更是如此。由于店铺销售工作的特殊性,服装销售人员与顾客接触的时间很短,因此顾客不可能有充足的时间去发现服装销售人员的内在美。服装销售人员必须通过良好的外在形象来展示自己,进而表现自己的内在美。只有这样,顾客才会愿意与服装销售人员交流。

第三，十足的自信心。

自信是成功者必备的特点，成功的服装销售人员自然也不例外。只有充满强烈的自信，服装销售人员才会坦然、真诚地面对顾客，才能够真正为顾客提供一流的销售服务。心理学家研究表明，人有极强的心理暗示作用，即人在心理上如何规划，事情就会非常容易按照想象的方向发展。因此对于服装销售人员来说，只有持有坚强的信念，坚信自己能够接近并成功说服顾客时，才会真正获得成功。服装销售人员只有充满自信，才能有与顾客交流的冲动，才能够赢得顾客的信赖，促成销售成功。

第四，极强的客户开发能力。

优秀的服装销售人员都具有极强的客户开发能力。对于销售人员来说，只有找到合适的顾客，才能成功地推销合适的商品。优秀的服装销售人员不仅要能很好地定位顾客群，还必须有很强的开发顾客的能力。

第五，拥有丰富的专业知识。

服装销售人员应当清楚，要想成为顾客的形象顾问，必备的专业基础就是拥有丰富的服饰专业知识。服装销售人员要具有一定的文化水平，能够掌握服装搭配、面料等专业知识，掌握服装市场的消费动向，对顾客技术方面的问题和要求应对自如。只有服装销售人员拥有较多的专业知识，在与顾客交流过程中才能做到对答如流，根据不同情况提供专业化的建议和服务，以此充分展示个人专业魅力来打动顾客。

第六，灵敏的市场嗅觉。

优秀的服装销售人员应当具备灵敏的市场嗅觉，特别是对于服饰商品趋势的变化、最新的服饰搭配技巧以及对目标顾客消费方式的研究。对于相同的服饰商品，不同的顾客需求不同，其对产品的诉求点也不相同。优秀的服装销售人员要能够迅速、精确地找出不同顾客的购买需求，从而促成交易。

第七，良好的顾客接待技能。

如何有效地接待顾客，优秀的服装销售人员会有相对成熟的接待方法。优秀的服装销售人员要拥有良好的顾客接待技能，对顾客心理敏锐把握以及恰当处理人际关系的能力和信息分析能力。特别是在对产品的解说方面，优秀的服装销售人员能够做到解说言简意赅，准确地提供顾客最想了解的信息，并且能够精准地回答顾客的问题，向顾客提供想要的答案。

第八，善于维系老客户。

优秀的服装销售人员，在开发新顾客的同时，要能够做到与老顾客保持经常的联系。许多服装销售人员之所以能够持续地创造较高的营业额，与他们善于维系老客户是密不可分的，他们懂得如何使顾客在选购服饰商品的同时，获得物质及精神上的双重满足。

值得注意的是，一些老客户的维系是从处理顾客异议和投诉开始的，因此，优秀的服装销售人员也应当具备对异议的良好处理能力。在与顾客沟通过程中，从顾客的立场或者投诉问题出发，充分发现顾客的购买信号，将顾客的反对意见转化为产品的卖点。

销售人员要掌握语言技巧

服装行业现在竞争压力越来越大，不单单要求服装质量，更需要语言的魅力，因为销售语言的作用很强大，灵活运用销售语言及说话技巧，不仅体现出个人的出色能力，还会极大促成产品交易的可能性。

第一，多使用渐进式的营业用语。

顾客在进店后，或多或少都存在一定的心理防线，他既不希望服装销售人员在旁边紧紧跟随，也不希望无人搭理。当顾客在店内观看展示的服饰时，服装销售人员既不能死死盯住顾客，也不能不看顾客，应用眼角余光注意顾客的兴趣所在，然后可以不知不觉地、巧妙地将话题由讨论商品的一般性能转移到如何满足顾客的具体需求上来。

第二，营业用语忌过长，但要有分量。

服装销售人员冗长、拖沓的推销不仅无法说服顾客，反而会引起顾客的反感，造成不信任感，而且怀疑和犹豫可能出现并反复发生在顾客购物的各个阶段，包括在购物以后。需要强调的是，"有分量"并非是把话说得绝对、武断，这种口气会使得顾客产生心理上的强烈防御反应。

第三，恰当地赞美别人。

买衣服最重要的一个原因就是追求美观，服装销售人员在顾客挑选衣服时不能吝啬自己的赞美，但是也不能过分夸张。赞美的语言不能太笼统，比如"这件衣服您穿着很好看"就比不上"这件衣服很衬您的肤色"更让人开心。

第四，要避免命令式，多用请求式。

请求式语句可分成三种说法：第一，肯定句："请您稍微等一等。"第二，疑问句："稍微等一下可以吗？"第三，否定疑问句："马上就好了，您不等一下吗？"一般说来，疑问句比肯定句更能打动人心，尤其是否定疑问句，更能体现出导购员对顾客的尊重。

提升服装销售的七大心态

第一，积极的心态。

首先服装销售需要具备积极的心态。积极的心态就是使好的、正确的方面扩散开来，同时第一时间投入进去。作为一个企业肯定都有很多好的方面，也有很多不够好的地方，我们就需要用积极的心态去对待。

第二，主动的心态。

主动是什么？主动就是"没有人告诉你而你正做着恰当的事情"。在竞争异常激烈的时代，被动会挨打，主动可以占据优势地位。我们的事业、我们的人生，不是上天安排的，是我们主动争取的。主动是为了给自己增加机会，既增加锻炼自己的机会，也增加实现自己价值的机会。

第三，空杯的心态。

人无完人，任何人都有自己的缺陷，即相对较弱的地方。也许你在某个行业已经驾轻就熟，也许你已经具备了丰富的技能，但你对于新的企业、新的经销商、新的客户，你仍然是一个普通而陌生的存在，没有任何的特别之处。你需要用空杯的心态重新去整理自己的智慧，去吸收现在的、别人的、正确的、优秀的东西。

第四，双赢的心态。

亏本的买卖没人做，这是商业规则。你必须站在双赢的心态上去处理你与企业之间、企业与商家之间、企业与消费者之间的关系。企业首先是一个利润中心，企业没有利润，个人肯定就没有利益。消费者满足自己的需求，而企业实现自己的产品价值，这同样也是一个双赢，任何一方的利益受到损害都会付出代价。

第五，包容的心态。

作为导购员，你会接触到各种各样的消费者。而消费者有诸多需求，我们是为客户提供服务，满足客户需求的，这就要求我们要学会包容，包容他人的不同喜好，包容他人的挑剔。再者你的同事也许与你也有不同的喜好，有不同的做事风格，你也应该去包容。

水至清则无鱼，海纳百川、有容乃大。我们需要锻炼同情心、同理心，接纳差异、包容差异。

第六，学习的心态。

干到老，学到老。竞争在加剧，实力和能力的比拼将愈发激烈。谁不学习，谁就不能提高，不会创新，武器就会落后。同事是老师，上级是老师，客户是老师，竞争对手是老师。学习不但是一种心态，更应该是我们的一种生活方式。21世纪，谁会学习，谁就会成功，学习是一个人的核心竞争力，也是企业的重要竞争力。

第七，老板的心态。

像老板一样思考，像老板一样行动。当员工具备了老板的心态，就会主动去考虑企业的成长，考虑企业的费用，会感觉企业的事情就是自己的事情，知道什么是自己该做的，什么是不该做的。反之，就会得过且过，不负责任，认为自己永远是打工者，企业的命运与自己无关。那样的员工不会得到老板的认同，不会得到重用，"低级打工仔"将是他永远的标签。

新零售，提升服装销售的方法

第一，抓住老顾客忠诚度，吸引更多新顾客，增强体验式服务。

用亲切、真诚的服务态度，让顾客安心、放松，缩短与顾客之间的距离。及时掌握老顾客之前到店的购买情况、服装尺码、款式及颜色偏好、个人消费习惯、日常娱乐爱好、生活习惯、喜欢的服务方式等数据，并对这些数据认真分析，可以在第一时间帮助销售人员快速了解顾客，帮助其和顾客建立信任关系，把顾客带入其所需的产品区域，并通过一些体感技术和互动技术，准确地进行服装展示，让顾客真正感受到品牌服务的独特性，增强对产品的钟爱和忠诚度。

第二，把回访时刻放心间。

要让顾客了解到自家品牌不光有优质的产品，还有周到、热情、细心的服务。售后服务要做到始终如一，比如主动询问顾客售后使用的感受，并告知洗涤和保养的方法。遇到售后问题，要保持微笑，去进行沟通和解决，切莫让顾客觉得消费前后有服务上的落差。

第三，新科技，新形象。

如今实体店铺的覆盖面还是有限的，顾客进店率也不是很高。在这样的情况下，店铺改变陈列就尤为关键，除了店铺橱窗设计和更新，也可以在店铺陈列中融入科技元素，以此来吸引顾客到店驻足互动。比如在服装陈列区设置智能货架，当顾客拿起服装时，货架屏幕实时显示该服装的试穿效果以及款式设计理念等介绍，顾客能了解更多有关此款产品的信息。

服装销售中：你的导购会"忽悠"吗

赵本山的经典小品《卖拐》脍炙人口。搞笑自不必说，我们所关心的是赵本山成功"卖拐"的整个过程，是如何一步一步把拐推销给"客人"范伟的，以及赵本山"卖拐"的方法技巧和对客人心理的把握。这些销售方面的技巧，哪些又是可以运用到服装销售中去？能带来什么启示呢？

1.根据客人的需求推荐合适的货品。

最快速的销售就是根据顾客的需求来推荐。小品中高秀敏道出赵本山的强项："听说人家买马他上人家那卖车套，听说人家买摩托上那卖安全帽，听说人家失眠上那人家卖安眠药……听说柱子开四轮车把腿砸了，贪黑起早做了这副拐……"

赵本山："这叫市场，抓好提前量！"

很多服装导购不知道顾客的需求，也不知道主动去询问，想当然地就给顾客推荐一些自己感觉很合适或者自己认为很漂亮的衣服，结果客人并不喜欢，这就给销售服务造成障碍。

2.销售要对自己和货品有十足的信心。

赵本山卖拐前，高秀敏心虚地说："要我说这个拐就别卖啦！……这满大街都是腿脚好的，谁买你那玩意啊？"

服装销售过程中，确实有很多的导购在接待客人时，经常主观地去判断客人会不会买，结果先入为主，产生"我们的货品不好卖"之类的消极想法，自然就很难销售出去。

赵本山的那番"我能"的表达，就非常自信，值得每个导购学习。进店来的客人对货品是否有信心，很大程度上取决于导购对货品和自己销售能力的信心。

3. 不要在意客人说不，适时创造需求。

高秀敏说："你那提前量也有打失误的时候！"（柱子的腿好了，不需要拐了。）

服装的销售服务中，大部分客人都会对销售产生抗拒的心理，导购天天都会听到各种拒绝话句。有的导购被拒绝多了，就会怀疑自家的货品或者自己的销售能力；而好的销售员，能够在客人的拒绝声中，巧妙地引导客人，最终把不好卖的货品卖了出去。

赵本山表示自己可以"把一双好腿我能给他忽悠瘸了，然后把拐卖给他"，就是在创造需求来促进销售。

当客人表示没有需求时，我们也可以创造需求。创造需求可以说是销售的最高境界，创造需求不是脱离现实，而是发掘、提炼、延伸、深化客人内在的未被发现的需求。

4. 导购的"吆喝"要能吸引潜在顾客。

赵本山需要""喊两句"，高秀敏就喊："啊，拐啦，拐啦，拐啦，拐啦！拐啦！"

结果正好引起了骑自行车路过的范伟的注意："我说你瞎指挥啥呀？你知道我要上哪你就让我拐呀？"后来又听高秀敏和赵本山喊"拐卖"，范伟被成功吸引，走向了高秀敏，然后就有赵本山开始"忽悠"的情节。

服装的销售也是一样，有了客人进店，才有技巧的运用，也才有成交的可能。

导购在服装的销售过程中，没有搭档，只能靠自己，那些诸如"欢迎光临"之类的迎宾的声音，对于吸引店外潜在顾客有非常重要的作用。

04 销售素质，适应时代的新要求

5.在销售过程中，根据顾客不同心理反应察言观色，运用不同的沟通技巧，引导顾客消费。

《卖拐》里面，赵本山对范伟心理把握的技巧令人叫绝。我们来回顾一下赵本山"忽悠"的过程。

赵本山：就这病发现就晚期！（恐吓引发其关注。）

范伟：你怎么回事，你啊？大过年的说点好听的！怎么回事儿！

赵本山：别激动，看出点问题来，哎呀，说你也不信……（欲擒故纵。）

范伟：你得说出来，才知道我信不信哪，怎么回事儿啊？

赵本山：先不说病情，我知道你是干啥的！（转移话题，吊起范伟浓厚的兴趣，为下文铺垫。）

范伟：喀喀，还知道我是干啥的，我是干啥的？

赵本山：你是大老板……（试探。）

范伟：啥？

赵本山：那是不可能的。（灵活转移。）

赵本山：在饭店工作。

高秀敏：你咋知道他是在饭店呢？

赵本山：身上一股葱花味。是不是饭店的？（观察细节。）

范伟：那你说我是饭店干啥的？

赵本山：厨师！

范伟：咦？

赵本山：是不？

高秀敏：哎呀，你咋知道他是厨师呢？

赵本山：脑袋大，脖子粗，不是大款就伙夫！是厨师不？

那些闲逛走进服装专柜的顾客，心理和范伟是相似的。从随便看看，到对某件衣服产生兴趣，到试穿体验，然后盘算衣服是否划算，直到最后决定是否购买，都是顾客不同的心理阶段。在顾客的每一个心理阶段，导购都要有服务意识，不是一见到顾客就立刻推销，而是应该观察顾客的反应，耐心地一步步引导，直到最后成交。

服装销售咨询小贴士

　　服装销售人员的核心工作就是要找出具体销售工作中制胜的关键。只有找到销售制胜的关键，服装销售人员才能有的放矢。

　　世界上最顶尖的优秀业务员曾总结出10个成功的关键因素：明确的目标、健康的身心、极强的开发顾客的能力、自信、专业知识、找出顾客的需求、好的解说技巧、善于处理反对意见、跟踪顾客和收款。

服装销售与搭配技巧

因为业务员的进入门槛比较低,很多人初入职场的第一份工作就是做销售。如今很多企业只是招揽一大批业务员,但疏于对新人的培训,基本上是放羊式管理,导致新入行的业务员学习渠道少,更会陷入迷茫。尽管销售的入职门槛低,但也不是每个人都适合做销售。要在销售界立足,除了需要具备一些基本的素质,还应该具备良好的审美能力和搭配能力。

服装店里怎么挂衣服

一个服装店铺的服装陈列搭配起到了关键性的作用,服装店铺门面是顾客看到的第一个印象,而陈列就是顾客进店看到的另一个门面,很多人非常看重第一印象,所以店铺门面和陈列至关重要。做好一家店铺,必须先学会服装陈列的技巧,如此方能更好地收获客流量,有更多稳定的顾客。

关于陈列搭配,建议从以下几个方面综合设计。

第一,同色系。

将同色系的颜色搭配在一起,如粉红和大红,艳红和桃红,玫红和草莓红等,这类同色系间的变化搭配可穿出同色系色彩的层次感,又不会显得单调滑稽,是最简单易行的方法。

第二,对比色。

对比色是两类具有对比特点的颜色,如红和绿、蓝和橙、黑和白、紫和黄。若有意将对比色搭配在一起，就要留心对比色之间的比例变化，选择一种颜色为主色，而另一种颜色为辅色，这样才有点睛的效果。

第三，无色系。

如果拿捏不准那些花花绿绿的颜色搭配之间的巧妙比例，不妨就用黑、白、灰这几种无色系的颜色来压阵。无论多么艳丽的衣服，只需在配饰上选用地道的黑、白、灰，主次感立刻就能凸显出来了。

第四，合理利用活区。

所谓活区就是面对人流方向，顾客最容易看到的区域，反之为死区。要把自己主推的款式放在活区，把次要的款式放在死区，这样可以增加主推产品的销量。

第五，整体陈列。

不是严格地以分组、分类展示商品，而是以展示服装完整的总体效果为主。将同一类消费对象所需要的系列用品摆放在一起，或将经常搭配的款式放在一起，以便顾客配套购买，这种组合商品销售的方法称为"连带方便法"，比如将男衬衣、西装和领带、领带夹等摆放在一起，将秋冬外衣与帽子、围巾等摆放在一起。

第六，合理利用模特。

模特数量要控制好，把最好的款穿在模特身上有较好的效果，而且卖场的营业员（导购员）是服装的活模特，她们穿哪个款，哪个款就好卖，这是减少库存的好方法。

第七，档位区分。

清晰合理的货品档位布局，能有效节省顾客了解产品所需的时间，便于顾客在自己的需求范围内进行款式的比较与选择，为顾客创造更为便捷、舒心的消费环境，客单成交效率的提高可以为店铺创造更多的销售额。

第八，系列化陈列。

同款不同色、款式类似、同种材质、相同款式集中陈列，可形成系列化，凸显货品风格。

色彩陈列的方法

不管是线上还是线下，店铺的陈列都很重要。这体现了品牌魅力的灵魂，能充分展现商品的价值所在。一般优质的服装陈列要能将商品的风格、搭配、配饰的整体感觉展现出来。要以刺激销售、方便购买、美化购物环境为重。好的陈列可以将销售额提高10%以上，是商品价值的二次创造。

色彩陈列的方法，大致可以分为三类，即渐变式、跳跃式和彩虹式。

第一，**渐变式**：要有很好的色彩掌控能力。简单地可以将同一色系不同深浅的产品组合搭配，让其富有层次感。颜色可以由浅至深，比如白色—米白—米咖—浅咖—深咖。

第二，**跳跃式**：一般适用于成系列的商品展现。可以运用产品的"深—浅—深—浅"间隔方式来做，还可以将上装、下装、连体装搭配着颜色来做，这样跳跃感更强，更饱满。

第三，**彩虹式**：一般适用于年轻、色彩多样、比较活泼的风格品牌。

说到色彩陈列，也就不能不提配色，配色主要分为相近色、对比色、同类色、强烈色配合等。强烈色配合就是指相隔较远的颜色相配，比如黄色和紫色。

色彩陈列只是冰山一角，我们熟悉了色彩，还要学习怎么去利用现有的商品资源，把它最完美地展现出来。商品表现得越贴切，越能吸引顾客，才能创造更多的销售机会。

网上服装店的设计

买家来到你的网络店铺，说明对你的宝贝详情页是认可的。作为店家，你需要非常明确且自信地向买家传递哪几款是你的店铺最得意、最受欢迎、评价最高、销量最高的商品。分类要明晰，节约买家的时间，方便买家更加深入了解你的店铺。分出明晰的板块，显现不同品种、尺寸、规格、色调的产品，分门别类，依次排开，让买家在你的首页"阅兵观礼"。

你的店铺首先要时尚潮流、威武雄壮、区块饱满，彰显你的详细、严谨和专业。而详情页是第一印象，有了感觉买家才会把详情页看完，真的准备成交，还会看首页。详情页认识产品，首页认识商家。详情页解决需求，首页巩固决定信念。

第一，设计美观。这是最基本的必然的要求，哪怕你不懂软件，不懂代码，也一定要养成好的审美观，这是必需的，"美好的事物，都是容易让别人接受的"。

第二，页面顶部。商品的选择要有创意，这个位置很重要，顶部做得好会吸引顾客往下看，也许有些爽快的顾客直接购买，但是又有多少这样的人呢？从事业务的经验告诉我，越是爽快的客人回头率越低，这是必然的，因为他对本次消费并不上心。

第三，精妙文案。这里所说的文案并不是小学生写作文。文案不在乎写作有多么好，重要的是那么几个来自心里有共鸣的字眼。说到心坎里去的话，你会忘记吗？

第四，灵动排版。知道什么时候该用标注字体，比如礼物、神秘、免费、返现，这些字眼都可以特别标注、加粗、加颜色。

第五，中心突出。当顾客很有耐心地看完了详情页都得不到自己想了解的东西，那么其后果是直接让他烦躁——秒关，所以做详情页

04 销售素质，适应时代的新要求

之前需要做一次策划。

第六，巧妙结尾。 好的结尾很重要，目前来看，多数人喜欢用"购物注意事项"或者"快递说明"来结尾，我只能说，不管顾客前面感觉有多好都会被这些东西影响。我们可以想象一下，当我们沉醉在一个美好的状态中，突然来个这么无趣的东西，我们是不是觉得很郁闷？关于结尾，我建议参照各大相关产品官网的产品介绍，以二级页面（购物事项）的链接结尾，再者突出店铺文化或者店铺理念，给人以余韵。

人工智能给你搭配了一套今秋最时尚穿搭，你敢穿吗

蘑菇街于2017年成立了一个搭配研究所，希望把主观的审美与数据算法结合起来，更高效地满足用户随时随地的搭配穿衣需求。时尚行业中有数以十万计的品牌与设计师，每个人的智慧对时尚产业都有贡献，汇聚一起就变成一种流行风尚。

蘑菇街时尚内容总监王莹具体解释道："设计师们脑袋中迸发出的都是靠谱的灵感，而不是真正意义上的天马行空。"所谓"靠谱的灵感"，举例来说，即使一个富有经验的时尚杂志编辑，也是通过长年累月、阅人无数的工作经历才积累出这份时尚感。这一过程和人工智能的深度学习类似。

蘑菇街的优势是，电商平台的流量让这些时尚的数据更加聚合和可呈现。蘑菇街的搭配研究所在落地"AI＋穿搭"之前，主要成果是发布了"2017秋冬时尚趋势报告"。

报告中提到一些关键的元素，例如格纹、复古、嘻哈，主要的数据来源包括传统的各大时尚品牌的发布会、街拍（蘑菇街团队在北京、上海、广州等潮流聚集地大规模的采集穿搭图片）以及一些红人、达人，还有很大一部分来自蘑菇街线上平台的数据流量，包括各种有关搭配的内容和社交、用户的浏览、购买、复购的数据，这些都是传统的时尚品牌、店铺所不具备的。

另一个极具蘑菇街特色的数据来源是广州、杭州的服装批发市场。那些身在一线、直面用户的商家，其进销存数据也能说明一些趋势。整体来说，可以算是一份很接地气的时尚报告了。

不过，AI 上穿搭的计划目前还处于孵化中。目前它完成的几件作品只能算中规中矩，不是很出彩，但是总归不会出错。至少蘑菇街上的中度用户到重度用户（大概一半以上）都可以达到人工智能的搭配水平。美丽联合集团副总裁曾宪杰把它归结为 AI 技术发展的普遍状况："目前人工智能发展程度可以达到比一般人水平高，但是跟专家比还是有差距。"

AI 技术的核心在于节省了许多重复性的工作，可以更好地满足用户多样化的需求。如果数据足够多，未来的 AI 穿搭技术可以更精准地定位你的需求：小个子女生、显高、显瘦、音乐节穿搭等。这就好比在搜索结果中剔除了许多无效信息，从而提升了筛选的效率。

服装销售咨询小贴士

有句话说得好：心态决定一切。对服装销售人来说，心态尤为重要。服装销售人一定要摆正自己的心态，不要好高骛远，也不要妄自菲薄。

任何一个服装销售人员，都是从基层做起的，从最简单、最琐碎的事情做起的。如果没有正确的心态，很难坚持下来。在销售工作中，每个人都应该多学习多请教。

不少新入行的服装销售人员，平时工作也很积极主动，服装销售工作是很烦琐的，不少刚走出象牙塔的"天之骄子"根本就不屑来做这些发单页、贴海报、擦柜台的工作，总是充满了雄心壮志，想做出一番惊天动地的事业。

古往今来，能做惊天动地之大事者，均是能屈能伸之才，是能做小事之人。细节决定成败，没有做好细节的心思和能力，肯定成不了大事。

如何更好地导购，并成为优秀的店长

导购对于一家店来说是必不可少的一个角色，他们的任务就是与顾客沟通，引导顾客购买。服装店导购如何与顾客沟通？下面给大家分享服装店导购与顾客沟通的一些技巧。

服装店导购与顾客沟通的技巧

第一，给我一双慧眼。

从顾客进门到挑选商品，优秀的导购往往会在这一刻通过自己的观察迅速对顾客有一个大致的分类。导购在观察顾客时可以从以下这些角度进行：年龄、服饰、语言、身体语言、行为态度等。

同时更需要注意的是，导购在观察时不仅要目光敏锐、行动迅速，还不能表现得太过分、太刻意，像是在监视顾客或对他本人感兴趣一样。观察顾客时表情要放松，不要扭扭捏捏或紧张不安。

导购可以不停地问自己：如果我是这个顾客，我会需要什么？在做初步观察了解之后，导购观察顾客还需要感情投入，懂得换位思考，这样才能对顾客的类型有一个大致的分类，在心里拟定自己的推销策略。

比如，面对烦躁的顾客，要有耐心，温和地与其交谈；有依赖性的顾客，可能有点胆怯，对他们态度要温和，富有同情心；对产品不满意的顾客，往往持怀疑态度，对他们一定要坦率，有礼貌，保持自控能力；想试一试心理的顾客，通常寡言少语，对他们得有坚韧毅力，提供周到服务，并能显示专业水准；一般性顾客，有礼貌、理智，对待他们用有效的方法，他们会用友好的态度回报。这种察言观色的能力需要导购在日复一日的销售实践中练就，不断用心积累经验，而且其中的一些微妙的差别"只能意会，不能言传"。

第二，给我一双锐耳。

一个顾客匆匆地来到某商场的收银处说："小姐，刚才你算错了50元……"收银员小姐满脸不高兴："你刚才为什么不点清楚？银货两清，概不负责。"顾客说："那就谢谢你多给的50元了。"所以，千万不要打断客户的话，除非你想让他离你而去。其实这就是我们常常在沟通技巧中强调的要学会倾听。不要打断顾客的话头；记住，顾客喜欢谈话，尤其喜欢谈他们自己。他们谈得越多，感到越愉快，就会感到越满意。人人都喜欢好听众，所以，要耐心地听；带着真正的兴趣，听顾客在说什么，顾客的话是一张藏宝图，顺着它可以找到宝藏；始终与顾客保持目光接触，观察他们的面部表情，注意他们的声调变化。一线服务人员应当学会用眼睛去听。

第三，给我一张巧嘴。

◇迎客时说"欢迎""欢迎您光临""您好"等；

◇不能立即接待客户时说"请您稍等""麻烦您等一下""我马上就来"等；

◇当客户向你道歉时说"没什么""不用客气""很高兴为您服务"等；

◇当你听不清客户问话时说"对不起，我没听清，请重复一遍好吗"等；

◇送客时说"再见，一路平安""再见，欢迎下次再来"等；

◇当要打断客户的谈话时说"对不起，我可以占用一下您的时间吗"等。

04　销售素质，适应时代的新要求

第四，给我一张笑脸。

微笑是达到服务目标最有效的捷径，微笑有独特的魅力。微笑可以感染客户。顾客花钱消费的时候，可不想看到导购愁眉苦脸的样子。当顾客怒气冲天地来投诉的时候，导购愁眉苦脸只会火上加油。相反，如果你真诚地对客户微笑，你就可能感染他们，使他们调整态度，或者使他们感到愉悦。

微笑激发热情。微笑传递这样的信息："见到你很高兴，我愿意为你服务。"所以，微笑可以激发你的服务热情，使你为顾客提供周到的服务。

微笑可以增加创造力。当你微笑着的时候，你就处于一种轻松、愉悦的状态，有助于思维活跃，从而创造性地解决顾客的问题。相反，如果你的神经紧绷，只会越来越紧张，这种状态就谈不上有创造力了。

有一次，我和朋友小张一起去逛街，打算买件休闲西装。来到商场，看各专卖店至少都有一两名导购，有的在招待顾客，有的在聊天，有的在看杂志，还有的站在店门口看人来人往。

逛了一阵，我还一家店都没有进，只是在门外大概浏览一下。留心一数，我发现：四个品牌的导购没有看到我这个潜在顾客；三个品牌的导购看出我有购买的打算，但没进店，所以就继续忙自己的事了；三个品牌的导购像看怪兽一样目送我路过他们家店门口。

后来我进了A品牌专卖店，导购小A在低头理货。我在店里简单转了一圈，就出去了，导购小A就像没有发现我一样，仍然在忙自己的事。

我又进了B品牌专卖店，导购小B在我看到第三件衣服的时候，终于走了过来，说："大哥喜欢哪件就试试吧！""嗯，我再看看。"我应答着，然后从另一个方向离开了。

我继续逛着，看到C品牌专卖店里挂着一些西装，我径直走了进去，浏览一圈后问道："有没有休闲西装？""没有的，我们这儿的西装都是套装，正式的那种。"导购小C一本正经地告诉我。无奈，我又离开了。

这时D品牌专卖店的一位导购大姐微笑着站在店门口，向我打起了招呼："先生进来看看吧，我们这里刚到几个新款。"我大致扫了一下她家的店，没发现我想要的衣服，但看她这么热情地招呼，我反而有些不好意思直接走开，就走了进去，问道："大姐，你这里有没有休闲西装？"

"有，你试试这件。"说着大姐从衣架上摘了一件带拉链的休闲上衣给了我。

"不是这样的，是西装，敞口的。"我解释道。

"那就试试这个吧，这个也很不错的，最近卖得很好。"然后又指着旁边的一排黑色风衣。

"我穿这个？是不是显得太幼稚了？"其实我并没有打算买风衣。

"太幼稚？你才多大年龄啊，这种风衣正适合你这么大年龄穿的，现在也是穿风衣的时候，春秋两季都能穿，即使在正规场合也很合适的，昨天一个小伙子去面试就选了这款衣服，先试一试吧！"大姐取下一件风衣递给了我。

"还是算了吧，我就想要件休闲西装，这件我穿上肯定不合适。"我直接回绝了。

"先试试嘛，不试你怎么知道合不合适？"大姐很既实在又热情，看得出也很不甘心，回头又对与我同行来的小张说，"你先在这儿坐一下。"顺手递过去一张凳子。

"好吧，那我就试一试。"我没有回绝的理由了，就脱下外套穿上了风衣。

"这边照镜子看看，是不是很帅？这件风衣也不是很大，上面也是敞口的，正配你的衬衫，你穿上正合适，还有点上海滩许文强的味道呢！"大姐在旁边称赞着。

"兄弟，你看他穿这件衣服很有气质吧？"大姐没有忘记旁边的小张，笑着问了一句。

04 销售素质，适应时代的新要求

"还可以。"小张也许是逛累了，坐在凳子上应和着。

"是吗？我怎么没有感觉到？"我回应着。

"先正身看，再侧身看，是不是挺合适的？"大姐边说边用手调整我的姿势。

"好像还行！"我也感觉这件衣服确实很合适，突然又问道，"这件多少钱？"

"就是啊，所以你买衣服一定要先试试，不然怎么知道适不适合你？就这身衣服既休闲又正规，在两种场合都能穿。"大姐不停地称赞。

"这件好像有点瘦吧，再给我找件大一号的试试。"扣上扣子我确实感到有点紧。

"现在你穿着毛衣会紧点儿，过几天脱了毛衣就好了，要不你再试试这件。"说着大姐又递给我一件大一号的并帮我穿上了。

"这件怎么样？"大姐又问了。

"感觉宽松一些。"我如实回答。

"这样，你把毛衣脱了，两件再都试一遍。"大姐指挥着我。

我照办了。

"要大号的还是小号？"大姐开始让我选择了。

"还是大号的吧！"我选择了大号的，又问道，"这件多少钱？"

"这是最新款式，今年才上市的，全是由顶级设计师设计的，980元一件，不过现在正在做活动，满300返80，活动价是740元，给您省了240元呢！"经大姐这么一说，好像我占了多大便宜似的。

"这么贵呀，再便宜点我就买了。"我试探着问道。

"这里是华联，是不砍价的，我是售货员，给你便宜10元就得在我工资里扣10元。"

"那也太贵了。"我继续砍价。

"你是不是华联的会员？会员是可以在最终基础上打九五折的。"大姐问我。

"不是的。"我如实回答。

"那就难办了，"大姐有些为难，"这样吧，把我的会员卡给你用一

下，就可以再打个九五折了。"大姐边说边开票。

"收银台就这边，直走就到了。"大姐把票据递到我手中，打着手势告诉我怎么走。

付完款，大姐把装好的衣服递给了我说："有没有相应的裤子？颜色要深一些的效果会更好。"

"好像没有太合适的。"我想了想。

"这边某品牌的裤子在做活动，打五折，我带你过去看看。"大姐不失时机地给我推荐了裤子。

向右走出五六米后，大姐向某品牌裤子专柜喊道："小李，这位顾客要选裤子，你帮着挑选一下。"

十分钟后，笔者又买了一条180元的裤子，和小张愉快地走出了华联。

出了商场，我突然醒悟：我是来买休闲西装的啊，怎么买了一件风衣和一条裤子呢？

服装营销案例：结果分析

上述现象几乎每天都在上演，其实也没什么奇怪的，只是很多导购和专卖店老板都没有意识到而已，久而久之就成了公认的"正常现象"。

现在，根据我的观察，对上述问题进行一下浅薄的分析，和大家做个探讨。

先对A、B、C品牌导购进行分析。

很明显，A、B、C品牌的导购都是失败的，甚至是不称职的，从她们身上反映出了最基本、最浅显也是比较普遍的问题。

1. 放任顾客自己参观、欣赏。

这种现象尤其存在于一些大型卖场和品牌专卖店，很多导购片面地认为顾客不喜欢别人的介绍，要给顾客留有充分、宽松的个人空间，太热情地上前介绍会令顾客感到反感。大家都知道，销售是需要互动的，缺乏互动的销售，顾客购买的氛围和欲望都会降低。因此，在这里告诫导购：你们一定要与顾客互动起来。这点导购B就做得很差。

04 销售素质，适应时代的新要求

2.工作期间做与工作无关的事情而丧失销售机会。

在逛街、购物或做调研期间，经常发现很多服装导购在没有顾客进店的时候不知道如何安排自己的工作，把大量时间用在发短信、看杂志或聊天上，很多时候顾客经过店门或已经走进店内的时候毫无察觉，只关注自己手头的事情，这样就让销售机会白白流失了。如导购A。

3.不主动了解需求和推介产品。

产生这种问题的原因是：导购认为顾客选衣服的过程是相对比较简单的，他不喜欢的衣服你再怎么推荐他们也不会选择，他们想要的衣服不用导购介绍也会购买。其实对于导购而言，一定要适当引导顾客的需求，诚恳地提出自己的观点和看法。当顾客接受自己的观点时，再顺势推出自家的产品，这样顾客就很容易接受了。这点导购C就做得很不理想。

4.不能主动招引进店。

当店内没有顾客且手头没什么事要忙的时候，很多导购基本都是无所事事，即使有些导购站在店门口也是在"站岗"，为了站而站，不知道主动招揽过往的顾客，而是在那里守株待兔。还有些导购特别会"看"人，他们往往根据顾客的衣着、穿戴这些最表面的现象来判断是不是潜在客户，对于一些自认为穿着较"差"的顾客，他们大多选择性忽略，因此流失了很多优质顾客。

5.缺乏感情的交流。

很多导购在顾客进店后马上就说"你好，欢迎光临某品牌专卖店，请随便看看"，或"喜欢哪件就试试吧"，大多说这些话的导购是机械式的，让人觉得呆板。如果导购吝啬自己的语言或给顾客搪塞的感觉，会让顾客认为他们是可有可无的，甚至产生反感。但凡销量高的导购，基本都是性格开朗、善于沟通的，言谈话语会让顾客感觉导购是在跟他们交流，而不是单纯地被招呼。

分析完三位失败的导购，我们来看看D导购究竟做对了什么。

D品牌的导购大姐应该说是商场里面比较厉害的导购了，不仅性格和善、开朗，而且导购技巧纯熟，更值得一提的是拓展了销售渠道，搭建了异业联盟。

1.主动营销，招揽生意。

D品牌导购大姐的第一个优点是积极、主动、有亲和力，非常和善地打招呼，让我觉得不进去看一看都不好意思。

2.吸引注意力，给出理由。

导购大姐说了这样一句话："进来看看吧，我们这里刚到了几个新款。"我进去的原因，正是有新款衣服，既然是新款那当然要看看了，这就是吸引我注意力的地方。

3.积极、热情是成功的必要条件。

如今的服装导购，能做到恰如其分地积极、热情的，确实不多见了，尤其是在品牌专卖店和较高端的卖场，我发现这些地方的导购大多在重复机械的语言和动作，不信大家可以多走几家店去看看。D品牌大姐的表现可谓是商场中为数不多的佼佼者。如果没有她的热情招呼，我也不会感觉不进店都不好意思；如果没有她的热情，即使进店，我也不一定会买她家的衣服。

4.思维敏捷，主动介绍适合的产品。

这位大姐明知道她的店里没有我想要的衣服，却不像C品牌导购那样直接告诉我，而是利用类似的服装款式来替代，打擦边球。在顾客重申自己的需求后，大姐又找出合理的解释来引导顾客的思路，并举出例证，利用第三方来证明她推荐的这件衣服也是不错的选择，是适合顾客需求的。

5.及时利用体验效果留住并引导顾客。

当顾客仍然不认同导购的推荐时，这位大姐没有死缠烂打，也不再讲多余的话，而是提出让顾客试穿。因为她明白，这时语言是缺乏说服力的，说多了可能会引起顾客的反感。为了证明自己的观点，同时也为了让顾客在店里待更长的时间，她要求顾客试穿，利用试穿的效果来打动顾客，继而进行下一步的引导。

6.适时寻找外援。

导购大姐其实很明白我的心思，当她觉得很难说服我买下她推荐的衣服,她的做法是找外援来帮忙。外援是谁?和我一起来的小张。她先是让小张坐下,先将顾客的同伴稳住,等我穿上衣服后,她不仅自己赞叹这件衣服有多适合我,还把旁边不怎么说话的小张拉进来,让小张帮她说话,让顾客的同伴来佐证她的观点。

7.价格闪躲。

我第一次问价时,还没有完全喜欢上这件衣服,为了避免顾客在价格上的纠缠,导购并没有正面回答,而是装作没听见,继续用她的话来引导着我,无疑这一价格策略是成功的。

8.妙用二选一让顾客抉择。

当我试穿了一件大号和一件小号的风衣,导购大姐适时地问顾客要大号的还是小号的,让顾客做出选择,而不是问买还是不买。这是成功的话术,让顾客"掉"入了她的思维路径。我无论是选择大号的还是小号的,她的销售都是成功的,但如果问我买还是不买,她的销售成功率就要减半了。

9.最后阶段,巧妙报价。

在确定我已经喜欢上了她推荐的衣服后,她开始按照我的要求报价了,但没有直接说这件衣服多少钱,而是运用了"汉堡包报价法"。在日常生活中,人们最容易记住的是第一印象和最后印象,中间印象是最容易被忽略的,也是记忆最不深刻的,就像汉堡包一样,两面是面包,中间夹层肉。这位大姐先说"这件衣服是最新款式,今年才上市的,全部由顶级设计师设计",这个赞美给顾客留下了这件衣服款式新颖的印象;最后又说"不过现在正在做活动,满300返80,活动价是740元,给您省了240元呢",这句话给顾客留下了现在买很便宜的印象,从而淡化了原价980元的高价格。总结一下"汉堡包报价法"的公式就是"第一良好印象+实际价格+最后良好印象"。这种报价策略非常适合服装销售。

10.面对顾客砍价还价,从容不迫,把皮球踢给顾客。

我提到这件产品太贵,如果不能便宜就不买了,这时导购没有夸夸其谈这件衣服到底如何好,而是拿出商场的规定做挡箭牌。其实大家都知道，正规商场是不讨价还价的，这个理由非常有说服力，在家乐福、沃尔玛、肯德基你砍价吗？同时利用感情做工作，和顾客拉近距离，"给你便宜10元就得在我工资里扣10元"，这是人之常情，毕竟人家是打工的，看来是真没办法了。"你是不是商场的会员？会员可以再打九五折"，看似没有讨价还价的余地了，但大姐话锋一转，似乎又柳暗花明了。可我不是会员，更没有会员卡，不能打折这个皮球又来到了顾客这里。最后大姐用自己的会员卡给我打了折，顾客此时的心情，可以用小品《卖拐》里的那句话来形容——谢谢啊！

11.连带销售、异业联盟。

在我付完账后，导购马上又开始向顾客推荐裤子。当顾客发现没有合适的裤子来搭配这件刚买的风衣，大姐直接向顾客推荐了合适的店，甚至把裤子的颜色都定位好了，这让顾客选择的余地变小了，目标也更明确了。既然都花了大价钱卖了上衣，怎么能省下买裤子的小钱影响穿搭效果呢？相信这是很多消费者的心理，销售策略中，大带小好带，小带大就很难了。导购大姐非常得体地说"这边某品牌的裤子在做活动，打五折，我带你过去看看。"谁会拒绝这样的推荐呢？此时的顾客简直是任由她"摆弄"。卖上衣的和卖裤子的搭建了异业联盟，资源共享，结成统一战线。可以想见，卖裤子的导购肯定也没少给这家上衣品牌专卖店推荐客户。利用别人的渠道来实现自己的销售，这才是高明的做法。

从以上对A、B、C、D四个品牌导购的分析可以看出，面对同样的顾客，A、B、C品牌导购卖不出衣服，而D品牌导购能卖出衣服是有一定道理的。这和店面位置没有直接关系，和品牌大小没有直接关系，和店面装修档次也没有直接关系，那到底和什么有关系？答案是和导购的自身素质与销售能力有直接关系！

导购的素质，很大程度上其实也和一个合格的好店长有直接关系。

04　销售素质，适应时代的新要求

从导购到店长，店长应该具备的条件

店长是店面的核心人物，是一个具有特殊性质的管理者，既要处理店内很多具体、繁杂的事务，是店面营业活动的全面负责人，又必须实现各种营业目标，对店铺的所有者负责。店长又好比军队里的班长，在现场作战时拥有至高无上的权力，那么，一个合格的好店长要具备哪些条件呢？在日常工作中店长应该注意哪些方面呢？

第一，要有大格局。

店长应该具备把握方向和处理大局的能力，不被日常烦琐的事情所纠缠，把主要精力放在销售业绩和控制经费及内部管理方面。一个店铺的店长在处理工作时，首先要保证店内的纯收益达到或超过预期目标，在总体成本费用相对低的前提下保持高效率。

第二，要有经营意识。

店长要对一个店的经营业绩负最后的责任。对此，店长要在思维上做一个转变，把过去主要抓企业制度落实转变为一切以抓销售为主的工作方式、方法，充分发挥店长的作用，做店长应该做的工作，比如根据公司总经理制定的公司年度经营目标、方针，制定本分店的年度目标和计划，并抓好全年度具体事项的落实；抓经营数值的落实，销售额、毛利、周转天数、商品损失率、经费预算等；抓店铺的现场管理，设法打造顾客高回转、高效率的卖场。

第三，要有创新能力。

零售业要创造出色业绩，就必须依靠创新意识和创新能力，尤其在销售方面，店长要勇于探索，可通过尝试各种创新的方法，不断突破销售额纪录。为此，店长需要在店内鼓励全体员工积极创新，为店铺的员工创造能够创新的环境和气氛，只有全体员工的智慧得到创造性的发挥，才能实现店铺的经营目标。任何想法，都要用实践去证明

它的合理性，而不能轻易说"不"。

第四，要坚持工作质量和工作标准。

服装价格可以打折，但工作标准和工作质量不能打折，这样可以大大提升员工的能力和素质，可以带动分店的销售和毛利。标准和质量的制定，既要符合品牌企业的战略和制度，也要留出可供服装销售人员发挥主观能动性、自主创新的空间，不能一刀切或教条主义，也不能模棱两可，细节考虑明确并落实到位才是工作品质的保证。较高的标准可以为分店带来高销售额和高毛利。

第五，要体现领导能力。

要使一个分店经营取得亮眼的业绩，仅靠店长一个人是无法做到的。为此，店长必须充分发挥分店每一位员工的作用，共同把门店经营好。而发挥全体员工的作用，首先店长必须赢得员工的尊重和信赖。这就要求店长在日常工作中，必须做员工的表率，在遵守纪律方面起模范带头作用，只有做好上述工作才能不断激发服装销售人员的工作热情和创造力。要确保上述状态的实现，店长还要做到主动向员工征求各种意见和建议，尊重和信任员工的能力和创造力，关注员工的个人成长和发展。

第六，要注意培育下属的意识和思维。

作为一店之长，必须学会授权，即充分授权给自己所管理的部门经理，自己花更多时间去思考店铺的经营。如果授权得当，门店的工作开展就会顺利，反之则会出现问题。

店长在授权前必须做好相关培训工作，以培养部门经理解决问题的能力。另外，店长要意识到授权是有风险的，门店出现问题责任在店长，而不是在部门经理。店长要明白只有授权不授责，才可以让部门经理在失误中不断提升和成长，逐步成熟。同时，店长需要把这种

04 销售素质,适应时代的新要求

"领导就是教练"的文化传递出去,让经理和主管学会这种处事方法,并指导和培训下属,使下属学会各种零售专业知识和工作方法。

服装销售咨询小贴士

服装市场品牌众多,鱼龙混杂,每天有开业的也有关门的,有赚钱的也有亏本的,导购有赚得多的也有赚得少的,并且市场竞争有愈演愈烈之势。

零售终端的竞争日趋同质化与白热化,导购是零售的终端销售者,公司的企业文化、价值理念、经营管理思想都要通过导购体现出来。店长是店铺的灵魂,直接影响销售业绩、店铺氛围、团队士气、店铺形象、运作管理等。

同一个店铺,由不同的店长来管理,销售业绩会有很大不同。拥有一个称职的店长,是店铺产生良好销售业绩的基本条件和首要条件。

耐心和微笑是制胜法宝

微笑，成功销售的敲门砖

对服务行业来说，微笑服务至关重要。美国一家百货商店的人事经理曾经说过，她宁愿雇佣一个没上完小学但却有愉快笑容的女孩子，也不愿雇佣一个神情忧郁的哲学博士。

一个服装销售人员怎样给顾客提供一流的微笑服务呢？

第一，要有发自内心的微笑。

对于顾客来说，营业员硬挤出来的笑容还不如不笑。有些商店提出"开发笑的资源"，强求营业员向顾客去笑，甚至鼓励或要求营业员回家对着镜子练习微笑，这都是不明智的做法。

微笑，是一种愉快心情的外在反映，也是一种礼貌和涵养的表现。营业员并不仅仅在工作岗位上展示微笑，在生活中处处也应有微笑。在工作岗位上只要把顾客当作自己的朋友来对待，你就会很自然地向他们发出会心的微笑。因此，这种微笑不是靠行政命令强迫的，而是作为一个有修养、有礼貌的人自觉自愿发出的。唯有这种笑，才是顾客需要的笑，也是最美、最真诚的笑。

第二，要排除烦恼。

一位优秀的女营业员脸上总带着真诚的微笑。一次与人聊天，朋友问她："你一天到晚地笑着，难道就没有不顺心的事吗？"她说："世上谁没有烦恼？关键是不要也不应被烦恼所支配。到单位上班，

04 销售素质，适应时代的新要求

我将烦恼留在家里；回到家里，我就把烦恼留在单位，这样，我就总能有个轻松愉快的心情。"

若是营业员们都能善于做这种"情绪过滤"，就不愁在服务岗位上没有甜美的笑容了。

营业员遇到了不顺心的事，难免心情不愉快，这时再强求他们对顾客满脸微笑，似乎不近情理。可是服务工作的特殊性，又决定了营业员不能把自己的情绪发泄到顾客身上。所以营业员必须学会分解和淡化烦恼与不快，时时刻刻保持一种轻松的情绪，让欢乐永远伴随自己，把欢乐传递给顾客。

第三，要有宽阔的胸怀。

营业员要想保持愉快的情绪，心胸宽阔至关重要。接待过程中，难免会遇到出言不逊、胡搅蛮缠的顾客，营业员一定要谨记"忍一时风平浪静，退一步海阔天空"。有些顾客在选购商品时犹犹豫豫，花费了很多时间，但是到了包装或付款时，却频频催促营业员，遇到这种情况，营业员绝对不要发脾气，应该自己开导自己："他一定很喜欢这件衣服，所以才会花那么多时间去精心挑选，现在一定急着把商品带回去给家人看，所以才会催我。"这样营业员就不会产生恼怒的情绪，会对顾客露出体谅的微笑。

总之，当你拥有宽阔的胸怀时，工作中就不会患得患失，接待顾客也不会斤斤计较，你就能永远保持良好的心境，"微笑服务"就会变成一件轻而易举的事。

第四，要与顾客有感情上的沟通。

微笑服务，并不仅仅是一种表情的表示，更重要的是与顾客感情上的沟通。当你向顾客微笑时，要表达的意思是："见到您我很高兴，愿意为您服务。"微笑体现了这种良好的心境。

微笑服务并不意味着只是脸上挂着笑,应是真诚地为顾客服务。试想一下,如果一个营业员只会机械地微笑,而对顾客内心有什么想法和要求一概不知、一概不问,那么这种微笑又有什么用呢?因此,微笑服务,最重要的是在感情上把顾客当亲人、当朋友,与他们同欢乐、共忧伤,成为顾客的知心人。

来自济南的吕冰,今年20岁,是服装店一名普通的服装销售人员。进店后,她先是在换衣间换上了店里统一配置的深灰色高领毛衫工服,然后拿着自己的化妆盒在试衣镜前简单化了淡妆,眼影和腮红的颜色都是店里统一要求的,一般一个季度一换,虽然不是浓妆,但妆后的她显得自然而清新。

正式开店前,她们会有一小时的准备时间,在这段时间里,要做的事情很多。她要与几名同事一起擦洗货架、拖地,同事要在收款台检查POS机是否正常,要喷香水,还要在各个货架旁检查是否有缺货和残次品。

开店前检查工作结束,店长便把5名服装销售人员召集在一起开例会,这是每天的常规例会,讲了一些注意事项和要求后,时间已经到了9点半,就准备开店营业了。

门店室内装修主要以黑白为主色调,一楼是女装,二楼是男装。产品定位于时尚化休闲装,目标顾客群是城市的年轻一族,他们追求时尚,力求彰显个性却不特立独行,风格简约但不失大气,富有文化品味却不显清高。

"欢迎光临,有什么需要请说一下,有喜欢的可以帮您找合适的尺码试一下。"这是小吕和同事们接待顾客时的第一句话。一般上午来店里的顾客数量相对较少,中午才开始增多。

10点半左右,店里来了一位该品牌的拥趸,是位男士。他全身上下黑色的装扮,色调风格和品牌服饰有些相似。从他的表情可以看出,他对这个品牌很喜爱,"我们老家也有很多家你们的店,但是多为女装,有男装的很少。""我们家的男装一般只有旗舰店和总店才会有,像北

04 销售素质，适应时代的新要求

京20多家店里，有男装的也不是很多。"小吕对此如数家珍。

吕冰紧跟在这位男顾客身后介绍着新款式，对方也大有不买几件不罢休之势，一次挑了四五件衣服试穿。小吕不停穿梭于试衣间与储物间，手里拎着很多衣服。

看得出这位男士很喜欢该品牌，但并不知道它是哪儿的牌子，对品牌内涵也知之甚少。小吕挺了挺胸，语带骄傲地说："和我一样，南京的。"说话时小吕表现出由衷的开心和自豪，足可以看出她对品牌的热爱，"我们的牌子是指简单、不起眼的事物，寓意'服务无小事'，有简约的设计风格。"小吕对品牌的介绍，似乎更刺激了这位男士的购买欲，"我一直喜欢这个牌子，这次麻烦你帮我多挑几件。"小吕热情地向他介绍着。

这时有一位穿着红色衬衫，戴着耳机、金发碧眼的外国人走进店里，正在挑选一条裤子。"If you like, you can try（喜欢可以试试）。"小吕上前招呼着。但是这位外国朋友似乎没找到自己想要的，没怎么和小吕交流便匆匆离开了。

热情和周到的服务也会遇上类似这样的情况。顾客逛街当然有最终的决定购买权，有的人试了一堆衣服却一件没买，这都是很正常的。

对销售的理解，参加工作后她就告诉自己，绝对不能带着"有色眼镜"看人，对待每一位顾客都要真诚、热情。如果用世俗的眼光看待顾客，店铺失去的可能不只是一次销售机会，更可能是一位长期支持者，甚至是口碑和信誉，所以吕冰说要用真诚的心态去付出，对待每一位顾客。

热情、微笑、耐心，吕冰说这是她们服装销售人员必须具备的职业素质，她也用实际行动诠释着品牌"服务无小事"的经营理念。

到了中午，她得到了一天工作当中仅有的45分钟休息时间。在这点时间里，既要吃饭，还要抓紧时间休息。因为在工作时间内，即便没有顾客光临，服装销售人员也要在货架前整理衣服，不能坐着休息。

吕冰的工作在很多人看来是普通的，甚至是枯燥乏味的，但她用发自内心的微笑来证明她对这份工作的热爱，"在这里工作是很开心的。"

通过吕冰一天的工作，我们了解了一名服装店普通员工工作的状态和内容，也让我们对他们的服务精神和工作热情肃然起敬。每天站着工作近8个小时，面对不同的顾客，都要用同样真诚的微笑去为对方挑选、介绍最合适的衣服。吕冰说她们店没有个人提成，这更意味着这些服装销售人员们的职业态度是多么可贵！在她们服务的背后，并不是直接的个人利益，而是一种高尚的服务精神和职业情怀。

耐心，服装销售的法宝

其实在服装销售过程中，导购员的态度很重要，好的态度会产生积极的推动力，带来良好的销售效果。一般来说，在服装销售过程中，想要提高销售额，服装导购员应该注意以下五个会导致没有耐心的错误。

错误一：语气生硬，有点命令式。

有些销售员向顾客推销服装时说话的语气过于生硬，甚至是命令式的，如"到这里看看""你试一下"，这让顾客觉得带有强迫性，心里不舒服；有些顾客购物可能享受其中的过程，如果服务周到而又感到贴心，他们会觉得花多点钱无所谓，所以销售员应该尽量用"请您……"的语气与顾客交流。

错误二：没有针对性地推销产品。

在销售女装的时候，如果很随便地只是说说商品的常规特点，这会让顾客失去购买的欲望。要巧妙地运用销售技巧，着重介绍女装的特点，要对女装的设计、质量、功能、价格等了然于胸，针对不同的顾客推销不同的重点，打消顾客的犹豫、比较心理，让顾客认可品牌信念、决心购买产品。在最短时间内让顾客有购买的信念，是女装销售技巧中非常重要的环节。

错误三：让自己处于被动状态。

看到顾客上门，很多女装店的销售员开口的第一句话就是："你好，欢迎光临，请随便看。"这样就让自己处于被动的一方，等着顾客寻找你的服装店卖点，如果找不到，就走人。如果你这样引导顾客："先生（或小姐）你好，请到这边，这是我们店新到的款式，是今年最流行的。"这样做不仅给顾客店里有新款上市的信息，还能利用这个机会介绍商品，可以大大提高商品推销成功的概率。

错误四：擅自帮顾客做决定。

当顾客拿不定主意，会征求销售员的意见，这时千万别说"这款衣服非常适合你，你就拿这款吧"之类的话。此时需要从侧面来塑造商品的价值，可以说"这款式穿在您身上高贵典雅，特别显气质"这样带有赞美性的话，巧妙地把选择难题交回给顾客。一般顾客都喜欢听比较好听的话，虽然有些是善意的谎言，但顾客买的就是那份舒心。

错误五：直接拒绝顾客的请求。

当顾客提出请求时，如果你直接回绝，很容易把顾客拒于门外，导致销售失败。如"我们的商品是不打折的"，这样的说法无疑是在打击顾客购买的决心，所以在价格上，应该巧妙地转移顾客的关注点，可以强调和塑造商品的价值，让顾客觉得商品是物有所值的。

细节决定成败，有时候一些细微的环节也会导致销售失败，在服装销售过程中，服装导购员要特别注意上面五点，千万不要犯类似的错误，以免错失销售机会，影响销售业绩。

茉莉，女，26岁，在重庆某女装店做导购，在圈子里是出了名的脾气好、销售厉害。某天下午，我们装作客人在店里面挑衣服，前后试了不下20件衣服，全程在挑衣服的毛病，茉莉丝毫没有表现出不耐烦，全程都热情服务。

晚上我约了茉莉一起吃饭，打算聘请她去某家新店上班，年薪十万元保底，茉莉说现在的老板对她有恩，工资再高也不走。因为我们找不到像她这么厉害的导购，我们或许可以向她学学，然后自己去培养。所以我们向她请教了一些销售技巧，她也分享了一些经验给我们。

茉莉说：我个人总结了两个比较重要的因素，第一是耐心，如果没有耐心，就不会有大单，因为很多时候，导购不愿意给顾客拿衣服试穿，觉得给顾客试穿了那么多，顾客还不买，走后收拾起来很麻烦、很累，所以除非顾客有强烈的意愿才会去给顾客试穿，这样其实是在浪费资源，因为没有试穿，客人也不知道哪件适合自己，所以我会不厌其烦地给顾客试穿。很多客户至少试10套，在顾客试穿第一套的时候，也就是顾客在试衣间里面的时候，我就已经主动帮顾客准备好了其他几套。

是的，在这个浮躁、快节奏的时代，我们真的愈发没有耐心。泡面需要3分钟，我们嫌时间太长；电视剧一集30分钟，我们要快进。我们总是太急，没有耐心。20岁青春出头的样子就想要有着40岁的阅历与财富，不是每个吃过苦的人都会得到回报，可我们总是急功近利。人总会遇到挫折，总有不被人理解、低声下气的时候。要知道胜利只属于那些有耐心的人，所以不要急，慢慢来，多一点耐心吧。

茉莉说另外一点当然是热情啊，我们做服装销售的要有一团火精神，不是吗？热情但是不能给顾客造成压力。不管顾客在我们店铺待多久，我都全程保持热情；还有，不管她今天买还是不买，我都非常热情地服务她，即使她试了几十件也没有买，离开时，我还是会热情地送她离店！因为我不想让顾客心里不舒服，她这次不买，不代表她下次不买呀！市场上女装品牌这么多，我让顾客心里舒服了，我相信她下次会走进我们店消费的。

服装销售咨询小贴士

　　服装销售过程中要做到微笑、赞美顾客,注意礼仪、注意形象,倾听顾客的说法,看顾客对某件商品有兴趣时我们应该上前介绍,在我们介绍商品时应将商品的特性、优点、材料构成都详细说给顾客听,顾客听后我们还可以鼓励顾客试穿,在试穿前我们要为顾客解开衣服的纽扣、拉链等。引导顾客到试衣间试穿,在顾客试穿时我们可以为顾客多挑选几个款式,在顾客试穿出来后,我们应上前帮忙整理,评价试穿效果时要诚恳,或可先观察顾客的表情和反应,这样我们才会取得更好的销售效果。

　　耐心、真诚地倾听是导购员处理顾客不满的第一步。以诚恳、专注的态度来听取顾客对产品、服务的意见,听取他们的不满甚至是发牢骚。倾听顾客不满的过程中要目视顾客,使其感到服装店对他们的意见非常重视。在倾听顾客的投诉时,一定要以诚恳、专注的态度。

05

消费体验,未来服装销售的核心竞争力

经历了2017"新零售元年"的变革和进化之后，服饰零售行业在2018年迎来全面爆发：门店体验再升级、数字化程度向产业上游渗透、大数据推动供给侧结构性改革、新零售服务商大量涌现。至少现在看来，在服装行业，服装店还是无可替代的。

2018年品牌的营销方式在转变中得到提升，一些是新形势下应运而生的新想法，一些是原有营销策略的再升级。

无可替代的服装实体店

服装店面临的时代背景

第一，服装行业陷困境但是实体零售回暖。

据网上公开调查数据显示，2012年佐丹奴在内地关闭门店163家，其中26家为自营店，137家为加盟店；"不走寻常路"的美特斯邦威三年内关店1500家；2012年至2014年，李宁公司的业绩一直处于亏损状态，三年的累计亏损金额超31亿元；2015年国内男装企业几乎集体沦陷，七匹狼半年关店347家，九牧王、利郎纷纷卷进"关店潮"旋涡。

一组触目惊心的数字背后，实际上反映出服装产业所面临的困境。服装店关店潮背后的原因主要有以下几个方面：第一，劳动力成本上涨，服装厂的利润空间被压缩；第二，电商的冲击，消费者追求购物的便利性。替代品的出现，降低了消费者对实体店的关注。第三，服装产业依旧面临产能过剩的问题，销售渠道单一、管理模式老化等顽疾都制约着服装产业的发展。

虽然行业唱衰之声不绝于耳，但"关店潮"这一现象并不是不可逆转的。国家统计局数据显示，2017年1—12月，实体商品网上零售额54806亿元，同比增长28.0%。上述数据表明，消费者网上购物心态从追求低价转向注重高性价比、高品质的理性消费，线下实体零售呈现回暖趋势。

过去十年是电子商务高速发展的时代，但随着时间的推移，电商的成本也日渐上升，甚至已经不低于服装店：人工占11%、天猫扣点占5.5%、推广成本占15%、快递占12%、售后占2%、财务成本占2%、水电房租占2%，再加上税务等。电商的毛利率不断被压缩，如果长时间、持续没有50%以上的利润，电商可能无法维系经营。而随着"新零售"概念的推出，各路实体商家纷纷打开市场的新格局，身边新兴的服装店逆袭案例也不在少数，同时也有不少的电商品牌一头扎进实体经济这场风暴当中，如茵曼、御泥坊、三只松鼠。

线下门店的价值将被重新审视，拥有线下数量多、质量精的品牌，将成为服装新零售的第一实践者。海澜之家整体门店数为5792家（2017），为全国第三，仅次于拉夏贝尔的9066家（1703）、森马服饰的7341家（2015）。海澜之家4503家（2017）门店为单品牌最多，海澜之家在行业调整期间仍然保持拿店节奏，2012—2017年海澜之家品牌店铺净新增2113家，2017年前三季度单品牌净新增191家。

2000—2010年是"渠道为王"的年代，消费者对服装产品需求旺盛，品牌商通过大举开店，尽可能增加产品的曝光度，即可获得规模上的快速增长。而国内品牌利用加盟商在地资源拓展店铺的方式，迅速将品牌渗透到全国地级、县级城市。街边店、百货渠道呈现店铺扎堆、品牌泛滥的现象，2012年美邦服饰全国门店曾高达5220家，2013年贵人鸟单品牌门店达到5560家。

2010年以后，国际快时尚品牌在国内快速发展，电商品牌如雨后春笋般涌现，国内品牌过剩的门店布局开始成为品牌的负担。国际快时尚品牌直营大店为消费者提供了更好的消费体验，同时国际品牌注重品质、低倍率、高性价比的产品定位，颇受消费者青睐。

另一方面，线上红利释放，电商品牌通过1.8~2倍的低倍率产品，和低运营费率的优势，提升渗透率。在线上、线下两面夹击的情况下，国产品牌迎来了关店潮。

05　消费体验，未来服装销售的核心竞争力

第二，品牌没落，个性消费崛起。

继服装业的低迷和转型后，据同花顺统计数据显示，2016年，27家服装上市公司中有6家预增、3家预减、6家续盈、2家首亏、3家扭亏、4家略增、3家略减。其中，昔日大牌报喜鸟和摩登大道都亏损。报喜鸟等大牌的业绩下滑，往往会将原因归咎于市场的萎靡和经济大环境不好等。但是，服装产品分享平台极极平台战略副总裁李晓冬并不这么认为："老品牌的没落，是因为消费者的不认可。"

以往老品牌业绩下滑，往往是因为其被零售商所嫌弃导致的。而零售商之所以会抛弃某个品牌，主要是因为消费者并不认同。当前"90后"甚至"00后"的喜好，决定了品牌的方向。

随着时间的推移，"80后""90后"消费者已经渐渐成为时代的主流。许多文章和研究都聚焦于这些特立独行的消费群体：他们有钱，不拘于传统思维，更易于接受新事物，受互联网影响大。他们不盲目随大流，对大众品牌提不起兴趣，更关注小众品牌；他们也不再相信传统的广告，不相信惯用的宣传方式，而是看和他们一类的潮人用什么品牌，背什么包，他们是一群讲究生活品质与个性调调的人。

据了解，通过大数据来收集消费者的喜好并进行产品推荐，已经成为服装业互联网企业公认的新零售方式。而在"80后""90后"消费者更加个性化的消费习惯来看，零售商和设计师的春天似乎已经来临。

第三，未来由零售商决定。

未来是由成千上万的零售商决定的。新零售下零售商在抛弃品牌商之后，个人就可以成为品牌商。

互联网的发展，使得服装的价值回归到了产品的本质价值。而以前20倍或30倍的服装价值主要是因为中间环节太多，如批发商、分销商、代理商、商场等中间环节层层加码，使得服装价格虚高，脱离产品本质价值。而这种销售模式，不仅工厂无法赚太多的钱，零售商

也赚不到太多的钱,一旦库存积压甚至会亏本。

零售商可以略过中间商,直接通过互联网与工厂进货。"以前工厂以二折的价格给品牌商供货,但往往会被品牌商拖欠货款。而如果零售商直接从工厂进货的话,可以直接交现金交易,即使以二五折的价格进货,也比从品牌商以七折或八折的价格拿货便宜得多。"

事实上,网络购物的确拉低了服装的价格虚高,而品牌商为了吸引消费者也喊出"线上线下统一价格"的口号。很多商家表示,我们的产品在线上和线下都是一样的价格,除非京东等有特别活动。

值得注意的是,在马云喊出新零售的口号之后,也有品牌商不买马云的账,而是要搞自己的新零售。

在品牌商入驻京东或淘宝的同时,将自己的客户资源与其共享,这样一来,往往会造成客户流失,或是给网络平台带去客源。现在,已经有多家品牌商想出来单干,不想给他人做嫁衣。

面对日新月异的市场,服装业的变革正悄然开始。服装业的未来将两极分化,一个是向品质和服务更好的高端市场发展;另一个则是价格取胜的低端市场。服装业已经进入改革时代,随着新零售的发展以及消费者购物习惯的变化,服装行业也不得不进行改变,服装业开始实践新零售、新智造,品牌需要赢得消费者的青睐,而未来经营服装业最为成功的参与者可能属于零售商。

线上购物与线下购物各自的不足

近两年,互联网流量红利渐渐消失,对于服装行业来说,仅仅将销售渠道拓展到天猫、京东已经不够了,如今各大服装零售商、服装制造厂商在享受完互联网带来的流量红利后,再度面临销量趋缓的问题。线上购物与线下相比,确实某些方面还存在差距。

05　消费体验，未来服装销售的核心竞争力

第一，线上购物时，消费者缺乏有效的购买决策手段。

服装是非标品，是非常个性化的产品，消费者在购买时希望看到"这件衣服穿在我身上的效果"，而不是模特展示的照片。而消费者不能对商品进行确认，对于商家来说，产生的最大问题就是网店比线下店的退换货率高了很多。

第二，线上模式相比线下零售缺乏优秀的用户体验。

在零售店中，顾客可以获得导购的帮助（虽然这之中存在一定促销性质），进行衣物的搭配、尺寸的选择，这在网店中很难做到。尽管可以通过客服咨询，但是体验显然大打折扣。

正如罗振宇所说，在后互联网时代，流量红利消失的情况下，如何抓住流量时间和获得流量转化能力，成为所有人的最大挑战。

事实上，服装零售行业也在进行相应的尝试。在过去一段时间，行业都在畅谈三维试衣、VR、AR试衣等新技术提供的新方法，出现了一些例如二维贴图搭配、三维虚拟试衣间、虚拟试衣镜等新生事物。

服装店未来阳关大道

经过了作为"新零售元年"的2017年，线上线下相融合成为趋势。当传统服装店遭遇发展瓶颈之时，应该积极拥抱技术，适应市场潮流，从变革中探索新的发展路径。

第一，"人工智能+零售"，打造智能零售新模式。

智能手持终端作为新零售资源整合的设备载体，在移动零售管理中发挥着重要作用。它通过移动和智能作业，打破了空间的束缚，实现自动识别和信息实时共享，提升了准确率和效率，在零售业务的众多环节都可以帮助企业进行自动识别和数字管理，成为企业提速增效、应用大数据营销的基础配置。

以智能手机、平板电脑、智能穿戴和智能家居为代表的智能终

端，在 2016 年，市场规模预估已经突破了 4 万亿元。随着智能终端与信息消费、大数据产业等紧密结合，市场规模还会实现新的增长。

第二，智能零售场景。

在新零售方面，技术将过去的个性化体验与未来的专业客户融合到了一起，使得零售业发生了变革。智能终端可以极大降低获客成本，并做到让履约成本占比很低。未来随着成本的降低和技术的成熟，智能终端产品肯定会成为十分普及的大众消费品，这就意味着要和生产厂商打通技术环节，如此才能在智能物联下，实现智能终端产品的销售业务。这涉及技术及渠道整合的能力，也是现在智能终端存在的意义。

我们可以想象一下智能终端新零售购买服装的典型场景：消费者刷脸登录后，通过图片或语音搜索自己想要的服务，再通过虚拟试衣间感受效果，同时购物助手还推荐了感兴趣的其他商品，选定商品刷脸支付购买后，物流公司派出机器人配送员快速将货送到你身边，客服助手主动问你感觉衣服如何，有哪些改进意见，这些信息实时反馈到商家端，进入到商家新产品研发设计流程之中。

从这个场景我们可以看到从消费者的身份识别、商品搜索、虚拟试衣、购物助手、刷脸支付、物流配送、客户服务等环节无一不在使用人工智能技术，人工智能将会驱动新零售"所见即所得"的未来。

第三，智能选购。

技术能够以前所未有的方式将数据与实体商品关联到一起，从而为未来的互联式购物者提供响应迅速的零售业务和物联网。了解企业如何发展，将实体和数字环境整合到一起，并适应快速变化的客户偏好，创建更具吸引力的购物体验。

在人工智能浪潮席卷各行各业的当下，互联网 AI 企业纷纷布局该领域，为用户提供智能化、物联网技术方面的解决方案，涵盖智能终

05 消费体验，未来服装销售的核心竞争力

端的新零售系统，通过机器学习算法机制，为企业打造专属的智能终端系统，这将能够改善企业产品服务体验，增强客户的品牌忠诚度，并为企业销售场景提供智能化所需的数据。

瑞丽韩诗线上线下一体新零售

2018年，实体服装店该如何发力？瑞丽韩诗认为，在2018年众实体商家在紧追变革风口的同时，利用新零售商业模式发力势在必行。

当前，消费观念的迭代升级明显，新一代的年轻消费者越来越重视购物中的体验感、参与感、服务等，购买力的消费影响有了明显的削弱。瑞丽韩诗线上线下一体的无边界新零售，旨在满足客户及服装店购物及体验需求，帮助客户消费升级，从消费者转变为消费商，在消费的同时也能利用周边资源赚取利润。

瑞丽韩诗互联网手机平台"超级试衣间"，利用线上资源让服装店能够采用更加人性化的服务、专注品质的提升、聚焦商品卖点等优化措施，无疑是服装店发展的新趋势，也是服装店大力发展的好时机。此外还能帮助服装店采用线上宣传、推广、引流，最终导入实体服装店进行体验消费，这种做法除了能够极大节省商品从下单到送达顾客手上的物流时间以外，还可以满足快时代消费者便捷购物的需求，先在线上浏览下单，再到线下体验，也大大降低了商家的退换货率，同时也是对背后的库存管理和门店之间的协调能力的一种挑战。

2018年服装店如何发力

传统实体经济在过去六年时间里遭遇一轮大洗牌，经历了"互联网+"、O2O、新零售、无人零售等概念的洗礼过后，在2018年，可以在以下四个方向着重发力。

第一，消费升级。

在2018年，年轻消费者越来越重视购物中的体验感和参与感，而且随着收入水平的提高和消费观念的转变，价格对最终消费行为的

影响正在减弱，对品质的追求和超前消费观念普及，愈发适应移动消费等新的消费模式，服装店需要采用更加人性化的服务、专注品质的提升、聚焦商品卖点等优化措施，这些无疑是服装店发展的新趋势。

第二，数据营销。

传统零售行业中，企业普遍对硬件的重视大于软件，而随着数字运营概念的普及，虽说有不少企业已经开始着手采集、分析数据，但这背后存在不少的"数据孤岛"现象，如知道了每天进来多少人，却不知道有多少人成交了；知道每天卖了多少钱，却不知道卖的产品是什么；知道卖出去的产品是什么，却不知道买走它的是什么人。这最终导致数据不够立体，是割裂的，数据的价值也得不到充分发挥。所以未来服装店数据营销就是要把那些零散的数据集中起来，以便更好地指导门店及企业的经营决策。

第三，场景体验。

有研究数据表明，人类有75%~90%的行为是受视觉主导的，这也充分说明这个时代是一个视觉为上的时代。用"90后"的代名词来说，服装店也是需要"颜值"的。所以，在2018年，传统服装店需要打造升级，向社交体验、家庭消费、时尚消费、文化消费中心转变，给顾客描绘消费场景，同时也要给产品引入故事、情怀等元素，让体验的场景更丰富。

第四，线上线下结合。

相信大家肯定没忘记优衣库曾经尝试的"线上购买，门店自提"的购物方式：消费者在线上下单之后，可选择在就近店铺提货。而且在2018年4月，优衣库与日本殿堂级漫画杂志《周刊少年JUMP》合作，推出了包括《死神》《龙珠》《银魂》《海贼王》《火影忍者》《幽游白书》等众多经典漫画IP为主题的T恤，一时间引发了漫画迷及二次元爱好者的疯狂追捧及抢购热潮，实现业绩、口碑双丰收。

05　消费体验，未来服装销售的核心竞争力

良好的网络口碑传播，加上采用线上宣传、推广、引流，最终导入实体门店的体验消费，优衣库的这种做法非常值得我们学习和借鉴。

七匹狼3.2亿元投资Karl Lagerfeld

2017年8月21日，国内男装品牌七匹狼以3.2亿元投资设计师品牌Karl Lagerfeld 中国运营实体。七匹狼男装的定位和定价都属于中高端的，但事实上这几年七匹狼的品牌渠道、款式等同质化问题严重，导致市场美誉度下滑。多年来过度依赖渠道扩张的粗放增长方式，也导致七匹狼转型被自身规模所限制，影响了其在零售竞争中调整转型的进度和布局。

七匹狼品牌自身转型也做了很多，但成效不大。除了投资轻奢品牌，2017年3月，七匹狼还收购了《周末画报》母公司旗下现代数码30%的股权，欲展开新媒体业务合作。除此之外，轻奢类设计师品牌在国内发展潜力巨大也是此次收购的一个重要原因。

阿里巴巴与海澜之家一起开启"无人零售"

2017年11月20日，阿里巴巴正式宣布：阿里巴巴集团将投入约224亿港币（约28.8亿美元），直接和间接持有高鑫零售36.16%的股份。这也是阿里布局线下的重大举措。

海澜之家和天猫在阿里巴巴西溪园区，举行了海澜之家与天猫新零售战略合作发布会，表示此后线上线下两大商业企业将融入全新的商业理念和创新技术，在多方面展开深度合作，为消费者提供更多元化多场景的优质新零售体验。

双方还透露，海澜集团旗下以男装品牌海澜之家领军的众多品牌将组成品牌集群，全线与天猫展开战略合作。此次合作，也是新零售从概念走向现实的关键。未来，海澜之家的"无人零售"、人工智能、线上试穿等一系列新零售体验都将成为可能。

服装销售咨询小贴士

经历 2017"新零售元年"的变革和进化之后,服饰零售行业在 2018 年迎来全面爆发:门店体验再升级、数字化程度向产业上游渗透、大数据推动供给侧结构性改革、新零售服务商大量涌现……至少现在看来,在服装行业,服装店还是无可替代的。

但是,在 2018 年里所有服装店都在紧追变革风口的同时,切忌盲目效仿,正所谓隔行如隔山,适合别人的东西不一定适合自己,因此需要量力而为,不要冒进。

控制成本，装修招客

小店装修的要点

现如今很多店家都非常重视服装店的装修，注重增强视觉营销的影响力。好的服装店装修能够帮助店铺快速吸引众人的目光，服装企业要重视终端卖场的视觉形象，因为服装品牌在全国推广需要统一标准的店铺形象，相当于在每座城市最繁华的商业地带树立了一个标准形象、一块户外广告牌，这种影响不言而喻；另外，良好的空间布局与服装服饰陈列有利于维护商家信誉，使消费者全方位地感受商品信息，增强对产品的印象，形成潜在利润。同时，终端店面的形象也从侧面代表着整个服装企业的品牌形象，会给消费者打上深深的品牌烙印。

视觉形象与服装之间是相互依存的关系，好的服装还需要良好的卖场空间衬托，卖场做得再炫再美，如果没有服装的品质，势必空洞之极。例如有的服装店套用某些豪华宾馆中的设计风格，如大吊灯、大灯池、大贴脸等一系列的装饰，追求金碧辉煌的效果，这样就会使卖场视觉效果跑了题，感觉不到一丝服装店的气息；而有的服装店一味模仿KTV歌厅的效果，把服装店变成娱乐场所，也是失败的做法。

这些"费力不讨好"的做法，在终端卖场装修时应予以避免。服装卖场的视觉形象营造，应以高超的设计质量取胜，而不是靠装高级修材质、高档次。例如服装的面料有高有低，笨裁缝用高级面料也不一定能做出款式好的服装，相反巧裁缝常可利用低档面料做出款式新颖、别致的服装。

首先，店家要学会控制服装店装修的成本，店铺不只是为了好看，还得追求经济效益最大化，要学会用最少的钱装出最好的效果。

其次，服装店装修不仅要有效控制成本，还要物尽其用。店家要善于利用那些旧有的资源，做出好的效果。除了花钱外，也可以用点小心思，寻找既美观又省钱的解决办法。原有的店面肯定会有一些设备，可以在原有的基础上稍作改动。要做到物尽其用，一定要多动点脑筋。

最后，店家最应该注意的是服装店装修如何发挥复合效应。装修的主要目的是美观和整洁，而不是一定要装得有多么奢华或精致。要懂得因地制宜的道理，结合自身特点，营造一个属于自己店面的环境。而这些东西，只花些小钱就可以搞定，就看店家肯不肯花心思了。

服装店装修风格因人而异

为什么说服装店装修风格要因人而异呢？因为不同服装店卖的衣服不同。你卖的衣服是哪个年龄段的人穿的，就要投其所好，按照他们喜欢的风格去设计你的店面，这样才可以保证吸引到相同年龄段的消费者。

比如开一家男装店，就需要注意自己店面的整体布局：男士买衣服时比较注意的是大体形象，所以我们装修时要带一点男人豪迈的气氛，这样比较吸引人。男装店应多采用正方形、矩形、多边形等直线条组合为特征的图案，更能凸显阳刚之气。

如果是开一家女装店，装修就要更加注重细节的搭配，例如各类衣服摆放的位置要有色差感，同时装修时要注意选择颜色温馨的材料进行装潢，这样才可以保证对女性的吸引力。一般来说，女装店应采用圆形、椭圆形、扇形等较为圆润的线条组合为特征的图案，带有柔和之气。

童装店面装修则跟男装店面和女装店面又有很大不同，这点需要大家注意，童装店装修多采用散碎色彩，注重各种颜色的搭配，使童装店面色彩斑斓，这样孩子们才会喜欢，同时要摆放一些吸引孩子们的小玩具。童装店可以采用不规则图案，比如在地板上绘制一些卡通图案来凸显活泼。

服装店装修小锦囊

第一，招牌就是招财。

招牌是直接反映该店形象的"脸面"，是突出该店经营及该店文化的广告牌。招牌设计要注意颜色搭配，一般以深色为主，这样比较引人注目。对门面来说，招牌的设计要和店面装修、品牌定位及衣服品质的内涵相契合，而且辨识度要高，让人可以一眼就看出来。

第二，店铺基调。

首先是装修主色调的选择。最"笨"的就是选择黑、白、灰，这样的主色调不会抢走服装的风采。

装修风格定下后，就是柱子、插杆、隔层、桌面等的选择。这些东西是用来挂摆衣服的，选择的原则是符合品牌风格和定位，千万不要抢服装的风头。

对一家服装店来说，灯光的电费是一项高额支出，但要想做出好的销售业绩，这笔钱就不能省。人是一种趋光性的动物，有光的地方自然能吸引眼球，但是光要靠暗来陪衬，这就需要注重灯光运用的技巧。

第三，通路设置。

在大型服装市场和卖场，好的通路设置绝对能提高销售额，其原则就是让顾客"易入难出"。

首先要让店内的通路不通，要像迷宫那样，让顾客在里面转来转去，转不出来。常见的措施就是在店内设几个"中岛"，往往用折型架体现。顾客在里面转悠的时间越长，不仅消费的可能性越大，外面的顾客见店里人多，也更愿意进入。

其次是设休息区，设沙发之类的设施。顾客逛街累了，坐在沙发上等朋友的过程，也是店铺增加销售额的机会。

第四，内部装修。

首先是店铺的整体印象，有人说店铺给人的第一感觉要明亮大方，这样才能吸引客户。但世事无绝对。我曾在广州的步行街看到一家服装店，店门口有点类似于公园的鬼宫城，而且进入店铺后昏黄的灯线也让人不寒而栗，墙上还挂着一些骷髅头的装饰，很是吓人。店铺的生意非常火爆，因为装修风格是根据青少年喜欢新奇、刺激的特点来定的，很多顾客是被这种独特的装修风格吸引过来的。

在此仍是那句话：顾客进了店才可能消费，所以店铺的装修，灯光、音乐、风格要随着服装的特点和目标群体的审美来选择。

第五，模特。

模特是每个服装店必不可少的物品，模特都是按照女性或男性的标准身材来制作的，所以一般身高、胸围、肩宽都比较适合，如果能在店铺前把店里最新款或最好看的服装由模特展示出来，那肯定能够吸引不少人。

模特展示是有心理学依据的，人都有攀比和从众的心理，也就是说有很大一部门人在买衣服时会假想如果自己穿上这件衣服会是什么效果，模特正好给了顾客一个参考的标准。

第六，墙壁装修。

墙壁是服装店为本季推荐服装的专用之地，也是顾客进门后第一

05 消费体验，未来服装销售的核心竞争力

眼就能看见的地方，所以墙壁的装修非常关键。墙面装修主要从装饰材料和颜色两个方面进行选择。在材料上，乳胶漆、壁纸、铺板材、贴瓷砖都可以。

服装店的墙壁设计应与所陈列商品的色彩内容相协调，与服装店的整体环境、形象相适应。一般可以在壁面上架设陈列柜，安置陈列台，安装一些简单设备，可以摆放一部分服装，也可以用来作为商品的展示台或装饰。

第七，天花板装修。

天花板可以提升服装店内的美感，而且与空间设计、灯光照明相配合，形成优美的购物环境。合适的天花板装修会起到遮掩梁柱、管线、隔热、隔音等作用，对整体装修效果的影响是很重要的。

在设计天花板时，要考虑到天花板的材料、颜色、高度，其中颜色是重中之重。天花板要有现代化的感觉，能体现出个人魅力，注重整体搭配，使色彩的优雅感显露无遗。

第八，地板铺设。

地板的不同图案和面积大小决定了服装店是豪华还是狭窄、是宁静还是活泼、是纯净还是鲜艳，其实图案本身也包含着质感，外形也影响着设计的整体效果。

大块图案通常会使服装店显得比真实空间要小，过于繁杂的图案常会游离于其他设计要求之外，也不利于将来服装店的装饰变换。图案的外形同样影响设计的整体效果。曲线给人以螺旋运动的感觉，尖角的图案能起到对立的视觉效果，而几何图案互相连接会形成一个整体平面，这些都是在设计地板图案时可以参考的方案标准。

第九，卫生间。

卫生间因其利用率较高，会给顾客留下深刻印象，一定要和重视招牌一样重视卫生间，精心设计。以豪华为主，越豪华给顾客留下的

印象越好（注意，不能有臭味），在每个卫生间内经常换挂一些该店理念、热情服务要求甚至笑话、幽默故事、促销打折优惠信息。

第十，柜台。

柜台指的是专门摆放服装店内商品的台面，这类柜台最好不要摆在出口，否则即使消费者看见了也会觉得是故意的，效果往往适得其反。可以适当地与出口拉开点距离，吸引消费者注意的同时也能提高购买率。

第十一，灯光与音乐。

服装店为了营造气氛，总是需要运用灯光制造情调，都说现在卖东西流行卖情怀，在快节奏时代生活的人们很难静下心来挑选自己真正喜欢的东西，如果他们在进入服装店之后能感受到温暖舒心的灯光与音乐，想必停留的时间也会久一些，这样有助于服装店人流的增加，也会有更多回头客。

学习他人之长

时下有不少年轻人都有开服装店创业的想法，这里我们不妨看看一位开服装店的"前辈"的经验，看看能从这位开服装店资历较深的老板的亲身经历中得到什么启示吧！

从事服装行业也有些年头了，从之前的每日几百元的营业额，到现在日均5000元的营业额，走了不少弯路，但也积累了许多经验。

我的第一家服装店是在一家新开业的购物商场内，附近是写字楼和住宅区，主要就是做这两部分人的生意。由于第一次开服装店，对进货不在行，当时就选择在深圳东门白马服装市场进货，因为那边货品很便宜，20元批发价的衣服比比皆是，拿回来卖80元，就翻了4倍。由于是新场子，人流有限，当时衣服虽然卖得很便宜，但是也仅仅够付租金。

05 消费体验，未来服装销售的核心竞争力

就这样过了5个月，销售额基本跟以往一样。当时，我们场进驻了一个卖韩国时装的服装店，面积我估计有100平方米，装修很高档，衣服普遍售价在800元以上，我及隔壁铺的人都说，这个商场开业还不到一年，人气有待提高，他家一件衣服卖800多元，谁会买啊！但当我听说他家开业当天就卖了1万多元，真让我们这些小店主目瞪口呆啊！我留意了一段时间，去他家的客人是从来不进我们店的，经过反复考虑，既然他家销售额能做到1万元，我要是能做到他家的十分之一也不错啊！

因此，在开店的5个月后，我决定把服装店重新装修一遍，这次装修花了我2万元，在装修这段时间，我就到处考察货源，去过东洋、南洋、蛇口，广州的十三行、白马。最后，我选定了广州白马。

广州白马跟深圳白马真的是两个档次，广州白马卖衣服的基本都是穿版销售，一个一个站在店铺门口，当你走过的时候还拉你进他家店。这还是我第一次领教。经过对比，衡量质量与性价比后，我最后在一家进了1万多元的货，再从另外一家进了7000多元的货。进货一周后，店铺也装修完工了，经过重新设计装修出来的店面，档次真的比之前提高了很多，当晚我就兴致勃勃地上货了。这样的装修，这样的货品，明天一定可以销售额过千。

但是，此后的营业额并没有想象中的理想，当天才卖了400多元。而且讲价的客人不少，就这样过了一个月，营业额虽然有所提升，但生意并没有我想象中那么好。最可恨的是有些客人进店后翻翻衣服，直接在原价格基础上减半问卖不卖，当时我真想说，砍一半就是我的进货价，如果你有这样衣服，我直接跟你拿货算了！面对这些客人，真让人哭笑不得。而且这种讲价的客人基本每天都有。但是我发现，进那家韩国服装店买衣服的人很少讲价，基本是选好了衣服就直接付款。

究竟是什么原因？当时我几乎每天都在想这个问题，经过比较后发现，与我们店不同的是他们给顾客的印象是一家服装专卖店，而我的服装店虽然装修上了一个档次，但是服装店衣服陈列，服装袋的选用，价格牌的标价，都明显给人一种"小店"的感觉，是可以讲价的

地方。因此,我决定在服装陈列、服装袋选用和价格牌这三个方面下功夫。服装陈列只有一个"笨"方法,就是多看大商场里面服装店的摆设和陈列,这个需要花一定时间。

服装袋是店面形象的重要因素,之前,为了节约成本,我在淘宝以很低的价格定制了一批服装袋,而且印了店名上去。最后就是价格牌了,之前我用的是普通打价机打的,但是我留意了一下生意好的店面,她们的价格标签都是打印出来的,很正规,显得很有档次。

因此我就到市场上打算买一台这样的打价机,一问吓一跳,一台打价机要1000多元,最后,我还是放弃购买了。后来,我在淘宝购买了一款软件,才200元,就打印出了这种效果。经过整顿后,店内讲价的客人很少了,再加上我们建立了会员制,很多顾客都认为我们是一家服装专卖店了。

服装销售咨询小贴士

服装店要想有良好的业绩,就必须认识到店面装修的重要性。一家的装修设计时尚、潮流的店铺和一家没有特色的店铺相比,哪家的业绩会更好不言而喻。事实表明,只有把服装店装修得时尚、美观、新奇,才能有更高的销售额和利润率。

服装店装修要遵循精打细算的原则。其实,有计划、有目标的装修才是最为重要的。装出店面自己的风格来比空洞的大手笔更有效。

服装店的灵魂：消费体验

过去我国居民消费主要是以基本需求和服务消费为主的生存型消费。近几年，随着国民经济发展、居民财富积累及消费人口结构变化，消费转型升级已是大势所趋，居民消费开始从生存型消费转向体验式消费。

消费升级，体验诉求苏醒

线上消费之所以价格低廉，除了压缩了渠道成本外，消费者还牺牲了实体购物中的隐性服务。我们认为在收入增长、服装消费占比降低的情况下，消费者对此项支出的敏感度降低，所以除了基础的使用需求，对体验、服务的需求正在被唤醒。

第一，缺失的体验，低价来补。

对比电商和线下的差别，电商的优势在于价格相对较低，产品丰富度高，而线下的优势在于实物可见，产品质量预期差小，"即买即走"，无物流等待时间，同时可以在店铺中试穿、比较，全方位体验购物。在价格敏感度强的消费阶段，体验式的消费需求被抑制。

第二，收入增加，服装体验需求苏醒。

随着近些年我国经济突飞猛进，大家的收入水平有了较大幅度提高，消费观念也在发生重大变化，对很多消费者来说，价格已经不是敏感问题，品质才是最重要的。而且服装价格指数近十年间提升仅10%左右，此时线下产品"即买即提""所见即所得"的特点愈发凸显，而电商的差价优势则逐渐丧失。

所以，收入增加，服装价格未明显上涨，消费者对基础类服装产品的价格敏感度降低，在满足原本使用和审美需求后，对服务、个性的需求正在被唤醒。

总结来看，服装消费的升级可分为档次的提升和隐形需求的开发。而隐性需求的开发主要在于消费体验。

现在，比起看得见摸不着的电商，实体店的展示体验的价值越来越被看重，已成为品牌突破发展瓶颈的利器。有商家开的体验店、快闪店，只为培养下一代品牌消费者及情感沟通，并非为了销售额，甚至只是单纯的线下体验店。

韩国彩妆品牌 Innisfree开了个"彩妆地铁站"，在这里你不仅可以化妆、自拍，还可以收获"撩小哥"式的体验，受到了很多女孩子的欢迎。体验店说白了就是用来体验的。但是顾客体验过后很可能就会下单了。

从以前的"逛街就是为了购物"，到现在的"逛街不只是为了购物"，可想而知，消费升级之后，消费者对于实体店的期待已经远远不只是"商品"了。如果你能提供各种感官、人文、情怀、创新等新的"体验"，就会更受消费者青睐。

服装店体验式营销技巧

各行各业都是非常讲究营销技巧的，服装行业也不例外。无论是线上还是线下，都要掌握一定的营销技巧。那么服装店经营如何把握体验式呢？下面就让我们一起来看相关的技巧分析吧！

体验式营销一切以客户为中心和导向，但体验式管理理念的革命性不同，在于它将顾客的情绪情感和理性体验作为企业管理运营的核心。

05　消费体验，未来服装销售的核心竞争力

所谓"体验营销"，是站在消费者的感官、情感、思考、行动和联想等五个角度，重新设计、定义的一种营销方法。这种营销模式的核心是认为消费者是理性与感性的结合体，其消费前、消费中和消费后的"体验"才是购买行为与消费品牌的关键。

第一，体验时刻。

时尚品牌与客户接触，不管是线下的还是线上的，体验点的累积构成了消费者对于品牌的体验，体验因素在购买决策中至少会占到60%的比重。

作为服装品牌，应该将营销的中心转到客户体验上来，在店面服务中要根据顾客的购买流程，分析可能的各个体验点，更重要的是在服装店的日常经营中，力争在体验点上有所创新。线上部分要结合移动网络，提供在线服务，与客户进行互动，让客户参与到销售工作中，共同创造销售。

第二，顾客体验管理。

服装属于时尚行业，顾客的需求具有多样化、个性化的特点，原来的客户关系管理是从企业出发所进行的一种结果管理，具有很强的功利性与滞后性。而顾客体验管理则强调一切从顾客的体验为出发点来进行资源的组织运营，是一种动态的管理，重点是建立与客户的互动沟通。

第三，体验三元论。

首先，服装品牌要有三个层面的良好体验：物质的、精神的、灵魂的。优秀的品牌是三者的良好结合体。服装只是媒介，要承载精神和灵魂层面的诉求，没有灵魂的品牌是很难长久生存的。

其次，为了节约成本，有三点是必须要做好的，那就是开始、中间、结束这三个体验点。开始的体验点是吸引客户进一步体验的兴趣；中间部分一定要集中资源，创造一个深刻的体验点，让客户

终生难忘；结束时的体验点也非常关键，要能够进一步加深客户的美好体验。

最后是体验的三角等式："客户体验值＝真实体验－期望值"。

另外值得注意的一点是，每个顾客的体验都是非常个体化的，在服装店日常经营中，糟糕的体验经常会出现，这时企业一定要对客户进行补偿，消除客户的不良体验。

服装店最大的机会——消费体验

未来，商业争夺的是青年一代消费群体，这群人生下来就不缺物质、不缺产品，他们需要的是一种"关怀"，这种关怀更需要面对面的交流与接触才能有所体现。而这恰恰就是实体店最大的机会！因为商业核心优势正在从"价格"变成"服务"。若是比拼服务，电商又怎么可能是实体店的对手呢？再试想一下，当我们漫步在大街上，如果没有一排排错落有致的店家，那将会带来一种怎样的失落感？

电商用"价格"逆袭实体店，现在实体店需要用"服务"扳回一局！日本也曾有过实体店的衰退期，但经过几年的调整后，实体店又稳定崛起，而此时的中国正如彼时的日本。

现在众多实体店之所以还在徘徊，是因为他们还没有觉醒，还停留在拼价格、拼门面优势层面上。未来那些同质化的产品将愈发失去竞争力，唯有那些能为用户提供独特体验的实体店才能脱颖而出。在这个大趋势下，很多电商也被倒逼着从线上走到线下，开设实体店为消费者提供体验场所，弥补自己的短板。

2014年，纽约的优衣库旗舰店成为全美第一家在店内引入星巴克咖啡的服装零售商。优衣库在店内摆放了沙发、桌椅和iPad，供顾客使用。

在优衣库和星巴克的跨界合作中，两家的产品和服务分别巧妙地

05　消费体验，未来服装销售的核心竞争力

融入了对方的品牌和产品体现。优衣库的衣服广告可以在星巴克杯身上搭配不同效果，购买任一家产品均可获赠另一家的优惠券。

服装店里卖咖啡其实早已不是什么新鲜事。Gap 的概念店售卖第三方提供的杂志、书籍等非服装产品；Ralph Lauren 公司旗下的 Club Monaco 把布鲁克林地区当红的 Toby's Estate 咖啡馆和纽约著名的 The Strand 书店请进自己的旗舰店；设计师品牌 John Varvatos 甚至在自己的店里开设了酒吧。逛服装店顺便带了杯咖啡出来，或许就是这类混搭店铺想要达到的效果。只要能多留住顾客一会儿，就能增加他们在店内购物的概率。

这就是"消费升级"的本质：零售业已从一个交易的时代，进入到一个关系的时代，商家可以在实体店大动手脚，从而营造出一种无与伦比的消费场景！

这就是"需求升级"的本质：消费者需要把对产品的满意感转变为精神层面的满足感。以前是人随物动，现在是物随人心。届时商家的文化、创新、体验及情怀，都将英雄有用武之地！

毋庸置疑，实体零售商们正绞尽脑汁让消费者更愿意进店消费。对品牌商而言，"一家独大、坐等客人"的心态已经过时，他们在积极布局全渠道营销体系，寻求能够相互借力的合作伙伴，创新实体店的消费体验，以寻找未来新的机会。

森马服饰：店铺升级

森马服饰旗下的森马品牌加盟店升级大店策略，实现大规模推进。森马新形象门店开业后，产品规划、陈列推广、店铺形象包装、售后服务都有了新的提升。

2014 年 8 月，重装改造后的森马温州五马街旗舰店以全新面貌开业，该店是森马品牌最早、最具标杆性的旗舰店之一，营业面积近 1800 平方米，上下 3 层。精心改造后的店面按照品类陈列的形式，配

合整体装修风格，重新划分了功能区块，在3楼增设了供顾客休息的咖啡厅。据了解，森马终端店铺升级方案目前已在全系统陆续展开，未来将有更多门店换装全新形象。

国内原创设计师品牌"例外"打造的方所书店

在广州太古汇商场爱马仕店旁边开业，方所书店占地1800平方米，集书店、服饰时尚、美学生活、咖啡、展览空间等为一体混业经营。2014年，方所第二间店铺落户成都，面积4000平方米，差不多是广州店的2倍。

方所看起来难以被归类和定义：书店、展示和销售设计品的美学馆、展览空间、服饰馆以及咖啡馆。商品则包括图书、服饰、美学生活产品、植物和咖啡等，而且全部自营。既不是单纯的书店，也不是服装店，更不是咖啡馆，而是一个很难归位为销售某类产品的非典型样本店铺，这种多功能的生活概念店，从某种程度而言，其实是一个生活方式的贩卖店，以"美学生活"为主线，将服装、书籍、艺术品、家居用品、咖啡甚至植物等串起来。在方所书店玻璃门上有句诗：随风合唱中隐晦了的抒情，需要另外的聆听。或许，这才是方所这类店铺经营理念诗意的表达。

Zara在纽约新开超大旗舰店

2015年新年伊始，为开这家新店，Zara母公司Inditex花费2.8亿美元在纽约曼哈顿市中心买了幢建于19世纪的商业建筑，这家新旗舰店面积有4.7万平方米。

Zara不断在美国大城市中心区位大手笔开旗舰店的逻辑，远不是"有钱任性"这么简单。一方面，这是Zara进军美国市场的信号，另一方面，恰恰说明了Zara对未来实体店的充足信心。

作为时尚的跟踪和快速仿制者，店面是Zara与时尚圈建立密切联系的最佳场所。为了吸引消费者到店，Zara可谓是用心良苦：把店开在时尚精英出没之地，而且又大又酷；一些新品不上T台，直接进店

03 消费体验，未来服装销售的核心竞争力

展示；新品翻新的速度极快，一两周就卖光，卖不掉就下架。再有，Zara非常舍得在橱窗设计上砸钱，橱窗设计是以奢侈品为标杆的。当时尚杂志还在预告当季潮流时，Zara的橱窗就已经在对外展示了。

对Zara来说，店面就是品牌文化的载体，它的超大、超酷的旗舰店不断吸引潮流人士进店消费，像石头坠入水面一样，一轮轮地将品牌文化战略直接导向销售。

服装销售咨询小贴士

有一句哲学名言："人是万物的尺度，人存在时，万物存在；人不存在时，万物不存在。"

这说明未来万物唯一的标准就是"人"，一切都因讨好"人"而存在。你讨好"人"的程度，决定了你存在的价值。商品也是如此，必须体现对人的尊重与关注。商业的本质正在从"买卖关系"过渡到"服务关系"。

未来服装品牌的竞争，关键就是体验的竞争。看谁能给客户营造独特的体验。主要是找出可能与客户接触的每一个点，在这些点上极力给客户营造好的体验，而且每一个点都能为体验正向加分，最终形成竞争力和核心优势。

这是一个非常让人惊喜的时代机遇，实体店复苏的机会到了！

巧策划，多用力

服装店巧策划

服装店的策划是经营的重要一环，所谓万事开头难，开店之前很多事都要综合考量。

第一，"**找到客户，找对客户**"策略。通过客户分析，可以基本了解客户类型及客户需求，那下一步的方法便是要把这些客户"找到、找对"，即"找到客户、找对客户"。

第二，"**制定政策，实施政策**"策略。要构建一个能吸引客户兴致的"载体或介质"，达到与目标客户建立合作关系的目标。另外就是对内的政策，如导购员奖励措施。内外两方面的政策都不可少。

第三，"**借力用力，持续造势**"策略。本质上是一种营销。营销有两层含义，一就是"销"，即产品的销售。再就是"营"，即营造利于销售的氛围。而这种营造销售的氛围，就是一种造势运作。

第四，"**稳打稳扎，持续推进**"策略。"找到客户，找对客户"策略要聚焦，其实在目标客户已经形成的基础上，同样需要运用聚焦、集中的方法，稳扎稳打，在保有现有客户的情况下，积极开拓新客户，然后推进整个项目健康运营。

第五，"**建立团队，激励士气**"策略。必须对整个团队有明确的筹划，包括员工结构、人员素质培养等，这些是团队建设的传统工作。在营销策划中，最关键的是士气，士气低迷，策略寸步难行；士气激昂，即使存在这样或那样的问题，策略也能较为顺利地落地执行。因此，对于营销策划的高层管理者，是自我领导力素质显现最关键的时刻。

七大经典营销案例

第一，打一折。

估计大家都喜欢去买打折的商品，因为感觉能便宜很多。其实打折是很多商家的一种变相的赚钱方式。一般是打七折、八折，五折就很少见了。但是，今天要说的这个却是打一折！大家是不是很好奇呢？我们一起来看看吧。

日本东京银座有个绅士西装店，这里就是首创"打一折"销售的商店，曾经轰动整个东京。当时销售的商品是"日本GOOD"。他们是怎么做的呢？

首先定出打折销售的时间，第一天打九折，第二天打八折，第三、第四天打七折，第五、第六天打六折，第七、第八天打五折，第九、第十天打四折，第十一、第十二天打三折，第十三、第十四天打二折，最后两天打一折。看起来好像最后两天买东西是最优惠的，真的是这样吗？

商家的预测是：由于是让人吃惊的销售策略，所以前期的舆论宣传效果会很好。抱着猎奇心态，顾客们将蜂拥而至。当然，顾客可以在打折销售期间随意选定购物的日子，如果你想要以最便宜的价格买到心仪的商品，那么你在最后两天去就行了。

但是，有一个现实的问题，那就是你想买的东西不一定会留到最后那两天。实际情况是，第一天前来的客人并不多，来的也只是看看，不久就走了。从第三天开始，就有成群结队的顾客光临，第五天打六折时客人就像洪水般涌来抢购，之后就连日爆满，等不到打一折,商品就全部卖完了。

那么,商家究竟赔本了没有?你想,顾客纷纷急于购买到自己喜爱的商品,就会引起抢购的连锁反应。商家运用独特的创意,把自己的商品在打五折、六折时就全部推销出去。"打一折"只是一种心理战术而已,商家怎么可能亏本呢?

见过打折促销的,却没见过如此"打一折"的神奇策略,我们在佩服商家的聪明生意经的同时,感受到网络营销的强大力量!

第二,不增加进货。

对购买新产品的商家来说,最吸引顾客的无非是"新",如何在"新"上继续做文章呢?

意大利有个莱尔市场,就是专售新产品的。有些新产品很畅销,许多顾客抢着买,没抢到的会要求市场再次进货,可得到的回答竟是:很抱歉,本市场只售首批,卖完为止,不再进货。

对此,有些顾客很不理解,还向旁人诉说。但从此以后,来这里的顾客中意就买,决不犹疑。不难看出,莱尔市场的"割爱"是个绝妙的创意,它能给顾客留下强烈的印象——这里出售的商品都是最新的;要买最新的商品,就得光顾莱尔市场。

这和"饥饿营销"有异曲同工之妙,实在是不错的创意!

第三,明亏暗赚。

日本松户市原市长松本清,本是一个头脑灵活的生意人。他经营"创意药局"的时候,曾将当时售价200元的膏药,以80元卖出。由于80元的价格实在太便宜了,所以"创意药局"连日生意兴隆,门庭若市。由于他不顾血本无归的风险销售膏药,所以虽然这种膏药的销售量越来越大,但赤字免不了越来越高。

那么,他这样做的奥秘在哪里呢?

原来,前来购买膏药的人,几乎都会顺便买些其他药品,这当然是有利可图的。靠着其他药品的利润，不但弥补了膏药的亏损，同时使整个药局的经营出现了前所未有的盈余。

这种"明亏暗赚"的创意，以降低一种商品的价格来促销其他商品，不仅吸引了顾客，而且大大提高了知名度，名利双收，一举两得！

第四，"限客进门"销售法。

意大利的菲尔·劳伦斯开办了一家7岁儿童商店，经营的商品全是7岁左右儿童吃、穿、玩的用品。商店规定，进店的顾客必须是7岁的儿童，大人进店必须有7岁儿童做伴，否则谢绝入内，即使是当地官员也不例外。商店的这一招不仅没有减少生意，反而有效地吸引了顾客。一些带着7岁儿童的家长进门，想看看里面到底"卖的什么药"，而一些带其他年龄孩子的家长也谎称孩子只有7岁，进店选购商品，致使菲尔的生意越做越红火。

后来，菲尔又开设了20多家类似的商店，如新婚青年商店、老年人商店、孕妇商店、妇女商店。其中妇女商店谢绝男顾客入内，因而使不少过路女性很感兴趣，少不得进店看一看；孕妇可以进妇女商店，但一般无孕妇女不得进孕妇商店；眼镜商店只接待戴眼镜的顾客，其他人只得"望门兴叹"；左撇子商店只提供各种左撇子专用商品，但绝不反对人们冒充左撇子进店。所有这些限制顾客的做法，成功激发了消费者的好奇心，都获得了不错的促销效果。

第五，别具一格的"垃圾信件"。

在美国，经常能收到一些印有"重要""紧急，请马上回信""紧急，某月某日前答复"字样的信件。这些看似重要的信件只是推销产品的广告和订单，被称为"垃圾信"。这些"垃圾信"五花八门，为了引起消费者和读者的注意，发信者别出心裁：信的形式设计得很精致，印刷精美，有些信甚至冒充"官方通知"，信封上标有老鹰标记，寄信地址是"联邦调查局"，印有黑体大字"拘票通知"，但仔细一看就会发现一行小字:"领取现金或奖品通知",打开信封里面竟是"某某邀请函"。有的人凭信件可购买优惠商品,有的录像带可试看15天,甚至牛排都可以用干冰邮寄,让消费者难以推却。

第六,化整为零出奇效。

1945年,第二次世界大战战败国德国一片荒凉,一个德国年轻人在街上吆喝:"卖收音机、卖收音机!"可由于当时在联军占领下的德国禁止制造收音机,即使卖收音机也是违法的。后来,这位年轻人将组合收音机的所有零件全部准备好,一盒一盒地以玩具形式卖出,让顾客自己动手组装。这一做法果然奏效,销售情况非常好。

第七,一元销售术。

美国人卡尔开了家小店,初时生意萧条,后来他经过精心计算做出决定,只要顾客拿出一美元,便可以购买店里的任意一件商品。于是招来了大批顾客,销售量甚至超过了附近几家大型百货公司。后来他改行经营绸布店,又在经营方式上出新,决定凡在该店购买10美元商品,可获赠白券一张,积5张白券可兑换蓝券一张,积5张蓝券可兑换红券一张,凭一张红券可以任意挑选店中的一件商品。"卡尔销售术",竟使他成为百万富翁。

社会热点营销

企业在做品牌营销策划时,需要紧跟社会热点,这样能获得事半功倍的效果。社会热点是自带流量的,天然地具有关注度。至于如何将品牌自身的价值与社会热点巧妙结合,我们不妨看一下以往的那些经典案例,看看是否能找到启发。

1.微电影营销:歌力思。

一直以打造具有国际影响力的时装品牌为目标的女装品牌歌力思(Ellassay),曾携手有"才女"之称的多栖艺人田原跨界担任导演,为

05　消费体验，未来服装销售的核心竞争力

歌力思量身定制了中国首部时装微电影《玫瑰人生》。《玫瑰人生》以探索女性内心世界为主题，长度5分钟。在片中，通过小巷、街道、避风港口、渔船、理发店内等场景的转换，将女性内心世界的转变表达得淋漓尽致。

卖点分析："微"，已经成为网络上点击率颇高的字眼，寓意精炼、准确。随之而来的有微博、微信还有微电影。微电影比电影更能在短时间内抓住主旨，同时比广告传递的信息更丰富，因此，微电影成为品牌宣传的又一法宝。歌力思通过微电影将品牌对女性的理解展现出来，同时向消费者传递了一种积极向上、勇敢找寻自我的正能量，旨在引导女性在成长历程中不断发现真实的自己，从而达到更有效的宣传意义。这样的营销方式比硬广告更容易让消费者产生共鸣，拉近了与消费者的距离。

2. 明星营销：凡客诚品。

曾经有不错的销售业绩，但是凡客诚品面临的问题也层出不穷。于是，凡客诚品再度携手韩寒，希望能互相借势，一起寻找"第二春"。

凡客诚品曾推出新的VT主打概念"正能量"，并续约韩寒，展开新一轮的线下广告推广，无不在向消费者展示一种信心，其广告语的设计除给韩寒打气外，也对外界宣告了凡客诚品走出难挨的"冬天"，寻找属于自己的"春天"的决心。随着韩寒、李宇春续写的"有春天，无所畏"和"我爱你，无所畏"的无所畏态度系列平面广告亮相在大街小巷，产品系列海报也登陆凡客诚品官网。明星攻势，凡客诚品可谓运用得风生水起。

卖点分析：明星代言并不是什么新鲜事，但贵在"适合"。在一个适合的时机，选择适合的人物，利用适合的广告宣传语就能得到意想不到的效果。凡客诚品在明星的选择上很懂得掌握时机、抓住消费

者的眼球。众所周知，网购消费者中"80后""90后"年轻白领是主力军，如何选择这个消费群体所关注的人和事是营销的重中之重。因此凡客诚品的每一轮广告营销案都能在互联网上掀起一股跟风、戏谑的浪潮，在明星的轰动效应之下引得无数消费者甘心掏腰包。

3.微博营销：耐克。

2012年伦敦奥运会，善用社会化营销的耐克凭借微博上"逆天"的"伟大体"文案，在赛场之外的奥运营销大战中扳回了比分。从它身上，可以看到体育营销的新趋势和新玩法。

7月25日，耐克在全球统一的广告片《活出你的伟大》(*Find Your Greatness*)先是在社交媒体上预热，随后在奥运会开幕式的当天，正式登陆全球25个国家的电视台。更有趣的是，就算不能直言不讳地提到伦敦奥运，Nike还是将广告拍摄地点选在了世界各地地名中带有"伦敦"字眼的地方，并且特意给了几个大大的特写镜头，"伦敦旅馆""伦敦广场"等，普通年轻人会聚到地名中带有"伦敦"字样的地方，来挑战自己的伟大。

8月6日，也就是110米栏预赛的前一天，耐克在微博上发布了一张海报。海报上的刘翔直视前方，做起跑状，上面的文案是"伟大，无须给别人答案"。结果刘翔在比赛中摔倒后仅仅14分钟，耐克就在微博上发布了全新的海报图片，上面的文案是"谁敢拼上所有尊严，谁敢在巅峰从头来过，哪怕一无所获，谁敢去闯，谁敢去跌，伟大敢"。而微博的文字部分则写着"让13亿人都用单脚陪你跳到终点"。发布后的10分钟内，这条微博就被转发超过1万次；3个小时后，仅在新浪微波的转发量就超过10万。耐克以"伟大"为主题的系列文案就此被彻底引爆。此后，"伟大体"迅速掀起了一个当年"凡客体"似的小高潮，被众多网友不断演绎。

卖点分析："借事造势、借力用力"，社会化营销的魅力被耐克在这一届伦敦奥运会尽情发挥。在第一时间作出准确判断，并配合适当的宣传文案，耐克的这次微博营销赢得很有实力。与耐克的品牌回应相似，宝马、可口可乐和青岛啤酒都在官方微博上传递正能量，鼓励刘翔，但它们的社会关注度都不及耐克。

4.奥运营销：波司登。

伦敦奥运会使全球的目光都聚焦到了英国，不少中国游客也前往英国观看比赛。闲暇之余，中国游客在伦敦逛街的时候，会看到一块熟悉的牌子伫立在伦敦最显赫也最昂贵的南莫尔顿街上，这家公司就是以生产羽绒服为主的波司登公司。英国伦敦是全球的时尚中心之一，在男装方面也是世界首屈一指的潮流圣地。而南莫尔顿街就像北京的王府井大街，每天的客流量成千上万，这对于波司登品牌的塑造和销售都是非常有利的。所以，选择英国伦敦作为波司登海外发展的首站是有长远眼光的。

据了解，波司登在英国是以男装为主，接下来再考虑引入女装，羽绒服并不是主打产品。其实波司登之前已经在国内开始引入男装品牌，并且以高级成衣为主，但是为了打响品牌的知名度，以及提升品牌档次，以"海外迂回"路线，借势伦敦奥运会，从英国市场开始主推，之后再回到中国市场。

卖点分析：一直以来，中国企业海外探索的脚步，从来都没有停止过，可以说让品牌走向世界是每一个中国品牌的梦想。选在奥运会召开这样一个举世瞩目的时间点进驻伦敦市中心，对波司登来说把握住了一个不错的时机。但是品牌也应该看到，开店只是品牌发展的第一步，如何使品牌更好地融入国际市场、更具竞争力才是未来最值得思考的问题。

5.文化营销：依文。

英国政府特将伦敦奥运会开幕当天设定为"中国商务日"。作为

"中国商务日"重要内容之一,依文集团在英国商务官邸兰卡斯特宫的户外花园,向世界呈现一场以"和"为主题、凝聚中国文化的时装发布会。

此次时装发布会由依文集团携手北京奥运会开幕式核心导演王潮歌共同打造,通过"种子与土地""水与阳光""果实与收获"和"万物交融"四个部分,以别致的方式演绎"和"这一主题。在服装设计上,设计师在肩部等位置采取中国传统服饰圆润的廓型,整体既不失硬挺的效果,又展现中国传统文化精髓"外圆内方"的寓意。服装图案则选用中国传统山水、花鸟画,于细节处体现中国文化的浓厚韵味。面料整体采用棉、麻等材质,同时不透明的皮质与透明的纱等其他材质结合的创意设计,也表达了融合的主题寓意。值得一提的是,在这场秀上聚集了多位中国优秀的成功企业家,他们对于服装的展示与演绎将中国最具代表性的男装品牌的独特人文理念表现得淋漓尽致。

这是一场令世界惊艳的时装秀,在让人们观赏到一场视觉盛宴的同时,用中华五千年文化与艺术的完美结合表达了"生命对自然的敬畏",更表达了一种中国时尚态度。

卖点分析:从中国制造到中国创造,中国品牌所承载的远远超越了产品本身,这其中蕴含着品牌对中国文化的理解和创新。中国品牌逐步发展成熟,并且成为推动中国文化走出去的主力军,中国品牌以独有的创造力向世界呈现着自己的价值。

6.环保营销:梁子天意。

作为天意TANGY和TANGY collection主要制衣原料的莨绸,是拥有悠久历史且珍稀的中国传统生态面料,面料的独一无二性,为天意品牌在营销上占得先机,成为打造品牌历史、文化的重要推动力。

天意TANGY和TANGY collection多年来坚持使用具有500年生产历史的中国传统环保手工面料莨绸作为主要服装面料,这种对文化

05 消费体验，未来服装销售的核心竞争力

传承所持的始终如一的态度，也让品牌在消费者心目中建立了良好的认知度和信誉度。2012年，为了让更多的人了解中国传统工艺文化、了解莨绸、了解天意TANGY和TANGY collection，梁子公司在广东顺德着手建立"莨绸非物质文化遗产保护基地"，并邀请世界著名建筑设计大师——上海世博会英国馆设计者托马斯·赫斯维克为基地做建筑设计。通过这一展示平台，可以让更多人全面了解古老的莨绸面料，了解天意莨绸是如何将这一有着500年传统的古老面料与现代时尚相结合并使其登上国际舞台的。

卖点分析：作为梁子时装公司旗下的品牌，天意多年来坚持保护自然、保护历史的原则，运用天然、绿色的莨绸为原料，一直倡导环保，倡导绿色、健康的生活方式。从面料到配饰、手工、绣染，每一项都从环保立场出发，这也成就了天意服装从形式到内涵自然、健康的一贯风格，这种环保理念的营销为天意品牌带来了良好的口碑和信誉。

服装销售咨询小贴士

2018年品牌的营销方式在转变中得到提升，一些是新形势下应运而生的新想法，一些是原有营销策略的再升级。

而在这背后，一方面是传统服装店在逆境中开拓创新的营销模式，微博营销、明星营销、社会化营销等新型营销方式打破传统。另一方面是年轻的新兴服装店，将创新的技术发明引入市场，以科技辅助营销，借新事物开拓天地。不论当下的市场如何，不论当前面临哪些困难，只要善于转换思维，好的营销策略就可以帮助品牌逆流而上。

06

网店运营，服装电商门道多

面对消费升级,市场对服装行业的小批量、个性化、快速反应的订单需求越发凸显。在新时代下的市场变革大潮中,服装网店依然有强劲的生命力。

开好一家服装网店,商家要紧紧把握用户的需求,注重品质和性价比,重视使用新工具、新媒体、社区化媒体等创新运营方式,做好供应链优化和物流升级,规范客户服务。

网店运营的技巧

俗话说：女怕嫁错郎，男怕入错行。如果方向错了，所有的付出都是白费。比尔·盖茨预言：21世纪，要么电子商务，要么无商可务。事实也证明，现在的电子商务市场已经过了萌芽期，网上购物的市场环境日益成熟，只有把根基护好，才能屹立不倒。

深析服装电商的运营

服装电商运营需要几个优势，即粉丝优势、货源优势、投资优势、推广优势和团队优势。

品牌至少有三个优势，才有机会成功，优势越多，成功机会越大。

当然，在运营过程中，如何将店铺运营思路理顺是很重要的，这里我们以淘宝和天猫的网店为例，来看看都需要从哪些方面入手。

第一，搞好宝贝发布基础权重。

在宝贝发布的时候就应该规划好一些基础权重，包括类目、属性、标题、关键词、上下架时间、定价等，在这里我给大家简单罗列一下（排名不分前后）。

◇千人千面（浏览点击过、收藏加购过、购买过）；

◇产品销量（确认收货）；

◇上下架时间（手机淘宝影响较小）；

◇产品价格带符合客户需求；

◇没有违规扣分；

◇有官方打标（金牌卖家、ifashion、极有家等）；

◇天猫商家；

◇店铺信誉高（影响很小）；

◇店铺的DSR和产品的好评率（影响较大）；

◇产品的退货率、品质退款率；

◇旺旺是否在线，旺旺响应数据；

◇产品转化率（重要）；

◇店铺权重（动销率、客单价、转化率、回购率等）；

◇搜索关键词下的转化率；

◇主图的点击率；

◇标题和属性完整一致程度；

◇主图完整程度；

◇主图视频（增加主图视频后转化率增加才有用）。

大家知道了影响自然搜索的因素，就要从这里面去挑自己能够做到的去做，努力提升自然搜索流量。那么哪些具体的操作能够给宝贝增加自然流量呢？

第二，增加自然流量的要点。

◇正常的产品基础展现，包含不违规、标题属性覆盖搜索关键词、主营类目、旺旺在线等。做好这几点，基本就可以保证买家搜索时可以纳入你的产品（但是不一定会展示到前面）；

◇明确产品的价位、风格、属性、功能复合需求，这些属性会满足消费者购物的基本需求，帮你把产品展现的搜索排名更靠前一些；

◇如果你的产品转化率、销量、好评率、DSR（动态评分）、纠纷退款率、老客户回购率等指标的表现都不错，这些就代表着高权重，产品展示会更靠前；

◇如果你的产品之前被多个搜索人收藏、加购、购买、领券过，展示会更靠前一些；

◇如果你的产品最近被搜索人点击浏览过（比如几分钟前，通过直通车、钻石展位、手机淘宝首页点击浏览），那展示时就会在更前面一点；

◇上下架时间在手机淘宝App中作用比较小，主图有点击搜索展现才能转化成进店访客，所以优化主图点击率也非常重要。

现在获取流量的渠道很多，有搜索做得好的、有直钻玩得转的、有直播粉丝多的……不管哪种获取流量的方式都有自己的技巧和特色，稳定的流量渠道正是网店的生存根基。

第三，店铺动销率权重。

理论上淘宝上发布10个以上的宝贝才计算动销权重，这就意味着虽然你可卖的宝贝不足10个，但相对竞争对手在权重上吃亏。动销率是可以理解的，宝贝是有成交的，与其相对的是滞销，建议30天内没有销量且不符合市场需求的宝贝果断删除。如果是自身运营技巧问题，可以重新优化，当新宝贝卖，删除上新链接也是可以的。这样做还有一个好处，就是如果是有新品标的类目，可以重新获取新品标，得到前期的扶植。优化内容可以是全面的，包括标题优化、价格调整、主图、详情等。

有销量的宝贝占比全部宝贝的动销一定是越大越好，否则会影响你店铺整体权重。道理很简单，这代表你的宝贝不能很好地产生价值，你对店铺经营不如其他竞争对手用心。

第四，DSR动态评分。

应该说网店越来越重视店铺的综合实力的权重比例，而DSR就是衡量你店铺产品本身、服务、物流的综合实力的指标，对此卖家应该再熟悉不过了，所以务必维护好你的DSR评分，不要使其周期内持续下降甚至飘绿。

如何维持及提高DSR评分，可以从以下几点入手。

◇产品为本，定价合理。产品本身质量要严格把握，定价要合理，不要虚高。

◇认真填写宝贝属性规格，真实表现产品的尺寸、规格等，要知道买家对这个可能是较真的。

◇商品图片有创意美观但不要夸张。点击率确实是很重要，但卖家不要只为点击而夸大产品性能，造成买家购买后的心理落差。

◇产品详情文案不要过度承诺。有就是有，没有就是没有，能做到的写，做不到的如果夸大其词欺骗购买，后果是很严重的。

◇旺旺反馈一定要及时，购买前和购买后都始终如一，礼貌到位是第一要素，无论是售前、售中还是售后。买家什么样的人都有，客服要保持良好的心理素质，巧妙应对，客服技巧是必不可少的。

◇售后服务卡、感谢信、优惠券的精美设计，该投入的一定要用心，别总想着买完东西，说两句好话就好了，这个是提升你形象和服务态度、影响客户对你好印象的好时机，这里同样可以放些好的文案。

◇赠品营销不在于多和贵，在于用心，一定要实用且质量好，绝对不要给劣质品，赠送劣质品会让受赠人感到不被尊重，还不如不给。

◇产品包装质量一定要好且要有创意。店家不能控制物流公司，但能尽量做到包装最大限度地保证寄送到客户手里的完好程度和精美度。所谓买家购物体验，就是每个细节都用心，每个细节都可能给你加分。

◇物流方面选择服务好和物流速度快的快递，平时也要和快递公司搞好关系。

第五，店铺 30 天内服务情况。

◇近 30 天售后率，是指卖家在近 30 天退款成功的笔数（包含售后成立）占近 30 天支付宝成交笔数的比率。

◇近 30 天纠纷数，即淘宝介入处理且判为卖家责任的退款笔数。

◇近 30 天处罚数，即近 30 天被处罚总次数，其中包括：因出售假冒商品被处罚，因虚假交易被处罚，因违背承诺被处罚，因描述不符被处罚，因恶意骚扰被处罚。卖家对这几个指标都要非常重视，不违规的同时要把可以控制的售后纠纷数量减少到最低。

第六，好评率指标。

这个指标不多说，其实就是各方面让买家觉得你花了心思，做得到位，没有最好，只有更好！

第七，老客户相关指标。

熟悉"金牌卖家"的商家应该不陌生，加入金牌卖家的好处是：橱窗位奖励、标识展示、活动优先等。

在这里很多聪明的卖家应该发现了，关键词排名靠前展示的网店很多都是金牌卖家。做成"金牌卖家"是大家共同努力的目标。

这里有个"买家喜爱度"，是指周期内买家访问人数、老买家回访率、重复购买率、买家推荐率等指标的考核。卖家们要特别重视老客户的维护和营销，在回购和分享两个方面，老客户的权重是非常高的。

第八，收藏加购及用户停留时间。

要知道这两个指标直接反映你的宝贝及店铺的人气，尤其新品期这方面的周期数量对你后期的扶植力度大小有很高的权重加分。所以在选品本身及装修活动营销图片优化等方面一定要下足功夫。

第九，单位流量产出。

单位流量产出有个计算公式，即单位流量产出＝客单价×支付件数÷访客数。单位流量产出就是平均每个访客所能够带来的销售额。这是一个非常重要的指标，不难想象，因为在整个平台流量增长放缓且趋于稳定的大环境下，平台自然希望每个流量的利用最大化，单个流量所能产出的销售额自然越高越好。

这个指标的好坏取决于三方面因素：访客精准度、转化率、客单价，其中访客精准度是决定转化率高低的关键。通常情况下，搜索流量和直通车的流量要比活动流量和钻展流量精准，至于淘宝客流量，精准度就不好控制了。

第十，淘宝运营选的关键词要做出数据来拿流量。

首先主词一定要定位准确，如果主词都没有定位准确，确定其他的词流量也不是很高。主词首先遵循的原则就是要精准，比如说你销售的是男童宝宝套装，那么你用"童装"作为主词就显得过于宽泛，获取的流量自然也不是很精准；如果你用"童装 男童"作为搜索关键词，效果肯定会好很多。当然这只是一个初步设定，具体还要根据数据去分析，根据直通车词的出价去确定。

对于选择的长尾词，前期为了提高销量，不得不使用一些特殊的手段。选择的词不能是自己造的词，也不能找人气不高的词，当然人气太高的词也不好。一般要控制频率，不能太过频繁、做假痕迹太重。

直通车选词也是需要慎重选择的。主词在宣传的时候，如果是中期流量遇到瓶颈时，就要考虑变换主词。主词也要分不同终端，是移动端还是PC端，需要观察不同终端的数据，哪个销量好，就可以暂时不做修改。

一般来说，网店运营在选择关键词的时候，都是需要反复去测试的。不管是主词还是长尾词的选择，都需要反复衡量，毕竟选择什么样的词，组成什么样的标题和成交量、搜索量息息相关。

第十一，单坑月产出。

单坑月产出这个指标主要取决于两个因素：价格和销量。网店首页的坑位就那么几个，谁都想上首页，那么要制定一个衡量能力的指标，只有达标的才能上，最好的位置当然要留给产出最多的宝贝，这个产出的评判标准也很简单，就是销售额。

而销售额又取决于两个因素：价格和销量。所以我们会发现，低价不一定排名靠前，高销量也不一定排名靠前，而店铺层级越高，机会也会越多。

第十二，内容运营方面的权重因素。

微淘、达人、直播等形式的内容运营，必将是非常重要的权重趋势。所谓"得粉丝者得天下"，具体还要看各位商家的时间精力和资金实力。

进好货才能多卖钱

过去很多人想开服装店，但是因为没有充足的资金，只能摆地摊，但是随着网络的发展，很多人资金不够就在网上开店，照样能赚钱。

开服装网店首先要考虑的当然是货源，货源永远是服装经营者的头等问题，所有网店无不挖空心思寻找质优价廉的货源，没有哪家不想直接找到厂家拿一手货源的。下面我们就来看看开服装网店该怎么找货源。

第一，小额批发存货。

可以自己一个人去批发市场上拿货，每个款式都拿一些，然后自己专职来卖。使用这种方式除非你的信用级别特别高，选货的眼光也特别准，才能把量跑起来，是可行的。但是谁都没有100%的把握保证拿到手的东西客户都会喜欢，一旦货选得不好，又退不了，那就要赔钱了。

第二，网店代销。

这种方式目前比较流行，属于两头空，中间赚差价，是办公室一族的最爱。这种方式往往不需要自身投入大量的资金准备，只要挑选一个好的服装生产商就可以，做好了也会有不错的发展。但事情并非如想象中的那么容易，遇上精通的买家，你的批发价就透出来了。

这种模式的弊端，一个是手里没有货，回答客户的问题心里没有底，比较担心，也不是很明确，为了把东西卖出去不得不编一些搪塞的答案来回答，到头来吃个差评；另一个就是库存吃不准，好不容易卖出一件衣服了，供应商说没货了，白忙活一场。

第三，跑勤经营。

之所以叫跑勤经营，是因为这种方式要经营者勤跑批发市场。先拿好样衣，回来制作图片，有人要再去拿货。这种模式看起来似乎不错，存货很少，风险也不大，还可以专心经营，但也有弊端，那就是要勤跑动，哪怕卖出一件货就赚10元也得去跑，是比较辛苦的。如果仅仅是这样还是可以接受的，更严重的问题是女装的更新速度比较快，你没卖几天，你的上家换新款了，又要重新编辑产品，也是很辛苦的。

第四，和实体店一起经营。

这种方式比代销要好很多，可以看到实物，不存在回答不了客户问题的情况，自己也很清楚自己的库存。这种方式的投入比较多，一般开店的人都不会去做图片处理，拍照的技术不会太高，店铺的装修也比较难看。

图片是网店的非常重要的展示方式，图不好，网店的浏览量会比较少，成交量自然就上不去。另外就是实体店的掌柜往往是实体经营为主的，网上的客户经常会因为遭到"冷落"而离开。

服装网店货源的常见进货渠道基本就是这四大类。在进货过程中，特殊的进货渠道是很容易被骗或者被忽悠的，因此提醒各位想做服装网店的卖家在进货时一定要小心谨慎，不要贪便宜而误入骗局，一定要多观察，多对比。

女装是一份大蛋糕，谁都想分一份。但2017年对于女装品牌企业来说是刻骨铭心的一年。传统服饰的没落、新兴国际品牌和快时尚品牌的"入侵"，导致行业竞争加剧。

随着国民收入水平的提高,女性消费者对服装的个性化需求越来越高,不同类型的消费者穿着品位差异也逐步增大,为了满足女装市场更加细分的需求,潮牌、淘品牌、快时尚、轻奢女装、日韩女装、国产女装、设计师品牌等相继出现。同时,女性消费者越来越多地追求与自己身份和喜好相符的服装产品,因此,只有定位明确的女装品牌才容易得到消费者的认同,清晰的市场定位也是产品提升市场占有率的基础。

中国服装行业每年新增库存200亿件左右,是需要"去产能"的重点行业之一。别看奥特莱斯越开越多,"双11"屡破纪录,唯品会如日中天,却依然解决不了中国服装行业的库存问题。唯品会的成功,正是靠库存,唯品会解决的是库存深度,在中国服装行业库存比例中,占比非常小,只有解决库存宽度与动态平衡,才能解决整个服装行业的产能过剩。

服装销售咨询小贴士

虽说现在开个淘宝店没有以前那么火爆了,但是做得好的还是可以赚钱的,很多淘宝网红服装店每年的收入可以达到千万级别。

遇到好的货源,要让对方相信你是值得长久合作的对象。刚开始,他们多半会半信半疑,但等你做一段时间,与对方进货、补货的频率增加后,批发商自然会给你更大的折扣空间。

另外,服装网店即使已有固定的进货渠道,也不要因此就松懈,应该继续去开发更低廉、更方便、款式更新的进货渠道。一定要多看、多问,尽可能熟悉你的产品与市场,这样才会在做生意的过程中少受骗、多获益。

服装网店竞争法宝：物流

从物流到供应链

物流服务是指物流供应方通过对运输、储存、装卸、搬运、包装、流通加工、配送和信息管理等功能的组织与管理来满足其客户物流需求的行为。现代物流是借助现代科技特别是计算机网络技术的力量，对社会现有的物流资源进行整合，实现物品从生产地到消费地的快速、准确和低成本转移的全过程，获取物流资源在时间和空间上的最优配置。

随着全球和区域经济一体化的深度推进，以及互联网信息技术的广泛运用，全球物流业的发展经历了深刻的变革并获得越来越多的关注。目前，现代物流已经发展成包括合同物流（第三方物流）、地面运输（公路和铁路系统提供的物流）、快递及包裹、货运代理、第四方物流、分销公司在内的庞大体系。中国物流业市场规模位居全球第一，美国位列其次，预计未来几年，全球物流业仍将快速发展。

目前，现代物流行业的发展趋势是从基础物流、综合物流逐渐向供应链管理发展。供应链概念是传统物流理念的升级，将物流划为供应链的一部分，综合考虑整体供应链条的效率和成本。供应链是生产及流通过程中，涉及将产品或服务提供给最终用户活动的上游与下游企业所形成的网链结构。供应链管理渗透至物流活动和制造活动，涉及从原材料到产品交付最终用户的整个物流增值过程。供应链管理属于物流发展的高级阶段，供应链管理的出现，标志着物流企业与客户之间从物流合作上升到战略合作高度。物流企业从基础服务的提供逐渐转变为供应链方案的整合与优化，在利用较少资源的情况下，为客户创造更大的价值。

服装电商的供应链

服装生产业在人类文明发展的历史长河中的各个阶段均举足轻重，初期设备制作工艺简单落后，传统集约型供应链大行其道，大工厂、小作坊皆以此为生存之道，粗放型、慢步调的销售方式完全与传统供应链相契合。随着时代的不断前进，市场需求的差异化及复杂化倒逼服装生产供应链格局变革。

第一，明确电商供应链，敢于抉择一"线"。

伴随"互联网+"的落地推行，呆板僵滞的固定流水线拖滞电商发展，碍于现实供应链的桎梏，很多服装企业力图改变电商背后的生死一"线"。

以辛巴达为代表的企业摒弃工厂概念，打造以IT控制为核心的服装裁剪"中央厨房"，批量处理服装零部件，借力发展"工匠"生产模式，倡导更加具有柔性的生产供应链体系，改变个性化消费抑制现状。打开传统供应链的枷锁，释放个性消费需求，与辛巴达着力发展的"多种款式，小额订单，客户品牌群"成为互联网形势下电商发展的"虫洞"，供应链刚或柔的抉择关乎企业成败。

第二，现实需求明显，电商形势逆转。

服装电商个体集聚效力惊人，发展"小、多、快"柔性供应链服务商成为共识。柔性供应链以数据全流程贯通共享，通过控制平台、TPS、TOC、柔性化设备、大数据技术和灵活工作，从生产线流程入手，深入改造，实现柔性化生产。传统模式以大众化分销产品为主，如今销售渠道及信息逆转，电商开创个性化定制模式，蘑菇街、明星衣橱线上争霸与辛巴达"多品种、小批量、快速个性"的线下生产宗旨相得益彰，战略合作顺利展开。供应链模式不断改进，B2B、B2C、C2C、O2O等模式递进，个性化消费势头渐猛，加快小型化生产结构升级，工艺流程柔性再造，电商格局及价值高地逐渐成形。

第三，个性化定制，个性化消费格局已定。

市场在于引导，更在于创造。依托柔性供应链的先天优势，"互联网+"政策的蓄力推动，时尚品牌设计师自立门户、淘工厂、蘑菇街、楚楚街等一系列平台，率先为设计师们量身打造PK舞台，走个性化定制路线，将30~50件品牌服装投入市场，观察消费者的反应。这样的产销方式，势必对传统供应链的盈利空间进一步压缩。

今日电商的成败在乎供应链是否柔性化，纵使规划布局无暇，细节依旧决定成败，传统、保守的流水线供应链的改变势在必行，秉承新时期、新特点的以电子商务大数据为依托，辅以柔性供应链体系，打造"小而美，快而活"的小批量、多频次、品牌设计团战略，将成为未来电商"虫洞"突破的成功一"线"。

当前服装供应链的痛点

服装供应链是一种个性化很强的物流服务，由于每个制造企业的情况千差万别，对物流服务的要求也不尽相同。服装物流服务以满足客户的需求为基础，按照其特殊要求进行运作方式上的调整。服装物流系统建设必须解决以下几个痛点问题。

第一，包装运输和二次加工。

根据服装种类采用不同的包装方式，可分为平装（折装）或挂装，因应不同的产品及不同顾客的需求而定。平装或折装的过程中，工人将每件成衣根据客人的要求折好，放进胶袋里面；如顾客需要挂装式的，成衣也会吊在衣架上，然后挂上胶袋，封上胶袋口，至此包装工序才算完成。在储存和运输过程中，大部分正装和高级时装需要采用挂装方式，需要不同大小和规格的海运或空运的挂衣箱。休闲服饰和内衣则一般采用平装方式。

目前，服装生产、物流等各环节都逐渐向专业化发展，服装贸易和专业物流的结合也越来越紧密，比如物流服务商根据客户需要针对加工完毕后的产品提供一部分后期整理服务，内容涉及二次加工、包装等原本属于工厂的操作。

第二，市场快速反应机制的建立。

服装本身具有强烈的季节性和短暂的流行周期，如果市场反应速度过慢，在激烈的市场竞争中，企业将付出惨重的代价。很多企业的产品仅仅停留在流通的中间环节，根本没有达成现实的销售，库存和现金流严重制约了企业发展。

对于畅销服装，应把握住产品的下线时间，尽可能缩短产品的在库时间，在第一时间到达店铺，以最快的速度为企业创造效益。而对于试销产品，或换季新推出的款式，需要尽量增加产品的展示、试销范围，不同区域、不同时段、不同搭配，一旦获得良好的市场反应，就快速生产，供给市场。

第三，适应服装多品种、小批量发展趋势。

服装市场的发展演化，越来越显示出多品种、小批量的趋势，而这种趋势也必将影响服装企业供应链的各个环节。

顺应服装产品的发展趋势，服装企业需要提高物流水平，通过建设功能强大的现代配送中心来响应这一要求。建设现代化物流配送中心需要很大投入，但物流作业自营化不仅可以提高效率，还可以大幅降低企业运营成本，使服装的销售价格相应降低，增强产品的市场竞争力。目前，少数规模较大的龙头企业已着手规划建设物流配送中心。

第四，库存合理优化。

现代物流的一个根本理念就是要尽量降低库存，直至零库存。但是，没有库存对于正常运作的服装企业来说是根本不可能的。服装企业进行库存控制的目标不是消灭库存，而是合理控制库存。

合理库存的一个基本准则是将库存尽量集中在畅销产品上。企业应适当控制库存，或者配合销售部门的推广、促销活动安排，及时在不同门店、仓库之间调配，将库存产品集中到促销活动辐射区域。

完善供应链法宝，助力服装网店

第一，根据服装种类和市场定位，确定包装运输方式。

一般高档正装和休闲装等高端产品采用挂装方式，其优点是服装运输过程中不损坏、不变形，省去二次加工工序，直接可以运送到销售门店，及时性强；缺点是包装和运输成本高。中低端服装包装一般采用折装方式，物流费用低。

第二，应建立快速响应机制。

具体做法是提高服装企业制造和物流环节的信息化水平，打造整个物流供应链，缩短新产品试销成功后大量投放的时间，抢得先机，赢得主动，变市场机会为企业效益。对于规模较大的服装企业，除建立覆盖全国的大型物流中心外，还必须建立功能强大的区域物流分中心，以满足快速销售的需求。

第三，服装业多品种、小批量的发展趋势。

这样的趋势给服装物流设计规划带来困难，以托盘为储存单元的自动化立体库难以满足服装配送要求，必须建设功能强大的物流配送中心，增加快速分拣区域、功能和设施，才能适应多品种、小批量这一行业发展趋势的需要。

第四，服装企业的库存配比。

库存包括企业内部库存、物流过程动态库存和门店库存三部分。服装的季节性和流行性快速变换决定了服装在库时间不能太长，企业内部库存必须严格控制并尽量减少，否则意味着企业大量资金占用和产品滞销风险。合理的平均库存为2~3周的销量，最大库存不应超过1个月的销量。

此外还需要注意的是，不同类型服装（如正装和休闲运动装）间的存储形态差异决定了在其存储和分拣环节采用的作业方式和设备的不同，但在配送环节上的运作模式基本一样，选用哪种方式的决定因素在于物流成本的投入和控制。

第五，挂装技术值得关注。

目前，国内外的服装物流存在较大差别，主要体现在：国外服装企业的物流管理理念比较先进，物流服务专业化，能够做到迅速、及时、准确。同时，国际化的服装产品大部分价格昂贵，虽然也有不少使用普通纸箱包装的方式运输，但挂装运输是国际服装运输的常规做法，以实现门到门服务，减少环节，尽快将产品打入市场。

国内的服装物流目前多采取较初级的运输方式，对服务、时间等方面的考虑较少，只有少数附加值高、有国外背景的企业逐渐有意识地提高物流环节的操作水平。虽然一些大型服装生产企业已开始使用挂装设备，但仅限于企业内部，而很少选择物流外包挂装运输的做法。国内的第三方物流服务商仅仅是提供部分仓储、分拨服务。或许在不久的将来，采用挂装运输方式会成为国内服装物流的发展趋势。

2018年服装供应链行业发展趋势展望

国家从政策层面引导供应链的发展，同时互联网应用、以消费者为中心、资本牵引等因素正成为供应链前行的重要推动力量。回望中国物流业2017年走过的路径及2018年上半年的发展状况,我们不妨一起看看2018年甚至未来服装物流供应链可能的六大趋势。

趋势一:资本的导入。

服装物流开始拥抱资本,资本成为物流市场配置优化并取得市场竞争优势的最大供给资源,目前物流公司中的顺丰、三通一达均已完成上市,借助资本市场来完善自身的发展。

趋势二:"黑科技"高速融入物流业。

2017年,人工智能、大数据、云计算等新技术纷纷在物流业找到了应用切入点:云数据物流订单跟踪系统、物流信息智能服务平台、一体化运输服务平台、现代化物流信息管理系统等以这些新技术为支撑的强大系统平台的搭建,为优质物流服务提供了强有力的保障。

趋势三:大数据共享合作转向跨界融合。

大数据、云计算让数据资源变成了数字资产,并有了场景变现的可能,而整个供应链各方也由分工合作开始向跨界融合演变。当然了,数据共享之前,不仅要确认数据安全,还需要实现数据保密,实现客户数据、货物数据与物流大数据的有效隔离。

趋势四:新一代多式联运聚合模式被人们接受。

供应链形成产业以后,难免出现竞争甚至恶性竞争,某些恶性竞争深深伤害着行业的发展,而一些物流企业以及物流消费者就成了牺牲者。国内物流行业通过多年发展,也急切希望制定相关物流标准,所以更多有眼光的物流人不约而同地"优质聚合",一起组建起适合供应链各方的公共平台,以期实现物流标准化。

趋势五:物流企业普遍具有全球化视野。

经济全球化和坚持对外开放的政策,引领中国物流企业以资本并购和业务扩展的方式开始向海外市场拓展。与此同时,中国物流龙头企业已普遍具有全球化视野。如今,中国已站上全球经济总量第二的位置，以资本并购和业务扩展方式向海外市场拓展，就成为许多物流企业必然的选择。特别是在竞争日渐激烈的全球市场，快递企业也在加紧全球布局，打通跨境电商对跨境快递物流服务的中间环节，甚至引发了新一轮海外投资的热潮。

趋势六：绿色物流将是未来行业重要课题。

在国家政策推动下，绿色物流已经成为一种必须接受的可持续发展趋势。随着社会的进步、经济的发展，物流行业愈发贴近我们的日常生活，被大众所熟知，得到了快速发展。

而随着国家政策对供应链的重视以及企业对物流行业的深度整合，智慧供应链理念和模式正日趋成熟。这是能迅速、灵活、正确地理解供应链，运用科学的思路、方法和先进技术解决供应链问题，创造更好的社会效益和经济效益的新方式。

京东物流在 2018 年国际电子商务博览会上荣获"值得信赖的物流服务机构"荣誉称号。2007 年，京东通过首创 B2C 的物流服务体系极大提升了中国零售行业的流通效率，大幅降低了中国社会化物流成本，并打造了极佳的用户体验。

近两年，京东在智慧物流领域不断取得新突破：在无人机、无人车、无人仓、无人配送站等一系列智慧物流项目上都获得了丰富的技术成果与落地应用。京东物流用智能化设备的无缝对接，解决了电商业务的复杂场景，无论在国内还是国际，京东都已走在前列，甚至开创行业标准。

京东集团董事局主席刘强东曾表示："第四次零售革命即将来临。第四次零售革命是建立在互联网电商基础上，又超越互联网的一次革命。不同于以往的三次革命，第四次零售革命将会是颠覆性的。"

京东物流强调根据不同行业的供应链特性和差异，提供具有针对性的解决方案。如对服装行业有多地备货逻辑和淡旺季的运营策略，在消费品行业，对商品保质期进行全程监控和管理，在 3C 行业针对高值产品提供"7×24小时"监控服务。

京东物流表示将立足体验,通过技术创新提升智能化水平,以云计算、人工智能和机器人技术为核心,以降低社会化物流成本为使命,通过开放、智能的战略举措促进消费方式转变和社会供应链效率的提升,致力成为社会供应链的基础设施。

唯智信息CEO陈梦槐表示,"服装行业互联网+生态圈"会帮助供应链的全局优化升级,传统物流企业会逐渐实现平台化,互联网公司与物流公司的边界正在变得模糊,建立价值互补的生态圈会是"互联网+"时代下的物流发展新模式,会逐渐形成互联互通,协同可视的物流生态圈。总体来说,资源互换、优势互补、互联互通,这是行业的总趋势。

回到服装物流,品牌方主要是从时效、服务、成本这三个角度来考核服装物流供应商。在他们看来,可以通过三个方式实现物流服务的提升。

一是通过建设云仓,利用大数据和信息技术,可以让库存成本更小,时效更快;

二是通过全链路透明管理,可以使运输透明化,让订单看得见,让用户可评价;

三是通过全供应链全渠道订单履行,做前台订单的硬后台。

 服装销售咨询小贴士

面对消费升级,市场对服装行业的小批量、个性化、快速反应的订单需求越发凸显。新时代下的市场变革对供应链优化、物流升级提出了新的要求。

俗话说得好:落后就要挨打。未来很多物流企业必将成为内层电商企业的物流供应商,而供应商的可替代性是很高的,而且议价能力很低,这也是物流企业发展供应链、相继布局电商平台、大数据产品和金融产品的重要驱动力。

前线战士，福星客服

服装网店生意的好坏，客服水平占据着关键因素。

曾经听很多服装店主抱怨，店铺装修很好，宝贝描述也做得美轮美奂，宝贝的性价比也足够诱人，而且店铺的流量、访问量也不少，可就是成交量上不去，业绩很难看。这就好比是一家餐馆有着整洁、清雅、幽静的就餐环境，有着丰盛、美味、实惠的美味佳肴，可就是门庭冷落、无人问津！

如果你的网店是这样，那很可能是服装店铺的接待和沟通水平出问题了。硬件很硬，软件却太软！

一个好的客服，就是一个服装网商的企业形象；一个会讲话的客服，将会给公司或网店带来更多的回头客；一个耐心周到的客服，将会让客户感到安心，对产品的使用也会更放心！所以，优秀的客服对服装公司和服装网店的发展是相当重要的。

一线战斗人员

网店客服是指在开设网店这种新型商业活动中，充分利用各种通信工具，并以网上即时通信工具（如旺旺）为主，为客户提供相关服务的人员。

这种服务形式对网络有较高的依赖性，所提供的服务一般包括客户答疑、促成订单、店铺推广、完成销售、售后服务等几大方面。

一般的小规模的网店，往往一人身兼数职，对客服并没有进行细分，但有些规模较大的网店则往往实行较细的分工，网店客服的分工达到相当细致的程度。

◇通过旺旺、电话，解答买家问题的客服；
◇设置专门的导购客服，帮助买家更好地挑选商品；
◇设置专门的投诉客服，处理客户投诉；
◇设置专门的推广客服，负责网店的营销与推广；
◇设置专门帮店主打包的客服等。

网店客服的意义举足轻重

网店客服，在网店的推广、产品的销售以及售后的客户维护方面均起着极其重要的作用，不可忽视。

第一，塑造店铺形象。

对于一个服装网店而言，客户看到的商品都是一张张的图片，既看不到商家本人，也看不到产品本身，无法了解各种实际情况，因此往往会产生距离感和怀疑感。这个时候，客服就显得尤为重要了。客户通过与客服的交流，可以逐步了解商家的服务态度和产品信息，此时客服的一个笑脸（比如旺旺表情符号）或者一个亲切的问候，都能让客户真实地感觉到温暖，认为自己不是在跟冷冰冰的电脑和网络打交道，而是跟一个善解人意的人在沟通，这样会帮助客户放弃最初的戒备，在心目中逐步树立起店铺的良好形象。

第二，提高成交率。

现在很多客户都会在下单之前针对不太清楚的内容询问商家，或者询问优惠措施等。此时客服及时的回复，解答客户的疑问，就可以让客户及时了解需要的内容，增强对卖家的好感，从而促成交易。

有的时候，客户不一定对产品本身有什么疑问，仅仅是想确认一下商品是否与事实相符，这时一个在线的客服就可以打消客户很多顾虑，促成交易。

同时，对于一个犹豫不决的客户，一个有着专业知识和良好销售技巧的客服，可以帮助买家选择合适的商品，促成客户的购买行为，提高成交率。

有时候客户拍下商品，并不一定是急要的，这时在线客服可以及时跟进，通过向买家询问汇款方式等督促买家及时付款。

第三，提高客户回头率。

当买家在客服的良好服务下完成了一次交易后，买家不仅了解了卖家的服务态度，也对卖家的商品、物流等有了切身的体会。当买家需要再次购买同样商品的时候，就会倾向于选择他所熟悉和了解的卖家，这就提高了客户再次购买的概率。

第四，更好地服务客户。

如果把网店客服仅仅定位于和客户在网上交流，那么我们说这仅仅是服务客户的第一步。一个有着专业知识和良好沟通技巧的客服，可以给客户提供更多的购物建议，更完善地解答客户的疑问，更快速地进行售后问题反馈，为客户提供更全面的服务。只有更好地服务于客户，才能获得更多的机会。

服装网店客服应具备的能力

做好一名服装网店的客服，需要多方面能力的培养和积累。

第一，语言能力。

这是一个服装网店客服应该具备的最基本的能力，也是最重要的能力。虚拟的网购平台，所有的交易过程都需要也只能通过聊天工具进行沟通，这种沟通方式不是面对面的，具有一定的难度，不能直观地用语言准确描述实际情况，文字在这个过程中起到关键作用，所以，一个合格的客服必须具备良好的语言组织能力和表达能力，能通过文字让对方正确地理解和掌握商品信息，同时让买家了解卖家的服务态度和专业水平。一次愉快的交易，就是从售前咨询到售中协商，再到售后服务，最后到给予评价的过程，中间各个环节都离不开良好的沟通，任何一个环节都不能留给买家不好的印象，更不能得罪买家，任何情况下都不能说脏话或激怒买家，适当的情况下可以引用网店平台规则来处理。

例如：任何一个买家进入店铺询问时，第一句话应该是"（微笑表情）您好！欢迎光临，很高兴为您效劳"；当买家遇到问题时，可以说"您好！请不要着急！我们会帮您解决处理好的"；当买家要求改价付款时，可以说"请稍等，我马上帮您改"；当价格改好通知买家付款时，可以说"让您久等了，价格已改好，付款后我们会尽快安排发货"；当买家完成付款时，可以发送"合作愉快"表情；当买家还未收到货来询问物流情况时，可以说"您好！我马上帮您查询"，然后再告诉查询结果，并说"（惭愧表情）不好意思，还请您再耐心等待一下！我们会立即与快递公司联系，尽快将商品送达您手中"；当买家收到货来反映商品有问题时，可以说"（微笑表情）您好！先不要着急"；当买家给予中差评时，如果买家在线，就可以说"您好！刚看过您给我们的评价，真的很抱歉"，然后再了解具体情况，给出合理解释和处理办法。整个聊天过程，语气不宜生硬，要多用亲和力较强的语句，同时要显得专业性较强，"您好""呵呵"等和旺旺上的卡通图片表情要全方位地使用，极力营造一个温馨的购物环境。

第二，专业能力。

一个合格的网店客服，必须对店铺的商品了如指掌，这样解释起来才更有说服力，而不是当买家咨询一些专业的知识时，回答得牛头不对马嘴，这不仅会让买家看笑话，更会让买家对店铺的信誉产生怀疑，有可能直接导致退货或差评。但这种专业能力不是一两天就能掌握的，需要平时在和买家交流以及宝贝描述中不断积累和总结，是重复练习的成果。从与买家的交流中是可以学到很多知识的，比如很多买电脑配件的买家，是具有一定专业水平的，作为一名客服，不懂的地方完全可以请教买家，这样不仅自己学到了东西，也会更容易搞好与买家的关系。

第三，心理素质。

网购的人五花八门，什么样的买家都可能遇到，任何事情都有可能发生，没有良好的心理素质是很难胜任网店客服的。这里的心理素质不仅仅是指自己的心理，还要具有洞察买家心理的本领，随时捕捉买家的心思，了解买家的想法和动机。这一点非常重要，要求客服具备敏锐的洞察分析能力，以促成最终交易成功。比如在淘宝上常会遇到讨价还价，这已经是买家的一种习惯，也是一种正常的消费心理，买家希望少花钱是正常的，不要理解为别人难缠，这时可以用委婉一点的语气与买家交流，力图让买家接受你的价格，而不是一句生硬的"我们的商品都是不讲价的"而导致最终将买家拒之店外。

第四，服务态度。

态度决定一切，这一点都不夸张。作为一名客服，态度是非常重要的，由于买卖双方均是在虚拟的环境下进行交易的，整个过程都只能通过文字或者语音交流，客服的态度会直接影响买家对店铺甚至品牌的印象，所以服务态度是决定买家是否愿意购买的关键因素。不管什么情况，都要记得"买家是上帝"，不要冷落任何一名买家，对于自己的过失，应该主动向买家道歉；而对于买家的过错，应该充分包容。

第五，应变能力。

一个网店客服综合素质是否过硬，应变能力相当重要。对买家提出的问题，除了要真实、客观地进行回答外，有时也需要客服灵活应对，思路清晰，适当变通。做到这点并不容易，在长期与买家的对话中，可以不断地积累与各种各样买家打交道的经验，在实践中灵活运用。

第六，交际能力。

虽然网络平台是一个虚拟的购物环境，但进行的同样是人与人之间的交际活动，所以，如何处理好这个关系同样值得重视，特别是对一些老客户，不要一开口就是"价格""数量"等与生意有关的东西，这样会让他们觉得在你心中他们和其他普通客户没有区别，会觉得你没有人情味。所以，对于经常光顾的买家，应该尝试以朋友的语气与其交谈，适当的时候可以聊聊与生意不相关的东西，拉近彼此的距离，这样更容易锁定一个长期客户。价格方面，应当主动对其进行优惠，而不是等对方开口；对于个别问题，可以灵活应对，适当宽松一点，不要因为一点点利益上的损失而失去一个长期客户。当然，那种不值得长期交往的客户除外，如何分辨就需要客服在工作实践中不断积累经验了。

来自"上帝"的投诉与抱怨

处理投诉也是客服日常工作中重要的组成部分，如何做好投诉的处理及反馈，也是一门艺术，需要经验的积累。

第一，行之有效的投诉处理程序。

◇建立客户意见表（或退换货表）之类的表格是很有必要的。接到客户退换货的信息，在表格上记录下来，如客户说尺码大了，有色差，要分清是主观原因还是客观原因。如果是产品质量问题，可以同意承担来回运费为客户换货；对于色差等问题，可以回复说可能是不同终端图片显示的问题所致，争取取得客户谅解，尽量让客户给予好评。

◇售后服务人员接到信息后及时取得沟通。通过电话、旺旺跟客户交流沟通，详细了解投诉或抱怨的内容，如色差问题、尺码不正规，都要细心地听完客户的话再回答，听完他的抱怨我们要态度好点，要当成是给我们公司的建议来理解，并承诺以后会改进，可以跟他说下次购买可以为其赠送一些小礼品，并谢谢他提的宝贵建议，积极缓和与客户的关系，争取让他改掉中差评。

◇及时处理并向相关负责人反馈。跟踪处理结果的落实，直到客户答复满意为止。将处理情况向领导汇报，售后提出自己的处理意见，申请领导批准后，要及时答复客户。将问题反馈回公司有关部门实施，如需换货，通知仓管出货，如需送小礼物，也要通知仓库。

第二，处理客户抱怨与投诉的方法。

◇确认问题。认真、仔细、耐心地听投诉者说话，边听边记录，在对方陈述过程中判断问题的起因，抓住关键因素。尽量了解投诉或抱怨问题发生的全过程，听不清楚的，要用委婉的语气进行详细询问，注意不要用攻击性言辞。可以用这样的语句，比如"请您再详细讲一次""请等一下，我有些不清楚"。

把你所了解的问题向客户复述一次，让客户予以确认。了解完问题之后征求客户的意见，如他们认为如何处理才合适，问客户有什么要求。

◇分析问题。在自己没有把握的情况下，不要随便下结论或作出判断，也不要轻易承诺。有质量问题的要让客户上传图片，对于一些故意弄坏所购物品的人（如恶意差评）要想办法抓住其破绽（如文字、图片、电话录音），保存好这些记录，以备将来作为证据，作为向网购平台官方申诉的依据。如果客户要求返还的金额太多，就要求客户寄回来换货，尽量减少损失。

◇互相协商。与客户协商时同样要注意言词表达，表达要明确清楚，尽可能听取客户的意见并观察其言语反应，抓住要点，妥善解决。

第三，处理客户抱怨与投诉的"七个一点"。

◇耐心多一点。在实际处理中，要耐心倾听客户的抱怨，不要轻易打断客户的叙述，也不要批评客户，而是鼓励客户倾诉下去，让他们尽情宣泄心中的不满。当耐心听完客户的倾诉和抱怨后，当他们得到了情绪发泄的满足之后，就能够比较自然地听客服解释和反馈了。

◇态度好一点。客户有抱怨或投诉，就意味着客户对企业的产品或服务不满意，从心理上讲，他们会觉得企业亏待了他，因此，如果在处理过程中态度不友好，会让他们的不良情绪进一步发酵，与客户之间的关系会更加恶化。反之，若售后客服态度诚恳、礼貌热情，会降低客户的抵触情绪。俗话说："怒者不打笑脸人"，态度谦和友好，会促使客户平静心绪，理智地协商解决问题。

◇动作快一点。处理投诉和抱怨的动作要快，一来可让客户感觉被尊重和重视，二来也可以表示企业解决问题的诚意，三来可以及时防止客户负面情绪爆发对企业造成更严重的危害，把损失降到最低。一般接到客户的投诉或不满，要立即通过电话或旺旺向客户了解具体情况，然后与企业内部人员快速协商处理方案，最好当天就给客户答复。

◇语言得体一点。客户对企业不满，在抱怨时有可能会言语过激，如果售后客服与客户针锋相对，势必激化矛盾。因此，客服在解释问题过程中，措辞要十分注意，要合情合理，得体大方，不要用贬低或伤人自尊的语言，尽量用婉转的语言与客户沟通，即使是客户的要求存在不合理的地方，也不要过于冲动，否则只会使客户失望、愤怒，做出对公司不利的行为。

◇补偿多一点。客户抱怨或投诉，往往确实是因为他们用过产品后，感觉自己利益受损，所以，他们投诉或抱怨，都是希望得到一定的补偿，这种补偿有可能是物质上的，如更换产品、退货，也可能是精神上的，如道歉、安慰等。在补偿时，企业或店铺认为有必要进行补偿才能安抚客户的，应该尽量补偿多一点，有时是物质及精神补偿同时进行，多一点补偿金（当然，这点得按公司规定）使客户得到额外的收获，他们会理解店铺或公司的诚意而对公司再建信心。

◇层次高一点。客户提出投诉和抱怨之后都希望自己的问题受到重视，往往处理这些问题的人员层次会影响客户期待解决问题的情绪。如果高层次的领导能够亲自接待客户或亲自给客户打电话慰问，会化解许多客户的怨气和不满，更容易配合售后客服处理问题。因此处理投诉和抱怨时，如果条件许可，应尽可能提高处理问题的级别，如公司相关负责人、店主或客服主管亲自出面。

◇办法多一点。很多公司或网商处理客户投诉和抱怨的结果，就是给他们慰问、道歉或赠送小礼品等，其实解决问题的办法很多，比如给客户办理店铺的VIP会员、包邮卡、优惠券，都是不错的方法。解决问题的思路要尽可能开阔，不要总是三板斧。有据可依的同时可适当灵活处理。

第四，处理客户投诉过程中的技巧或原则。

◇切忌自以为是。不要人为地给客户过早下判断。客户是因为信赖你，觉得你可以为他们解决问题才向你投诉的。

◇换位思考。试着多站在客户的立场上看问题。如果你晚上睡不着，你会怨恨自己吗？你会说床不好，或者是环境太吵闹，你的顾客也一样，你只是他们的发泄对象，并不是你得罪了他们。大都是你们的产品令他们不满意，并不是针对你。

◇坚持原则。利益原则的顺序应该是：让公司赚钱，不赚不赔，少赔为赚。

总之，不管你是售前客服还是售后客服，都要学会处理这些基本问题的方法和技巧。售前最好是管好自己接待过的客户，不要轻易推给售后，实在解决不了的问题，跟客户商量和交代后再转给售后。

进入服务型经济时代，售前、售中、售后的服务水平对一个企业和店铺的经营起着至关重要的作用，同时，一个企业的服务水准代表着企业文化的优劣和企业品位。你的服务有多好，你的路就有多长！

女装是淘宝上竞争最激烈的类目，客服在网店运营中的作用毋庸置疑。作为一名好的客服，必须掌握一定的话术和销售技巧，才能让买家更快、更放心地下单。在这里就给大家分享几点淘宝女装的客服话术与销售技巧。

第一，售中阶段。

如果是发货问题，可以说："亲，本店承诺48小时内发货，一般情况上午拍的能当天发货，下午的话可能要到第二天才能给您发货，您看可以吗？"

如果是快递问题，可以说："亲，小店默认快递公司是申通，给您发申通可以吗？"

如果是想推广其他商品，可以说："亲，您看是这个地址吧？客户联系信息没错吧？""亲，您看小店还有许多漂亮的宝贝，还有亲中意的吗？"

如果是想促成付款，可以说："亲，您现在付款后发货部的同事就可以给您打包，尽快帮您发货了。"

如果是想让客户收藏本店，可以说："亲，您可以收藏小店，方便亲在小店上新的时候能来选下中意的宝贝哦！"

如果是想让客户分享商品，可以说："亲，收到宝贝后觉得好的话记得帮小店分享哦！"

如果是想提醒注册会员，可以说："亲，当您收到宝贝的时候，可以按照里面的换货卡注册成为本店的会员，享受小店最新的优惠活动。"

第二，售后阶段。

在客户关系维护方面，对待会员和非会员客户要有所区别。

如果是对会员，可以说："亲爱的会员，为了回馈新老客户，本店特别举行了优惠活动，针对会员还有更大惊喜、更多优惠，超多让利，赶快进店看看吧！"

对非会员："亲爱的客户，本店为了回馈老客户，特别举行了优惠活动，同时有小礼品赠送。更多优惠、更大的让利，赶快进店看看吧！"

在发送短信信息时，也要有会员和非会员的分别。

比如会员信息可以发："亲爱的会员，为了回馈老客户，小店特别举行了优惠活动，会员还有更多让利，赶快登录小店行使您的会员特权吧！"

比如会员生日可以发："亲爱的会员，小店所有工作人员祝您生日快乐！在这个特别的日子，本店特别为您准备了包邮、让利等优惠活动，快来为自己挑选生日礼物吧！"

比如会员及近6个月客户生日短信可以发："生日快乐！小店在这个特别日子举行了优惠让利活动，赶快登录一起来狂欢吧！"

比如高端会员生日可以发："请问是某某先生吗？您好，我是淘宝网见喜服饰的客户经理，今天是您的生日，我代表见喜服饰的全体工作人员祝您生日快乐……（祝福的话）。因为您是见喜服饰的特别会员，所以您在3天之内到见喜购物都可以享受包邮、大幅度让利等优惠活动。"

第三，退换货问题。

客服先询问是什么原因需要退货，是商品质量问题（如果遇到客户要求退货退款的情况需要和客户进行电话沟通）、尺码大小问题还是其他原因退换货。

如果是色差问题，可以说："亲，是这样的，本店内所有商品都是实物拍摄，在拍摄完成后，已尽可能确保颜色逼真，最接近实物。但影响色差的因素包括显示器、周围环境和光线的变化等，这个是网络购物目前无法避免的问题，所以关于色差问题本店是不能退换货的。"

如果是自己穿着不好看，可以说："亲，是这样的，本店的每个宝贝都有宝贝详细介绍，详细描述了尺寸、号码、材质等，还提供了模特身材尺寸以供参考，因为每个人的身高体重等方面有差异，无法保证每个人都能穿出模特的效果，所以对于这个问题本店是不支持退货的。"

如果是其他问题，可以说："亲，对于您的这个问题，在小店的声明里面已经写明了。"

淘宝女装网店客服除了具备一定的专业知识、周边知识、行业知识以外，还要具备一些工作方面的技巧，具体如下。

第一，促成交易的技巧。

1.利用"怕买不到"的心理。

人们常对越是得不到、买不到的东西，越想得到它。你可利用这种"怕买不到"的心理来促成订单。当对方已经有比较明显的购买意向，但还在最后犹豫的时候。可以用以下说法来促成交易："这款是我们最畅销的了，经常脱销，现在这批又只剩两个了，估计不要一两天又会没了，喜欢的话别错过了哦！"或者说"今天是优惠价的截止日，请把握良机，明天你就享受不到这种折扣价了。"

2.利用顾客希望快点拿到商品的心理。

大多数顾客希望在付款后你越快寄出商品越好。所以在顾客已有购买意向，但还在最后犹豫的时候，可以说："如果真的喜欢的话就赶紧拍下吧，快递公司的人再过10分钟就要来了，如果现在支付成功的话，马上就能为您寄出了。"这一招对于可以用网银转账或在线支付的顾客尤为有效。

3.当顾客一再发出购买信号，却又犹豫不决，拿不定主意时，可采用"二选一"的技巧来促成交易。

譬如，你可以对顾客说："请问您需要第14款还是第6款？"或是说："请问要平邮给您还是快递给您？"这种"二选其一"的问话技巧，只要准顾客选中一个，其实就是你帮他拿主意，下决心购买了。

4.帮助准顾客挑选，促成交易。

许多准顾客即使有意购买，也不喜欢迅速签下订单，他们总要东挑西拣，在产品颜色、规格、式样上不停地打转。这时候你就要改变策略，暂时不谈订单的问题，转而热情地帮对方挑选颜色、规格、式样等，一旦上述问题解决，订单也就落实了。

5.巧妙反问，促成订单。

当顾客问到某种产品，不巧正好没有时，就得运用反问来促成订单。举例来说，顾客问："这款有金色的吗？"这时，你不可回答没有，而应该反问道："不好意思，金色的我们没有进货，不过我们有黑色、紫色、蓝色的，在这几种颜色里，您比较喜欢哪一种呢？"

6.积极推荐，促成交易。

当顾客拿不定主意，需要你推荐的时候，你可以尽可能多地推荐符合其要求的款式，在每个链接后附上推荐的理由。而不要找到一个推荐一个。"这款是刚到的新款，目前市面上还很少见""这款是我们最受欢迎的款式之一""这款是我们最畅销的了，经常脱销"等，以此来尽量促成交易。

第二，时间控制的技巧。

除了回答顾客关于交易上的问题外，可以适当聊天，这样可以促进双方的关系。但自己要控制好聊天的时间和尺度，毕竟你的工作不是闲聊。聊到一定时间后可以以"不好意思，我有点事要走开一会儿"为由结束交谈。

第三，说服客户的技巧。

1.调节气氛，以退为进。

在说服时，你首先应该想方设法调节谈话的气氛。如果你和颜悦色地用提问的方式代替命令口气，并给人以维护自尊和荣誉的机会，气氛就是友好而和谐的，说服也就容易成功；反之，在说服时不尊重他人，摆出一副盛气凌人的架势，那么说服多半是要失败的。毕竟人都是有自尊心的，就连三岁孩童也有他们的自尊心，谁都不希望自己被他人不费力地说服而受其支配。

2.争取同情，以弱克强。

渴望同情是人的天性，如果你想说服比较强大的对手时，不妨采用这种争取同情的技巧，从而以弱克强，达到目的。

3.消除防范，以情感化。

一般来说,在你和要说服的对象较量时,彼此都会产生一种防范心理,尤其是在危急关头。这时候,要想使说服成功,你就要注意消除对方的防范心理。如何消除防范心理呢?从潜意识来说,防范心理的产生是一种自卫,也就是当人们把对方当作假想敌时产生的一种自卫心理,那么消除防范心理的最有效方法就是反复给予暗示,表示自己是朋友而不是敌人。这种暗示可以采用种种方法来进行:嘘寒问暖、给予关心、表示愿给帮助等。

4.投其所好,以心换心。

站在他人的立场上分析问题,能给他人一种为他着想的感觉,这种投其所好的技巧常常具有极强的说服力。要做到这一点,"知己知彼"十分重要,唯先知彼,而后方能从对方立场上考虑问题。

5.寻求一致,以短补长。

习惯于顽固拒绝他人说服的人,经常都处于"不"的心理状态,所以自然而然地会呈现僵硬的表情和姿势。对付这种人,如果一开始就提出问题,绝不能打破他"不"的心理。所以,你得努力寻找与对方一致的地方,先让对方赞同你远离主题的意见,从而使之对你的话感兴趣,而后再想方设法将你的建议引入话题,求得对方的同意。

服装销售咨询小贴士

客服是在服装店铺最前线作战的,是整个服装店铺的窗口单位。客服的服务、话术、态度、销售技巧、询单转化,每一步都关系到店铺的声誉和发展。

所以,客服必须经过严格的培训考核才能上岗。一个客服如果刚从别的店铺辞职就马上到一家新店铺来做,也需要重新进行必要的培训,以使他们适应新岗位的要求。

迎新除旧，昂首向前

新时代的新玩法

服装行业随着电商在我国的快速崛起，与新模式、新技术、新互联网风潮紧密结合，俨然已成为传统行业向互联网转型的先驱。

第一，卖货也要追IP。

2016年的天猫"双11"晚会上，"女神"林志玲将自己穿的风衣送给网友，并且神奇地直接扔到手机里，这一环节采用了AR技术，每个用户点击抢衣服的动作和精确时间都会被服务器记录，最后放在奖池统一摇奖。

无论是传统服装品牌还是脱胎于互联网的"淘品牌"，"双11"已经成为每年不容错过的饕餮盛宴。2016年的"双11"，汇美集团旗下的茵曼、生活在左、初语三个品牌与迪士尼IP跨界，借助《白雪公主》和《美女与野兽》的故事打造了系列公主服饰；马克华菲全面升级全渠道战略，并且推出了一系列娱乐化的营销玩法；天猫"双11"还引入了多个国际品牌，国际知名奢侈品大牌Burberry也参与其中。

第二，服装电商进入成熟期。

服装电商作为电商第一大细分品类，近年来发展呈上升趋势且发展速度平稳，早已进入"成熟期"。伴随着服装行业环境的进一步完善，企业围绕品牌发展和效益提升开展电子商务的能力和意识进一步加强。

网络零售市场品牌化趋势明显，网民的网络购物偏好愈加成熟。消费升级和社会转型在推动零售商业模式转型的同时，将为服装家纺带来诸多消费盲点和新的商业机会，而在转型的过程中，服装电商也呈现出几大特征。

第一是B2B服装电子商务已经占据主要地位，并且从PC端向移动端转移。纺织服装中有多个B2B交易结合点，供应链金融在其中发挥作用，如报喜鸟推出企业级多款质押贷款理财产品，另外随着跨境电商在中国的快速崛起，跨境服装电商或将成为纺织服装B2B领域的一片"蓝海"。

第二是性价比成为消费者选择服装产品的重要标准。2008年的韩都衣舍成长速度很快，初创时年销售额300万元，团队40人，到2014年分别增至15亿元、员工2600人，2014年和2015年韩都衣舍营业收入分别为8.31亿元和12.60亿元。汇美集团2013年营收5.9亿元，2014年营收9.5亿元，2015年营收11.4亿元，近三年的营业收入出现一定程度的增长。这些都为淘品牌的迅猛扩张提供了例证。

服装存在非常明显的季末特征，每年的第一、第四季度为销售旺季，第二、第三季度为淡季，服装电商也是如此。每年"双11"对服装的线上销售推动作用十分明显。此外，服装行业的移动端销售额正迅猛增长，2015年以来，移动端成交额已占到总体行业销售额一半以上。

同时，以口袋微店、微盟萌店及微卖为代表的移动社交电商平台异军突起。移动社交电商平台较受资本青睐，对互联网理解深刻，产品系统完备且互联网营销经验丰富，分销渠道保证零库存的同时，有效集聚流量并促进转化购买，引领着行业的发展方向。

第三,库存积压难根除。

作为线上发展最成熟的业务,服装电商也正面临改变的冲击,快速发展下服装电商也暴露了一些问题。

首先,品类扩展是每一家电商网站都会遇到的问题,并且品类扩展不是简单的事情,甚至关系到电商平台的生死存亡。凡客诚品曾经不断拓展产品类别,险些把自己推向了"深渊",此后不得不缩减品类,直到2016年4月,凡客十几亿元的债务和近20亿元的库存问题才得到解决。盲目地扩展品类,不仅会让老客户无所适从,新来的访客也无法找到所需要的产品。

此外,近两年,全球经济持续低迷,服装业出口下滑明显、国内消费市场冷淡,导致终端销售不畅,服装业库存积压不断上扬。在此背景下,服装企业纷纷寻找出路:打折促销、加大电子商务渠道投放、转投二三线城市等,商业手段花样繁多。但要从根本上解决服装业的库存问题,还是要从库存产生的根源——供应链着手,最大限度地"预防"库存产生。

实际上,服装业的库存的问题不仅仅局限在库存本身,很大程度上是供应链运作不畅造成的。

新零售升级,看服装电商如何变通

"新零售"概念自出现以来,有关"新零售"时代的到来,以及它将带给服装行业哪些转变的讨论,一直没有停止过。

到了2018年,行业整体智慧化、个性化和定制化的趋势日益明显,而围绕"新零售"市场变化,产业格局的转变也渐露端倪。

第一,"智慧门店"创造需求。

2018年4月,艾瑞咨询和蓝莓会、CTR市场研究中心联合发布《2018新消费崛起趋势白皮书》(以下简称"白皮书")对新消费做了全面解读。白皮书指出，未来五年无人零售商店将会迎来发展红利期，2020年预计增长率可达281.3%，至2022年市场交易额将超1.8万亿元。

白皮书还指出，新消费的三大驱动力是"收入驱动，中产崛起""观念驱动，个体崛起"和"技术驱动，场景崛起"。随着消费者的基本需求得到满足以及市场的蓬勃发展，导致商品和服务琳琅满目，知名度高的大品牌已经不足以成为产品销量的保证，由此促进更多小众品牌在市场亮相以及细分领域的成熟。

从精准营销做起，以产品的新意创意留住顾客，再附以"互联网商业模式＋运营落地"，才能令服装行业这门"传统生意"，实现真正的转型升级。

第二，线上线下一体化加速。

新零售背景下的行业场景有很多，演化而出的消费场景也是千变万化。比如生鲜领域的佼佼者盒马鲜生，就是借助大数据、城市物流等技术与支持，对线下超市完全重构的新零售业态。

而在服装行业领域，"智慧门店"被认为是新零售场景的范本。如今，有关服饰品牌的"智慧门店"，并没有一个固定的定义，因为它本身就是一个在不断变化的概念。

从外部来看，不管是电商开设的线下店、App扫码下单还是用AR技术在镜子上试装，都可以算是"智慧门店"的配置。但实际上，在服饰品牌管理运营的部分，许多消费者看不到的部分均打通了门店和线上渠道之间的数据，转化线上客流与线下客流才是"智慧门店"发力之所在。被杭州湖滨银泰百货率先纳入"智慧门店"试验的腕表品牌卡西欧就曾估算过，在尝试"智慧运营"半年的时间后，有近10%的消费者在离店之后于网店下单。而这一变化，正显示出"智慧门店"对消费资源重新调配的效果。

06 网店运营，服装电商门道多

太平鸟集团电商事业部总经理翁江宏在总结品牌"智慧优化"经验时指出，电商大数据在合理调整电商新品、特供款比例、带动老产品销售、优化库存结构方面功不可没。据他介绍，太平鸟目前在原先O2O项目基础上扩大了品牌线下门店与线上零售的互动，通过商品、支付等维度通路的构建，支持门店扫码购、门店自提等新业务。其信息中心也在不断完善"云仓"系统，覆盖全国23个省的全部自营门店及部分加盟店。

不断地用C2B，用互联网的数据去了解消费者，了解他们的着装诉求，对大数据的调研和利用必不可少。

第三，消费习惯转变需时间。

不管服饰产品的转型升级背后逻辑多么复杂，传导到消费者一方，体验到底是好是坏，感觉总是最直接的。

2017年下半年，快时尚品牌优衣库就推出了一个名为"智能买手"的电子屏。这可不是一块简单的广告屏，当你走近"智能买手"五米范围内，它便会与你打招呼，滑动屏幕，你能浏览到店内新品、穿搭建议和优惠信息，甚至有简单的互动游戏。

"智能买手"的推广可能会有一定的难度，因为现在技术和顾客的需求变化都太快了。而在这一大背景下，内部人才的培养和外部供应商的选择才是最重要的。

想要给顾客创造更好的个性化消费体验，需要机器数据和人工思考相结合、共同协作，人的价值会赋予人工智能更大的价值。从这个角度讲，零售人员永远不会失业。

无论是互联网巨头还是服装品牌，想要令消费者改变原有的消费习惯，仍需时间。新零售推进了消费体系发生转变，但大多数业内人士都认为，最终仍需消费者认同埋单，否则一切都将只是噱头。

如今在消费升级的大背景下，更大的市场是个性化的市场，消费将从标准化需求到个性化需求升级。而最适合做个性化的就是服装产业,它介乎个性化和标准化之间,并且服装消费过程中的服务和体验是非常重要的。

所以,服装行业将是未来线上线下结合的新风口,但新服装行业的转型绝不是多几个款式和品类的产品层面转型,这是治标不治本的转型,从美邦、李宁等服装巨头转型之路困难重重即可见一斑。新服装行业的转型,转的是经营思路、商业模式,是零售形式的彻底大变革。

模式一:B2B模式(衣联网)

1.概述。

衣联网依托开展直批(服装厂直接向服装店供货)业务的实体商家,规模堪称全国之最,其数量已远远超过广州白马等实体服装市场。衣联网上的实体批发商主要来自广州十三行、沙河、白马、虎门等服装批发基地。

2.模式。

第一,由于衣联网上下游两端的用户都是商业用户,下游用户追求的是低成本,与个人用户追求体验有所不同,这样一来,衣联网的用户就不会像淘宝上的个人用户那样在乎卖家态度、发货速度等细节,这本身就解决了衣联网在提高用户体验上的成本问题。

第二,衣联网根据开发服装行业独有的网络防抄版系统和区域保护系统,解决服装企业对于服装款式遭遇抄袭、模仿的后顾之忧。

第三,价值创新。将传统B2B只解决信息流的落后模式,拓展至"资金流+信息流+物流"的融合。抛弃传统B2B粗放服务手法,以"一站式解决方案",构建包括用户培训、代客装修、订单催收等在内的"保姆式"服务体系,解决服装市场"多数用户不懂电商"的难题。

模式二:B2C模式(韩都衣舍)

1.概述。

2001年,韩都衣舍只是一个在淘宝上做韩国服装的代购网店。从名字便知，韩都衣舍更像是一个渠道商。它从2008年开始自建品牌，2008年到2014年间，韩都衣舍的销售额成长了500多倍，已经从年入300万元的小企业转变为年入16亿元的电商黑马。

2. 模式。

韩都衣舍最出名的当属以小组制为核心的管理模式，即稻盛和夫讲的"阿米巴"。在韩都衣舍有200个产品小组，每个小组由三人组成，包括一个设计师（选款师）、一个页面制作员、一个订单维护员。韩都衣舍的每一款单品，从设计到拍摄再到销售，都是由一个小组来完成的。

整个公司的核心是产品小组，而市场、企划、设计、客服、行政、财务等部门全是小组的支持部门。在每个产品小组里，责、权、利完全统一，也高度自主。每个小组对于产品的款式、定价、产量全由自己决定，但同时小组的KPI（关键绩效指标）与销售额、毛利率、库存周转率相关。也就是说，小组业绩越好，组员的收入越高。

因此，小组的组长必须以老板的思维方式去看数据，从而制定产品策略，重视毛利和库存指标。

模式三：C2M模式（红领集团）

C2M指的是消费者在终端提出需求，省略所有中间渠道，直接对接工厂，由工厂来满足消费者的个性化需求。

1. 概述。

红领集团有限公司成立于1995年，创立初期主要生产并销售高端男士西服，后转型为集生产、销售、配送及售后服务于一体的男士西服"个性化定制平台"。

2. 模式。

运用互联网思维创新经营理念，以信息化与工业化深度融合为基础，充分运用信息技术，以大数据为依托，以满足全球消费者个性化需求为目标，进行个性化产品的工业化流水线生产，创新电子商务零售"C2M+O2O"模式，建立起订单提交、设计打样、生产制造、物流交付一体化的酷特互联网平台，有效实现了消费者与制造商的直接交互，消除了中间环节导致的信息不对称和种种代理成本，彻底颠覆了现有的商业规则和生产模式，创造了全新的商业理念，实现了实体经济与虚拟经济的有机结合，初步探索出了传统制造业转型升级的新路径。

模式四：O2O模式（优衣库）

1. 概述。

优衣库以门店自助式购物体验和贴心服务著称，传统的、全部自营的线下门店一直是优衣库的核心渠道。在优衣库看来，O2O的主要作用是为线下门店服务，帮助线下门店提高销量，并做到推广效果可查、每笔交易订单可追踪。

2. 模式。

2013年4月，优衣库实现了"门店+官网+天猫旗舰店+手机App"的多渠道布局。在这种多渠道布局下，消费者可以获得更好的购物体验。当用户安装了优衣库的App后，可以随时浏览上架新款，查找优惠券和打折信息，也可以直接购买，再等待送货上门。App中所提供的优惠券可以在门店使用，可以告诉消费者最近的门店在哪里，到了门店用手机扫码付款，从而为消费者节省了时间。

优衣库已经完全实现了线上线下的双向融合。首先，App上所展示的优惠券、二维码都是专门为门店设计的，只能在实体店内才能扫描使用，实现了从App直接能引流到门店；其次，优衣库店内商品和优惠券的二维码又是为自有App设计的，只能用优衣库的App才能扫描识别，从而将线下门店里的消费人群吸引到线上，提高了App的下载量和使用率；另外，App还会不断将产品和优惠信息推送给个人，这些优衣库App的使用者又会成为门店更忠实的消费者，从而形成良性循环。

模式五：私人定制模式（绫致时装）

1. 概述。

绫致在中国主要经营ONLY、VERO MODA、JACK & JONES和SELECTED

四个品牌，是典型的导购驱动型公司，导购与消费者之间的亲密互动是促成门店销量的关键因素。绫致的目标客户群都非常看重在门店的现场购物体验，销售过程主要依靠在门店里进行一对一的导购推荐和试穿服务来完成。

2.模式。

2013年6月起，绫致通过与腾讯微生活的战略合作来实现私人定制的O2O战略。绫致利用微信的"公众账号+微购物平台"做入口，实现营销、新品宣传、门店位置查询、手机购物等功能。绫致还专门为门店导购开发了装在平板电脑上的App，让门店内的每个导购都同时成为顾客的私人导购。

借助O2O工具，绫致的导购可以定期向顾客进行一对一的精准化服装推荐。当顾客看中某件衣服后，可以在线上与自己的私人导购预约然后到线下门店试穿，而导购会提前准备好商品和试衣间，减少顾客到店选择的时间成本。

模式六：生活体验店模式（美特斯邦威）

1.概述。

美邦服饰在O2O方面有较多尝试。先是与微信合作发展微信会员，与支付宝合作开启门店手机付款，与微淘合作吸引粉丝。后来美邦又提出了"生活体验店+美邦自有App"的O2O模式，并在中国陆续推出了十多家生活体验店，期望通过这些体验店提供的舒适环境和服务将消费者留在店内并转化成自己的线上用户。

2.模式。

美邦为了提升用户体验，在很多细节上花了心思，比如刚一进店位置，就是引人注意的万花筒电子屏，这个装置带来的科技感瞬间提升了店铺的档次，另外可以提升用户购物体验；店铺内零星摆放了一些大小不一的球体装饰，提供给顾客拍照，这一设施有助于增强顾客的互动感。

美邦还安排了"时尚顾问"这一职位。顾客挑选单件衣服后，常常不知道如何搭配，这对于很多女性购物者都是一个头疼的问题，而时尚顾问则可以提供相应的搭配建议。美邦为每位时尚顾问配置了一台平板电脑，可以将搭配方案直接通过平板电脑展示给顾客。

在这种模式下，门店将不再局限于静态的线下体验，也不再是简单的购物场所，而是让顾客心甘情愿地留在门店，并乐于向线上转化。

模式七：粉丝模式（歌莉娅）

1. 概述。

粉丝模式是指品牌商把O2O工具（第三方O2O平台、自有App等）作为自己的粉丝平台，利用一系列推广手段吸引线下用户不断加入进来，通过品牌传播、新品发布和内容维护等社会化手段黏住粉丝，定期推送给粉丝促销信息和新品信息等，吸引粉丝直接通过移动App购买商品。

2. 模式。

歌莉娅在O2O方面选择了与阿里旗下的微淘合作。2013年，歌莉娅在精选出的全国各地近百家门店内摆放了微淘活动物料，吸引到店顾客通过扫门店内的二维码成为歌莉娅的微淘粉丝，再加上店铺营业员的针对性引导和现场扫码指导，短短5天内歌莉娅的粉丝就增长了20万，平均线下单个门店每年新增用户1万~2万个。

借助歌莉娅微淘平台，这些粉丝可以随时接收歌莉娅发布的新品推荐、优惠促销、穿衣搭配建议等信息，点击微淘的推荐链接可以直接进入手机淘宝的歌莉娅天猫旗舰店，促进用户直接下单。

粉丝模式比较适合中小型服装品牌，这种模式成本低、见效快，也比较简单，就是一种通过O2O工具把用户有效沉淀下来、再反过来基于用户数据进行营销推广的方式。在O2O工具方面，目前具有粉丝互动功能的社会化O2O平台有微信（公众账户）和微淘（粉丝账户），对应的腾讯微购物平台和天猫平台都可以帮助用户直接用手机网购。

模式八：跨界多元化模式（朗姿股份）

1. 概述。

朗姿主攻高端女装市场，拥有"朗姿""莱茵""玛丽""吉高特""FF""卓可"等细分品牌。2015年，朗姿实现营业收入11.44亿元，同比减少7.38%。自2011年上市以来，朗姿股份的业绩就步入了下滑期。

2. 模式。

为扭转业绩，朗姿制定了"泛时尚"战略，公司相继投资了移动电商平台明星衣橱，增资母婴美妆个护电商服务公司若羽臣科技，参与设立广发朗姿互联网时尚产业基金、众海加速器科技有限公司以及投资韩国著名面膜公司L&P cosmetic，斥资约600亿韩元收购韩国化妆品集团L&P Cosmetic 10%的股权。

朗姿在巩固中高端女装业务竞争优势的同时，积极拓展母婴、美容、化妆品、医美等"泛时尚"品类业务，构建多领域、全覆盖的立体泛时尚产业生态圈。未来朗姿还可能拓展衣、食、住、型、娱、美、医等多个领域。

模式九：社群经济模式（以纯集团）

1. 概述。

以纯是一个拥有18年发展历史的休闲类传统服饰企业，从2010年底开始，以纯开始试水电子商务。近年来，以纯在天猫和京东两个销售平台都取得了不错的业绩，但是线上线下冲突的问题一直没有得到很好的解决。2013年1月，以纯宣布暂停电商业务，以纯在线商城及天猫旗舰店、京东店铺停止运营，原有以纯品牌退出电商渠道。

2. 模式。

以纯开始谋划推出网络专供品牌。2013年3月21日，以纯的网络专供品牌A21在天猫旗舰店正式上线，主要面向年轻人群，价格略低于线下品牌。核心用户群定位于18~25岁年龄段、追求时尚的学生。这也是借助了以纯原有的粉丝群体而发展出来的一个品牌。

社群经济会是未来的一大趋势。现在碎片化时间越来越多，从大的环境来讲，世界的整个经济形式是在多极化发展，整个社会的变迁也会从大统一的环境延伸出很多拥有不同兴趣爱好、不同年龄层、不同价值观且非常细微的社会组织。通过这些互动倒逼供应链，产品设计甚至可以由粉丝来提供好的创意，提出需求，由品牌去生产和发行，实现供应链的升级。

模式十：网红电商（茵曼）

"网红"的热度带"火"了服装业。网红经济为服装企业带来了新的业务量，同时促进了服装行业在供应链升级、柔性定制等方面的机会。

1. 概述。

现在是社群和粉丝经济的时代，随着"90后""95后"消费群体市场购买力的逐渐增强，消费行为会更趋于小众化、社群化、个性化。要想抓住"90后""95后"的消费者，以网红为首的社群电商绝对是时下最热门的趋势。同时，这些时尚达人、意见领袖的个性化时尚视角，恰恰与茵曼要打造的多维度时尚生态圈相吻合。

2. 模式。

互联网的开放性，让更多缺少社会资源的"素人"有了更多展示的空间和渠道。进入互联网时代，小众品牌有了更多的生存土壤。偶像崇拜从过去的明星、名人，快速扩展到更广阔的人群，过去的"追星族"，直到当下已经发展成更多元的粉丝群体。

在微博电商，网红就代表了一个个十万级、百万级、千万级的精准粉丝流量。流量转化最高的网红，有数据分析，每20次阅读量，就能够转化为一次点击。由此可见，网红其实代表了微博电商背后最核心的基础群，没有这些精准流量，那么微博"大V"的优势也就无法施展。近两年，红人、达人、自媒体、专家等一批网红快速爆发，显示社交化电商已成互联网行业的下一个"风口"。

服装销售咨询小贴士

电商平台会将流量、资源和产品倾斜给更有特点的服装商家,所以服装商家要紧紧把握用户的需求,永远站在时尚潮流的前端,在考虑美观、时尚的同时,注重品质和性价比,重视运用新工具、新媒体、社区化媒体等创新运营方式。

很多服装电商现在已经联合内外部的机构,努力打造营销生态,比如未来会有更多帮助孵化设计师的平台和工具。

07

服装回收，
行业的价值蓝海

旧衣服有其自身的价值，其价值关键是变废为宝，能够实现再次被利用，防止污染环境，减少垃圾掩埋所造成的成本费用。

旧衣服中能有一两成可优先满足人们的再次使用，能满足一些贫困人口的衣着需求，同时使一些绿色环保人士、慈善公益人士和反消费主义者有了消纳旧衣服的新选择。

服装回收市场前景广阔

服装销售的策略层出不穷，一山更比一山高。而服装回收作为一个新兴行业，如果能在制定服装销售战略时妥善考量，一定会成为品牌的一大亮眼卖点。很多消费者担心旧衣服该怎么处理，服装回收如果可以有效解决这一痛点，必将成为服装销售在新时代的撒手锏。

衣服多了也是烦恼

近年来，随着人们生活水平日益提高，衣服的更新速度也逐渐加快，导致废旧衣物日渐增多。某些不法商家借机将废旧衣物再循环利用，然后流入市场，导致乱象丛生，甚至出现废旧衣物回收桶"蒙尘"，质疑声、指责声不绝于耳。专家表示，废旧衣物回收利用的市场前景广阔，但是产业链亟待完善。

第一，旧衣服是闲置的资源。

我国是纺织服装产品消费和出口大国，纺织服装行业年产值有数万亿元，但纺织服装行业也是资源依赖性和环境敏感性很高的产业，对资源的消耗很大。

有调查结果显示，随着生活水平的提高，众多家庭堆积了大量淘汰下来的废旧服装，成为"室内污染物"。46.5%的家庭存放有30件以上的大件废旧服装，其中女性服装大约为男性服装的5倍之多。而每个家庭平均每年要购买10件以上的新衣，近91%的被调查者表示新购置的服装可以穿一年以上，有25%的人表示可以穿三年以上。新旧更替，待处理的废旧服装数量每年都在飞速增长。我国有13亿人口，粗略估计，如果服装的更新周期为3年，以三口之家计，平均每人每年购置4件新衣，假设每件服装的平均价值为50元，那么3年后就会有价值2000多亿元的废旧服装被淘汰。巨大的废旧服装如何处理，成为困扰居民的难题。

有52%的被调查者曾经将旧衣物捐助给灾区和送给亲戚朋友，这两种方式可以延长服装的使用寿命，从一定程度上减缓废旧服装对居家环境造成的压力。但捐献机构往往对衣物的种类和质量有一定的要求，使人们能够捐出去的废旧衣物数量有限；至于送给亲友，居民生活水平在提高，愿意接受废旧服装的亲朋好友也越来越少。

另外，只有近19%的被调查者曾经将废旧服装作为废品卖给回收站，原因是普通的回收机构一般不愿意接受废旧服装。调查表明，还有近55%的被调查者曾将废旧服装作为生活垃圾直接丢弃，使之成为固体废弃物，这样做既浪费资源，又污染环境，但也从侧面反映出废旧服装的处理渠道极不畅通。

当下，快速淘汰的旧衣物成了一种新的消费垃圾。有关研究显示，如果旧衣物被随手抛弃，水质、土壤、空气等都会受到污染。但如果全部回收利用，每年相当于节约原油2400万吨，还能减少8000万吨的二氧化碳排放，同时能进行多方面的资源转化利用。

但令人遗憾的是，虽然市场上目前存在各种形式的旧衣服回收企业，但由于监管和盈利模式不清晰，有少数企业打擦边球，甚至不惜违法，将旧衣服简单处理便再次流入市场，以获得高额利润。

第二，市场潜力巨大。

近年来，废旧衣物如何处理已成为不少人的心病，有的人直接整麻袋地丢掉，甚至在城镇乡村，有的人直接去焚烧，而对从事垃圾清理的单位来说，无非就是直接将旧衣服掩埋处理。但这几种处理模式都会对环境造成污染，扔到河里污染河流，焚烧污染空气，掩埋填坑

07 服装回收，行业的价值蓝海

污染土壤，都不是长久之计。

而现在对于旧衣物的去处，人们可以选择的方向也不是很多。比如，捐给偏远山区或者有需要的人；回收后将其分解成可利用的原材料。正如调查数据所示，这些废旧衣物如果可以妥善回收利用，不但可以减少污染，还能通过各种手段转化为资源，变废为宝。

1. 每吨旧衣回收后可生产 0.99 吨无纺布或 0.99 吨分色棉纱，等于节约了 1.1 吨纺织原料或 0.8 吨棉花，每个城市每年有数万吨的废旧衣物需要处理，如果这些衣物能够变废为宝，那么既可节约资源，又能保护环境。

2. 在新疆、河南这些棉花的主要产地，亩产量也就 200 公斤，去掉皮棉和籽棉，每亩地的净产量约为 80 公斤。1 公斤再生棉，折算下来，等于节省了 8.33 平方米耕地。在自然灾害日益加剧，人均耕地不断减少的今天，再生棉的意义显而易见。1 吨石油可以产出 800 公斤化纤原料，对化纤产品的再利用，就等于延长了油田的使用寿命。

可以说，废旧衣物回收利用的市场前景非常广阔，蕴藏着巨大商机，而且一举两得。既能将旧衣物循环再利用，避免对水质、土壤、空气等造成污染，又能节约资源，创造大量经济和社会价值。

目前，国外很多地区已经将废旧衣物回收利用，作为循环经济的一项重要产业门类，一旦形成良性循环，将释放巨大市场潜能。

当前，旧衣回收模式主要分为三类：一是慈善机构募集，二是环卫系统垃圾分类，三是回收企业依托政府循环经济类项目开展旧衣回收。目前北京、上海、广州、沈阳、温州等多个城市陆续开办了慈善超市，以社区为单位，接收市民旧衣物捐赠，捐赠物经处理后无偿发放给困难群体，或将捐赠物变现，所得钱款再用于救助困难群众。

无论是用作公益还是通过加工再利用，最终都可以使旧衣服变废为宝。但国内由于行业形成时间较短，对于废旧衣物回收的法律法规并不明晰,造成乱象频出。相关部门应建立和完善回收体系、加工体系等以及相关的政策法规与行业标准,从而指导行业健康有序发展。

第三,乱象严重。

近年来,国家对于废旧物品的回收日渐重视,越来越多的企业开始从事废旧物品回收项目。但由于回收门槛较低,造成企业扎堆涌入,不但造成资源浪费,打着公益牌子回收的衣服也并未用于公益项目,甚至出现为争夺地盘而发生恶性竞争、引发暴力冲突的情况。

比如,去年电视台曾曝光,在上海某地出现的回收箱,虽然打着公益的旗号,但回收的衣物并没有真正用于需要的人群,这些本该属于企业并受到相关部门监管的回收箱,被私下卖给了个人。回收箱的主人将收取的旧衣物变卖处理,从而获取高额利润。

旧衣物的流向究竟该由谁来监管?遗憾的是,目前我国法律法规在这方面仍是空白的。根据住建部颁发的《城市生活垃圾分类及其评价标准》规定,在垃圾分类中,旧衣物(织物)与纸类、塑料、金属、玻璃等,同属于适宜回收和资源利用的可回收物。而对于废旧衣物的回收,目前没有一个直接监管的部门,这使得许多问题的解决主要依赖于企业的自我监督和改进。这就给服装回收产业滋生乱象提供了土壤。

面对高额利润,回收企业很难做到心静如水。上海市是我国旧衣物回收起步较早的城市,即便这样,在旧衣物以及旧衣物收集箱如何处理,归谁监管方面,仍旧很难厘清。从性质上说,居民产生的旧衣物属于生活垃圾中的可回收物。而根据2014年开始实施的《上海市促进生活垃圾分类减量管理办法》规定,生活垃圾中可回收物的回收,由商务行政管理部门负责指导和监督管理。

监管的缺失和利益的驱动,导致我国回收旧衣服市场目前来看一片乱象。有的小区可能出现三家甚至更多企业的废旧衣物回收箱,不

07　服装回收，行业的价值蓝海

但造成资源浪费，还造成了小区拥堵，与设立初衷相去甚远。

主管单位不明，监管范围不清，公益项目不公益，这些对民众造成了一定的心理伤害，如果不及时加以整治，可能形成没人愿意捐赠的尴尬局面。

具体如何去做，关键还是要有适合当地回收衣物行业发展的相关条款，当地行业龙头可以尝试建立行业标准并报送相关部门审核，有了条条框框，才能避免乱象发生。

第四，需要完善产业链。

公益仅仅是旧衣回收的其中一个元素。专门从事旧衣回收的企业多是一些专注再生资源回收利用的企业，把能够捐赠的较新衣物拿出来做公益，仅是公司业务衍生出的"附属品"。

中国旧衣服网创始人方晓东在接受媒体采访时曾表示，出于卫生等原因，我国旧衣服成衣销售被禁止，多用于回收分解加工成原料，但也有部分旧衣会出口到非洲等国家。

目前从事这个行业的多数都是散户，大型公司不到20家。一些小公司想去注册却找不到对应的注册类型，只能注册贸易公司；而另一些散户则为了偷税干脆不办执照。另外，海关报关也没有旧衣服这一项目，只能以纺织品类或废旧类报关。少数商家将回收来的旧衣服贴牌或非法翻新等行为，扰乱了正常市场秩序，为行业带来恶名。

相比回收后从事不法经营，行业正常经营利润并不高，随着回收旧衣服原料价格水涨船高，如果对旧衣服质量控制不严格，甚至可能亏本。如果供货方不够诚信，将一些垃圾塞到旧衣服里，这就需要一定的清理成本。

每年产生的旧衣服的去处一直是个问题，需要妥善解决。与其现在任其浪费、污染环境，妥善监管、规范经营才是正途。因为行业特殊，可能会对百姓健康造成较大影响，所以对于不良企业应该采取零容忍,坚决予以取缔,并不准相关责任人日后继续从事相关类目。

如果服装回收行业能形成"资源—产品—消费—再生资源"这样的闭合循环经济模式,必然极大有利于废旧衣服产业链的良性发展。但现状令人担忧,产业链亟待完善。

服装回收行业特点

全球经济下行压力下,服装回收让很多想创业的人都不敢涉足。某种程度上看,和旧衣服相关的产业是一片蓝海。之所以这么说,因为它具有以下的几个特征。

新行业低竞争。旧衣服行业国内做得最早的是从 1998 年开始的,大部分的企业都是在 2000 年之后开办的,市场上没有太大的竞争对手。

市场庞大。衣食住行,人之常情,随着生活水平的提高,二手衣服的量不断加大,人口基数庞大的中国,其蕴藏的市场潜力巨大。

环境主题带动。众所周知,低碳生活、保护环境是一个老生常谈的话题。随着环境压力增大和大众环保意识的增强,绿色地处理生活淘汰品是必经之路。我们有理由相信,绿色处理二手衣服绝对不是焚烧或者填埋,而是深加工、循环再利用。

产业拓展性强。也就是说二手衣服回收产业还有很多发展的空间,可以衍生出很多相关业务,比如深加工机械产业的发展,加工成品的多样化发展。

2013 年 8 月 8 日,"H&M 旧衣回收计划"在全国所有门店启动。该行动将覆盖全国 45 个城市近 140 家 H&M 门店,H&M 接受任何类型、任何品牌和任何成色的衣物。顾客每提交一袋衣物便可以获得一张八五折优惠券。回收的衣物将由 H&M 的合作伙伴 I:Collect 公司进行处理。

H&M 是第一家启动全球性旧衣回收计划的时装公司,该项目于 2013 年 2 月在全球共计 49 个国家和地区正式推出。2013 年 3 月,

07 服装回收，行业的价值蓝海

H&M中国率先于上海的两家门店（淮海路店和正大广场店）试运行"H&M旧衣回收计划"，并于8月8日起在全国所有门店正式启动该项目。

H&M大中华区、新加坡及马来西亚总经理Magnus Olsson表示："我们可持续发展的动力来自我们对社会和环境的承诺。自2013年3月在上海试运行'旧衣回收计划'以来，受到了消费者的极大关注和支持，这让我们对这一环保行动充满了信心。非常高兴看到这一公益活动在中国所有的门店启动，通过这一行动，H&M的顾客能够为节约自然资源，降低纺织品废弃物对环境的影响尽一份力，携手H&M营造更可持续的时尚未来。"

可持续性发展是H&M业务中的重要组成部分，H&M长期致力于尽最大可能减少浪费，并实现纺织品的循环使用。"H&M旧衣回收计划"的长期目标是开发大规模回收利用纺织纤维的技术解决方案。任何通过本计划所取得的收益都将捐赠给H&M环保自觉行动基金会，以支持针对纺织品循环使用的创新工作。

服装销售咨询小贴士

国内二手衣服回收行业不温不火，稳步发展，还没有形成规模效应。

回收行业是传统生意，只要会算数，都会做这个买卖。在人员素质要求方面不高。而按照传统的思维方式来做传统买卖回收生意并不合理，因为旧衣回收不同于垃圾回收，需要创新思维才能在短期内产生最大的利润，发挥其在服装销售中的撬棍作用。

润物细无声的服装回收

服装回收并不是一个多么高明的经营策略,却能一举多得,是能收买人心的撒手锏。

服装回收好处多

在我们的生活中,处理旧衣服真的是一个非常头疼的事。送给别人吧,别人不一定会要,而且不一定合适,扔了吧,实在可惜,因为还没有残破,只是旧了,因此服装回收解决了生活的一大难题。不得不说在收买人心的同时,这也是一个润物细无声的销售策略。

马云说:"线上的企业必须走到线下去,线下的企业也必须走到线上来,线上线下加上现代物流,才能实现真正的新零售。"

亚马逊说:"Amazon Go"无须排队结账、无须营业员,这才是未来新零售门店该有的样子……

VMC说:"新零售=传统零售业务+新技术+新金融",VMC Anywhere的"新零售"系统是最适合商品流通行业的新零售!

所谓服装新零售,就是打通线上线下,整体管理的全渠道零售系统。新科技、新模式的加入,足以柔性地使整个服装回收系统更加人性化。

服装回收的操作要点

第一,体验。消费者可以上门递交旧衣服,换取代金券或其他的

07　服装回收，行业的价值蓝海

优惠福利。也是一个进店体验过程，他们可能发现自己的衣服确实有点老旧，如果导购及时加以引导，就能促成新的消费行为。即便顾客不消费，体验也是服装新零售的目标之一，对提升品牌形象也会有所帮助。

"H&M旧衣回收计划"可能使H&M服装价格降低。H&M全球可持续发展负责人Anna Gedda表示，公司的愿景是借助集团的规模，引领时装行业朝封闭循环和可再生的方向发展，同时力求做到公平和平等。此外，Anna Gedda还表示，虽然短期内可持续技术会令成本增加，但增加的成本不会体现在消费者身上，未来随着可持续技术的大规模运用，回收的衣服可以大量重复使用，品牌的服装或许会更加便宜。

第二，宣传。你知道现在服装回收的服装企业有多少吗？可以肯定，并不多。所以，这就是一个可宣传的噱头。大家知道了服装回收，就会口口相传，服装品牌自己经营旧衣回收业务，有利于大众深入了解服装品牌甚至爱上这个品牌。所以，这是一个非常温柔的宣传和销售策略。

第三，品牌价值定位。就像我们从别人嘴里认识某个人一样，当我们听说某服装品牌有服装回收业务以后，会不自觉地对该品牌产生好感。在大众眼里，这个服装品牌的形象一定是亲民和务实的。

资料显示，自2013年在全球门店开展"H&M旧衣回收计划"至今，H&M已经回收了超过6.1万吨纺织品，以实现重新利用和循环使用，减少被填埋的纺织品数量。在中国，该品牌至今已经回收了超过2185吨纺织品。2018年4月19日—29日，H&M Club会员将闲置的服饰或家用纺织品带往中国任一门店，捐赠一袋旧衣物即可获得2张单品八五折优惠券。

第四，资源回收。旧资源被利用是一件人人都高兴的事，对消费者和生产者来说是双赢的，而对服装品牌来说更是有百利而无一害，虽然短期成本会增加，但长期收益不可估量。

我们再来看一下"H&M旧衣回收计划"。高举环保大旗进行市场营销是高明的，虽然H&M一再强调是非盈利的，但是事实上仅从促进店内购买这一项来说，就是不亏钱的生意。H&M此举无异于"变相促销"。

在成本和收益方面，H&M与合作公司I：Collect将在这个规模巨大的项目中"共享成本和收益"，以世界市场价格，以重量计算来支付合作伙伴回收的旧衣物。

尽管I：Collect公司以"目前全球计划刚刚开始"为由，并未透露目前该科技公司的盈利情况，但也一再强调，"旧衣回收利用是一门生意，而生意的目的必然是盈利"。

目前，I：Collect公司正积极寻找中国合作伙伴。中国服装市场庞大，旧衣回收业务仍处于萌芽阶段。据美国环境保护署估计，2009年美国产生1134万吨服装和家用纺织品，到2019年，这个数量将增加到1587万吨。而根据来自中国资源综合利用协会的数据，中国最新的数字是每年2600万吨，远超美国。而且中国每一年都会有大量的纺织品被填埋处理，其中可以重新利用的纺织品和衣物的比例非常高。

研究表明，多达95%的衣物可以被重新利用，根据其状况可以被再穿着、再利用或再回收。旧衣服经过专业化回收利用，会产生巨大的"剩余价值"。据统计，每吨旧衣经回收利用，可生产0.99吨无纺布或0.99吨分色棉纱，等于节约了1.1吨纺织原料或0.8吨棉花。另外，还节约了生产同等无纺布35%的能源，节约生产同等棉纱20%的能源。按现有生产工艺水平，纺1吨棉纱需耗电2248度，这还不包括棉纱生产过程脱脂、染色等几十道生产工序所消耗的能源、化工原料等，还会产生大量污水。而像I：Collect这样的科技公司，就负责将消费用品进行再加工处理，以符合新的使用目的。

此外，对服装业年产值高达1.3万亿元的中国市场而言，频频爆出品牌无法消化库存的新闻，也让衣物回收循环利用成为一条潜力之路。

就在H&M推广旧衣回收计划后，有媒体爆出更多诸如ONLY、七匹狼、MANGO等服装品牌，甚至英国老牌玛莎百货"愿意在中国民间寻

07 服装回收,行业的价值蓝海

找更适合的旧衣回收公司,就地消化"。

这一意愿更多带有成本考量。但现实是国内旧衣回收法规空白,并且有能力真正环保处理旧衣物回收的公司凤毛麟角。据上海首家持有废旧衣物分类、整理、调剂综合利用营业执照的企业——上海缘源实业有限公司方面披露,很多快时尚服装品牌希望复制"H&M+I:Collect"的模式消化库存,该公司目前已承接七匹狼的旧衣回收利用项目。

不过,结合国内现实,缘源公司目前除"无偿捐献给慈善物资管理中心"外,带来商业利润的"再循环利用"仅能依靠工作人员根据面料进行分类,出售给企业进行循环利用加工成毛、棉纺织面料,鞋包类出售给橡胶、塑料、皮革企业,做成再生原料,各种纺织边角料、外包装等加工成纺织原料等,并不真正具备旧物循环利用技术。

服装销售咨询小贴士

抛开那些再生资源、循环经济、利国利民的大义不说,一个心系普通消费者,为消费者解决实际需求的服装品牌,会被大众所铭记和感恩。

长此以往,细水长流,坚持不懈地去处理旧衣服,服装品牌的整体形象会得到很大提升,而服装回收业务也会成为品牌特色之一被更多人所熟知,到那时还愁新产品的销量不佳吗?

回收服装用处多

大到一个国家，小到一个城市，以及具体到一个家庭，如何能够实现衣服的循环再利用，需要深入研究和思考。

旧衣服回收的价值

旧衣服有很多工业价值，如夏装、绒服、毛料等可以被利用。夏装通过商业途径出口到非洲，满足非洲贫困国家的需要，绒服、毛料则被作为工业品的原材料。其他材料，有些被打碎，加工制作成为塑料大棚的保温材料，也可以制作路基布；有的还被制成工业上的包装衬布，满足了工业上的需要。夏装走商业渠道，而不是通过直接捐献到非洲，这是世界上的普遍做法，欧美国家的旧衣服都是通过商业的途径到非洲的。旧衣服处置有先后顺序，渠道多元化。旧衣服的价值体现到再次利用，能够满足多种渠道的需要。

旧衣服除了回收再利用，还能满足慈善需要，有一定的慈善功能，帮扶社会困难群体，同时衣服通过处理变卖可以为慈善组织筹资，资金用于慈善组织的社会发展事业。

一些国家旧衣服回收的经验借鉴

以欧洲的情况来讲，旧衣服的回收普遍是在垃圾分类的基础上，旧衣服作为一种垃圾资源被非营利组织用于筹资。以奥地利为例，有不同的非营利组织在街头设立回收箱收集旧衣服，仅在维也纳就设有 800 多个旧衣服回收箱。这些组织有自己的加工中心处理衣服，也有慈善商店可以向城市贫困阶层提供衣服，还有部分衣服被出口到非洲，余下的多被作为工业原料，也有些衣服不能被工业再使用，则成了维也纳垃圾发热发电厂的燃料。

有些服装企业在自己的品牌店回收，比如日本的优衣库，通过在自己所设立的商店回收优衣库自己品牌的衣服。其发起的"全部商品循环再利用活动"，除在店铺回收外，还在学校时装表演会场、商场等场所回收本品牌服装，优衣库积极利用自己网络扩大回收渠道，开展的目的起初是让消费者彻底利用衣服、拒绝浪费，作为能源化燃料再利用，后来与联合国难民署合作，通过难民营实行捐赠，优衣库把活动目的从再利用调整为再使用。

法国巴黎除了在市区里设置旧衣服回收箱，还通过下属各区以旧物回收节的方式进行旧衣服交易，实现包括旧衣服在内的家庭旧物流通。"旧物回收节"的活动场地选择在菜市场、广场或街道，举办旧物节的前一天政府部门会贴出专门的告示，实行交通管制，清空场地，人们就可以把自己家里的物品拿出来交易。交易的物品不仅有衣服，还有家具等，整条街道俨然成了集市，当然也有商贩会利用这个节日销售些新的物品。巴黎下属各区一年内会选择不同的日子举办"旧物回收节"，随着近两年经济不景气，"旧物回收节"的次数也增加了。

中国旧衣服回收的途径

中国由于很多地方没有对垃圾详细分类，旧衣服就掺入垃圾中被埋入地下，如今有些城市逐渐设置回收箱，比如北京、上海在垃圾分类试点的基础上，通过一些社会组织或商业公司设置一些旧物回收箱，还有江苏的一些城市在实践。

这些地方衣服回收的主体并不明确，有些是打着商业公司的旗号，却承包给个人作坊；有些打着公益组织的名号，背后却与商业公司合作，总之旧衣服流通环节背后有很多暗箱操作，不够公开透明，很不规范。

在旧衣服的收集途径上，旧衣服的收集可以采用设立回收箱的方式，此种回收的主体可以选择慈善组织、市政和商业组织。由于在中国尚未对垃圾处理开展收费，因此衣服回收也是人们的一种无偿捐献。如果让商业组织免费回收，名义上说不通，操作起来也不太可行；如果让慈善组织回收，慈善组织则难以做到专业化。因此就涉及慈善组织和商业公司合作的问题。具体到市政回收，由于居民生活以社区为单位，在居民社区里设立回收箱是最实惠的，而且考虑回收箱的安全，市政在街面上设置回收箱现阶段不太现实。

不过随着国民素质和公民意识的增强，回收箱设置在街道上能够实现几个社区的共享，节省了回收箱的投入成本。目前政府部门正在研究开放式小区建设的街区制，能够打破社区范围，并很好地促进几个社区共享回收箱。通过设立回收箱，旧衣服不再被混入垃圾，使愿意捐献的人能够有捐赠途径。

具体到旧衣服后面的流通，不少地方还没有配套的慈善商店，而是完全被当作工业材料。如今在发达城市，慈善所需旧衣服数量有限，但慈善商店的意义在于为少数贫困人口提供庇护之地，使其能够在城市里找到自己的所需，以极其低廉的价格获得二手衣服。一个城市的温馨之处，关键是有某种特别的关怀，比如慈善商店，就能为该城市增加人情味，使不同人群找到各自的所需。

在旧衣服回收后具体的处理过程中，由于牵涉到运输成本，慈善组织尽量满足当地慈善用衣的需要，通过在当地建立慈善商店来满足当地困难人群的需要，可以把消毒处理过的旧衣服运送到边远困难地区满足贫困人口的衣服需要，涉及的运输费用需要由慈善组织解决。在慈善用衣之外，剩余的衣服可以通过商业组织处理给工厂作工业品原料。

对于这种工业材料的归向，需要在分类的基础上，有不同的流向。有些棉料材料被"黑心棉"工厂收购，成了黑心棉的来源。这就牵涉到政府对流向渠道的监管，须加强流通环节和加工环节的控制。旧物流通的大方向没有错，但具体到流向，还是需要企业的自律和政府的监管。这些棉料本可以被用作其他用途，却被非法作坊制作成"黑心棉"，这就牵涉到对旧物整个监管流程的控制，而不是出于对"黑心棉"的担心，从而否认旧物的回收再利用价值。

旧物最大的价值是变废为宝，能够找到其最大的利用价值，这种价值的实现是在合法的基础上，而不是通过非法加工被利用。

对于旧衣服回收行业的规范，需要协调慈善组织、商业组织和工厂的关系，这就需要政府出面，出台法律文件，以法律规范旧衣服回收行业，在满足慈善用衣，为慈善筹资的基础上，剩余衣服通过规范的商业组织流向正规的工厂。政府对于"黑料"处理问题也需要关注，既要规范商业和工业组织的行为，又可以给"黑料"处理发放补贴，同时需加快垃圾发热发电厂的建设。

提升废旧衣物回收利用能力

据有关专家介绍，大多数废旧纺织品被当作垃圾填埋或焚烧了。这样"简单粗暴"的处理方式，导致环境方面的不良后果：填埋会占用大量土地资源，焚烧会产生环境污染。

废旧纺织品得不到有效回收利用，意味着大量的资源浪费。有句话说，"垃圾是放错了地方的资源"，非常适用于废旧纺织品。据中国纺织工业联合会测算，如果我国废旧纺织品能全部循环利用，相当于每年可节约原油2400万吨。

我国的废旧纺织品回收利用体系，目前仍处于初级阶段，存在回收渠道杂乱、利用效率低下的问题。目前，不少城市都有企业投放了旧衣回收箱，这为市民丢弃旧衣物提供了一个去处，但回收过程的规范化、旧衣物去向的公开化等还需要完善。另一方面，再生行业普遍存在"小、散、乱、污"现象，亟须技术提升。否则，低水平发展的结果是污染严重、资源浪费，这样的"再生"，已不见其保护环境、节约资源的初衷。垃圾分类的主要目的之一，就是实现可回收资源的再利用，建设好回收利用体系，垃圾分类才能发挥更大作用，也会提高人们的积极性。

2018年1月，我国正式施行禁止"洋垃圾"入境的新规定。既要禁入"洋垃圾"，也要把自己产生的垃圾利用好，才能实现环境和发展的双赢。

面对废旧纺织品回收利用率低的现状，有必要明确法律规定，提供政策支持，鼓励正规企业发展，同时加强监管，让废旧衣物的流向透明、清晰。另外还可借鉴国外经验，设立义卖超市、慈善商店等，拓宽多元化再利用渠道。

旧衣回收的尴尬处境

旧衣物回收后的去向始终是一个绕不开且难以全面监管的问题。一些富足家庭捐献出的好衣服或许真有被利用的价值，但一般家庭捐献的衣服，可能是旧、脏、破的占了大部分，恐怕很难有什么回收重穿的意义了。由于分拣、消毒、打包都需要耗费人力和成本，可以预见的是，旧衣服最后能被利用起来的比例是比较低的。

从环保角度看，资源不该是垃圾而应该得到转化。但从实际运营来看，慈善组织往往宁愿收善款去买新衣服，也不会花精力去收旧衣服。因为当前服装产业已经供过于求，廉价衣服很多，其价格比分拣

07　服装回收，行业的价值蓝海

处理旧衣服成本更低。作为受捐助群体，也有其尊严和底线，或许宁愿要一件新衣服也不会要10件旧衣服。那么旧衣服的最终走向，真的是捐赠为好吗？

值得警觉的是，全国各地出现的洋垃圾中就含有大量的国外旧衣服。显然，这种产业链当初可能也是以"环保回收"名义出现，零成本收回来的。这意味着，如果它们一旦被转手卖出去，就可能是以旧充新出售的。因为只有按照新衣服的定价，前置的整理、分拣和运输成本才可能回收。在一些欠发达地区，假冒新衣服挂上"清仓甩卖""尾货"之类的名目，再加上一定的"折扣"，确实很有吸引力。既然能穿，与其捐不如卖，可能就成为企业的逻辑。而按现行的《中华人民共和国产品质量法》的相关规定，废旧服装如果进入流通销售领域，基本属于违法行为。

对旧衣服的"洗白"、加标签、异地异国销售，对某些企业来说并非难事，但这对监管部门出了个不小的难题。因为公众和政府很难监督企业是不是兑现承诺去消毒旧衣服，也难以追踪衣服是拿去捐了还是翻新再卖。因此部分市民宁愿把衣服当垃圾处理，也不送去回收，也是有其理由的，目的就是不想旧衣服被非法利用和骗人。

H&M高效回收旧衣服

H&M从2013年起推出的由再生布料制成产品，以及"旧衣回收"计划，一些人不屑一顾地认为，这些不过是被包装成环保举动的公司营销策略罢了。无论品牌、类型、新旧程度，所有衣物和纺织品都可以送往H&M的回收桶，这对于消费者来说似乎是个不错的交易。

除了手上的这张优惠券，不少参与旧衣回收的消费者也会关心这些衣物的去处。根据官方网站上的项目介绍，H&M在全球开设的旧衣回收项目都是和回收公司I:Collect合作的，这是一家堪称世界上规模最大、技术最先进的纺织品循环处理工厂和工艺控制体系的科技公司。

H&M各门店会定期将回收的衣物汇集到指定的回收点，然后由I:Collect将这些衣物送往最近的回收中心，回收中心会根据破损程度、新旧程度等近400项标准对衣物进行人工分类，将衣物分为重新穿着、重新利用、循环使用以及热能制造等类型。

　　衣物完好可以继续穿着的，经过消毒清洁处理后会在二手市场进行销售，这种比例为40%~60%。在中国，虽然允许回收旧衣物加工成原料，但依然欠缺在旧衣回收领域的相关法规。而在美国、日本、欧洲、非洲等都有成熟的二手衣市场，因此I:Collect的二手衣服也在这些市场进行交易。

　　衣物破损无法穿着的，会制作为其他产品重新利用，比如抹布。比例为5%~10%。不适用于衣物再生产的物料，则会被分解成再生纤维和无纺布等，在工业生产过程中加以利用，制作成为地毯、填充物料、鞋垫等，比例为30%~40%。其余的小部分基本被当作燃料使用。

　　虽然I:Collect回收的衣物中有95%可以通过某种渠道加以利用。不过，这些衣物最终只有0.3%重新回到了服装原材料中。以H&M的"时尚新生"为例，虽然这个系列的产品以"新生"命名，但当中包含的旧衣原料也不超过20%。

　　现在纺织材料的循环利用更准确地应该被称作"降级利用"，因为每个使用环节都会降低材料的质量，原材料的损失几乎是不可逆转的。在回收利用时，通常需要将衣物分解为更基本的原料，品质通常会降低。升级再造则是通过废弃品改造成更高品质的产品，而要实现升级再造，则需要在产品循环技术和新材料开发研究上有更多的投入。H&M似乎想要改变这样的状况。

　　在中国的旧衣回收项目中，在对回收衣物的价值进行综合估价后，I:Collect会支付H&M相应的费用，并承诺每回收到1公斤衣物，就会向联合国儿童基金会捐赠0.02欧元。H&M从旧衣回收项目获得的盈利将全部捐赠到H&M于2007年成立的环保自觉行动基金会（Conscious Foundation），专门用于投资关于纺织品循环再利用的一些创新项目。这些再利用的可持续性产品的原料主要有棉花、麻、羊

07 服装回收，行业的价值蓝海

毛、再生尼龙、聚酯纤维等。H&M 的目标是确保旗下全部产品所采用的棉花，均来自可持续的来源。就像 H&M 多次在可持续报告中提到的，要实现纺织品闭循环，从源头上控制资源消耗。

除了 H&M、优衣库、彪马等品牌都开展过旧衣回收。这些快时尚公司，为何都热衷于回收？

事实上，即使是快时尚公司的巨头，也终将面临生产资源紧俏、成本上涨的麻烦。回收，乃至可持续原料的研发，既是为了改变负面形象，也是为未来获得产品原料而筹谋。

服装销售咨询小贴士

旧衣服有其自身的价值，其价值关键是变废为宝，能够实现再次被利用，防止污染环境，减少垃圾掩埋所造成的成本费用。旧衣服中能有一两成可优先满足人们的再次使用，能满足一些贫困人口的衣着需求，同时使一些绿色环保人士、慈善公益人士和反消费主义者有了消费旧衣服的新选择。

在旧衣服收集和处理环节当中，有诸如优衣库这样的企业担起社会责任，对自己的品牌衣服进行回收；也有如奥地利维也纳市通过社会组织设置旧衣服回收箱和慈善商店；还可以借鉴法国巴黎的旧物回收节模式，通过市场的方式，让市民在城市里直接对接，实现市民之间的旧物和旧衣服的直接交易，减少中间的流通环节，实现旧衣服的最大利用价值。

在具体实践中，其他国家的经验可为我们提供借鉴，但鉴于整个行业需要配套，仅有旧衣服回收箱是不足的，还要使社会组织参与到旧衣服收集和回收后的处理监管中来。

服装回收是时代诉求

  和过去的时代不一样的是，现在很多人都衣食俱足，还有剩余，这是这个时代留给我们的一个问题，也是我们必须面对和需要解决的。如果所有的服装企业都在拼命制造服装，消费者也在不断购置新服装，旧衣服如何处理问题不解决的话，将造成大量的资源浪费和环境污染，而且很多人购买新衣服的欲望也会被抑制，到那时，服装行业将停滞不前。

  因此，服装回收是这个时代赋予服装企业的一项社会责任和商业责任。很高兴看到现在有越来越多的服装企业和第三方公司参与到服装回收事业中来。当大量的旧服装和闲置衣物被消化掉以后，人们的消费欲望会被重新激发出来，服装企业也能获得长足发展的动力。

  有调查数据显示，35%的人处理旧衣物的方式就是选择丢弃。中国每年因此会产生大量服装垃圾，而当前中国的垃圾处理方式主要是焚烧，这不仅消耗了煤炭、电力等能源，焚烧过程本身会产生大量污染物，包括二氧化碳、燃烧后的灰烬等。

  大众虽然知道丢弃旧衣服会对环境造成污染，但其实大部分人不愿因为环保而牺牲掉舒适性，也就是说大众会选择对他们来说最省事的方式来处理多余的旧衣物，所以舒适性将成为服装生产厂商面临的一大挑战。

07 服装回收，行业的价值蓝海

京东"旧衣回收"：一键呼叫快递小哥免费上门

春光渐盛，又到了家中衣物换季的时节，如何处置旧衣服，一直是令不少市民困扰的难题。丢到垃圾桶里？着实可惜。放在衣柜里？太占空间。家里的闲置衣服急需新的去处。

而京东集团正在进行一项探索，通过京东App，可以一键呼叫京东小哥，快递小哥就能免费上门回收闲置旧衣。

在武汉市武昌区某小区，不少居民正围着回收点捐出自己的闲置衣物。

京东公益携手中国儿童少年基金会、湖北长江云新媒体集团和《楚天都市报》联合举行的"旧衣新生——闲置衣物回收计划"公益活动来到武汉市，市民可将闲置衣物送到京东配送站或在京东App上进行线上捐赠，这些闲置衣物将会捐赠给公益组织。

据中国资源综合利用协会的数据显示，中国每年大约有2600万吨旧衣服被扔进垃圾桶，与庞大的存量相比，废旧衣物的再利用率不到1%。这不仅造成了资源浪费，更为环境带来巨大的压力。"我们希望，此次活动能够让大家重视随意丢弃旧衣带来的环境污染，并给武汉市民的旧衣找一个新去处。"京东物流华中区相关负责人介绍道。

据了解，"旧衣回收计划"是由京东公益于2016年发起的公益环保类活动，利用物流全程可追踪的特性，通过京东线上捐赠闲置衣物的市民可以了解从快递小哥收取衣物开始直达公益组织的流程，市民们都可以在"京东账户—我的—我的公益"中查看，全过程公开透明。

优衣库：服适人生，让爱远传

中国是注重传统的国家。服装在家族之间的传承是国人重要的传统之一。长兄的衣物传承给弟弟，长姐的衣物由妹妹继承，这几乎是勤劳质朴的中国大家庭的传统习俗。一件服装之所以被分外爱惜，就在于需要承载传承的意义。一件服装在兄弟姊妹间的流通，传达的是有关家族的爱，以及传统的质朴审美观。

优衣库发起了"全商品回收再穿着"活动，秉承"最大限度发挥服装价值"的理念，既是对于传统的继承，又是对于传承的表达。服装的力量可以传承的不仅仅是舒适，还有情感的温馨。上海自2012年启动优衣库全商品回收再利用活动，总计收到可再穿旧衣达2.4万件，全部捐赠给上海对口援助省云南省内贫困群体。在持续性捐助中，我们发现，这些地方多高寒气候，常年缺少童装及耐寒厚衣。如果顾客的衣橱有此类闲置旧衣，不妨加入优衣库全商品回收计划，最大限度发挥服装价值。再穿着，是美好的传统，足以让爱远传，温暖他乡。

服装行业从传统的一年两度的时尚季，转变为周期仅三个星期的全新商业模式——快时尚。这是行业的一次大变革，也在很大程度上改变了人们消费服装的习惯，但这种新的商业模式可以持续多久呢？

如果快时尚品牌在人口众多的亚洲国家持续扩张，那么每年被消费的服装数量会呈几何级数增长，地球资源会被大量消耗，而且也不会对服装生产链的生态改善有多大贡献。对这些生产巨量服装的快时尚公司而言，生产资源如果变得紧俏，成本就会上涨，他们就无法再以"低价时尚"标榜自己。所以，"旧衣回收"此时就不是简单的公益项目，它很有可能成为快时尚商业模式中极为重要的一环。

服装销售咨询小贴士

很多企业在疯狂地追逐利润，而忘了自我的全面成长和整个服装行业的发展，这种格局如此小的服装企业，是走不远，也走不长，更走不久的。

当整个行业甚至时代的呼声都在关注服装回收，如果哪个企业还在算计自我的那"一亩三分地"，未来的发展道路势必越走越窄。

08

私人定制,
销售的时代呼唤

个性化需求是未来服装消费者的需求，高级私人定制是零售发展的趋势。在这个大众创业、万众创新的时代，一批"互联网＋"的新产品和新模式如雨后春笋，正蓬勃发展。

随着国家"一带一路"战略规划的推进，中国服装行业将更快地与世界接轨，中国企业则要加快打造自己独特的核心竞争力。定制行业未来的竞争将集中在服务客户的能力上，对企业而言，就是在打造供应链与人才团队层面。

私人定制服装销售的前世今生

私人定制服装的魅力

众所周知,私人定制的服装感觉都是比较高大上的,与生俱来充满了社交感和优越感。从其本质来讲,私人定制表现的是穿衣者的风格、流行、等级、身份、场合。而私人定制领域其实一直存在一个不能超越的潜规则,也是主流社会遵守的规范:在什么场合什么人该穿什么衣服。

例如,2002年美国总统布什冬天访问中国时,以及2013年美国总统奥巴马就职典礼上,时任的美国总统穿的西服就叫作柴斯特菲尔德。柴斯特菲尔德是外套里面礼仪级别最高的,是出席最重要活动的顶级礼服。

英国女王伊丽莎白,一套衣服一穿就是30多年。为什么一套衣服能穿这么久呢?因为英国皇室的衣服基本上都是私人定制的。

定制的服装真的有这么神奇吗?答案是肯定的,因为每一件私人定制的服装都是时间打磨的精品,从设计、选料、打板、车缝、整烫到完成,需要倾注大量心血,是个磨人的过程,复杂的制作往往是常人难以想象的。

首先需要一款独一无二的面料,如此才能找到最舒适的肤感;而后是最合适的板型,需要精准测量超过20项以上的人体部位尺寸才能和板型达到最佳的契合状态;最后需要经过数十道制作工艺,如此才能确保拥有完美的立体感。

穿衣打扮要符合自己的内心，让自己的本性自然显现。舒适自在固然最好，但若能达到人衣合一，便是最好的格调，也就是所谓这衣服被你穿出感觉来了！

而拥有一件私人定制服装只需要一个理由，那就是专属喜爱。这是品牌服装所没有的，并不是说品牌服装不好，只是品牌服装都是用固定板型批量生产的，无法完全彰显穿着者的个人气质。

以西装为例，让我们一起来了解一下私人定制的六个环节。

第一，量体。

私人定制的服装至少会测量22个人体的准确尺寸。根据已有的成衣款式，进行款式的选择与试穿，确定中意的款式后，经验丰富的老裁缝就开始进行量体了。定制西装的一个宗旨就是使西装最大限度地合体，所以量体是非常关键的步骤。

在量体过程中，老裁缝会仔细对身体的每个部位进行精准测量，确保定制西装适合顾客的骨架结构，使西装穿在身上时不会有任何褶皱。如果客户有两个肩膀不一样高，或者两条手臂不一样长的问题，老裁缝都会详细记录下来，在将来的裁剪制作过程中，这些都会考虑在内，以使定制西装完美地解决这些问题。

第二，面料选择。

羊毛羊绒等是西装最为常用的面料，一般比较正式的西装都会以毛料作为主要面料，这类面料纤维细腻，手感柔软舒适，光泽度和悬垂度好，制成的成衣高贵优雅。但是随着时代的变迁，服装时尚的更替，棉、麻、丝、绒甚至很多化学纤维和高科技材料逐渐被大量应用到西装的面料上，在增加了衣服的舒适性的同时，给了人们更多选择。

第三，沟通。

与设计师的沟通是定制西装很关键的一个步骤。在与设计师如聊

08 私人定制，销售的时代呼唤

天般的沟通中，设计师会了解到顾客的职业、兴趣爱好、定制西装的主要用途等情况，顾客站立和行走的姿势都是在聊天和测量的过程中通过细心观察获得的，结合量体后的详细数据，设计师会和顾客讨论并确定最终的款式和面料。款式和面料定下来之后，就可以确定西装的一些细节了。不要忽视细节的选择，袖扣、绣字等细节元素往往最能起到点睛的作用，这些细节也是一套西服品质的标志。

第四，设计。

品牌服装的款式都是设计好的，当然有许多品牌服饰的款式都很好看，但并不意味着你就适合穿这些款式；私人定制的服装则会根据你的需求去确定你的款式。

第五，试穿。

经过前期的沟通，裁缝会制作出一件半成品的西装，只有一条袖子，这是整件西装的毛坯，这个时候需要顾客来试穿一下，以便裁缝师傅可以更加精确地调整一些细节。合身是个很主观的相对概念，所以裁缝对于合身的标准一定是顾客觉得舒服、自在，而不是裁缝师傅说合身就是合身。合身的定义，永远是舒适度第一。

第六，成衣。

经过300多道工序处理后，一套完全属于顾客个人的定制西装完成。这一刻，顾客会真正体会到什么叫完美。完美的剪裁、完美的做工、完美的细节，定制西装就如第二层皮肤一样完美合身，最大限度地显露男人的气质与品位。定制西装是会上瘾的，有了第一次的愉快定制经历后，谁都想让自己的衣橱里多几件不同风格的完美西装——属于自己一个人的衣服。

正如上面所说，服装店的衣服都是有一定的板型、款式的，需要顾客的体形去适应它；而私人定制的衣服则是两者之间的完美契合，为顾客量身打造属于自己的衣服。

不仅在英国、意大利，中国也有着悠久的量体裁衣传统，历史上的江南三织造、近代的宁波奉化红帮裁缝等，这些本土的量体裁衣人才为我国本土的高端定制品牌兴起奠定了重要基础，隆庆祥、红都，这些民族高端定制品牌近几年发展形势也非常喜人。

私人定制的魅力所在就是不随波逐流，可以打造属于自己的形象，体现不同的人生！

私人定制出现的时代性

在经历了长时间低迷后，服装业似乎终于找到了突围良方，温州人再次掀起了商业市场上的新浪潮，他们要在服装行业实施"私人定制"，而且是以大数据为依托，以流水线的模式开展，这样的设想，势必开启一个行业新时代。

随着大众消费观念的提升，对品质的追求变得更高，奢侈品消费成为新时期人们消费的一项重要选择。而为了区别品牌，手工制作与私人定制得到发扬，私人定制几乎成为奢侈品的代名词。

今天之所以又会燃起私人定制的热潮，原因在于科技的发展似乎能代替手工制作，而且依托大数据的采集与分析能力，能在技术上实现既满足个人特殊需求，又提高效率，实现消费与生产双赢的局面。更重要的是，似乎还能实现从生产直接到消费的理想低价模式。这怎能不让服装制造企业动心呢？

当今科技、文化飞速发展的时代背景下，"服装定制"产业以其独特而富有内涵的优势条件，在整个国际潮流风范中"玩"得游刃有余。事实上，"服装定制"行业的兴起，不仅是社会大众个性化追求的体现，更是对"私人定制"行业的一种认同与依赖。

《2016-2021年中国纺织服装行业发展分析及投资潜力研究报告》显示，四大因素驱动私人定制服装需求的出现。

08 私人定制，销售的时代呼唤

第一，中产阶级崛起，消费升级势不可当。2020年中国富裕家庭数量有望达到1亿户，将贡献1.5亿美元消费增量，定制服装作为高端消费，必将受到欢迎。

第二，"80后""90后"消费者逐渐崛起，2020年消费占比将达53%，其具有的个性化、时尚化特征，对定制服装需求更为强烈。

第三，消费诉求由追求品牌向追求个性转变，定制服装有望成为下一个个性消费升级的爆点。

第四，中国人肥胖比例提高，对更为合身的定制服装需求增多。

除了以上四点外，国家政策的支持也是对私人定制行业的重大利好。政府鼓励企业开展个性化定制、柔性化生产，培育精益求精的工匠精神，增品种、提品质、创品牌。甚至将"鼓励发展针对个性化需求的定制服务"写进了《十三五规划纲要》。

无论是从时尚潮流的走向看，还是从国家战略的层面看，定制都是满足现代化社会发展需求的一大焦点。

对此，有业内人士评价，服装业的未来将两极分化，一个是向品质和服务更好的高端市场发展，另一个则是价格取胜的低端市场发展。据业内人士介绍，在网购大行其道的同时，不断有设计师推出自己的定制产品，而这也促成了高端定制的高速发展。此外，大品牌在服装业务受互联网冲击的同时，会往高端定制方向转型。

下面，以凡匠为例，从销售的角度进行简单的分析，告诉你这种个性化私人定制到底有多牛。

作为一家以服饰定制为主营业务的O2O企业，北京凡匠定制科技有限公司（以下简称"凡匠"）通过打造C2M线上商城、线下体验店的全新模式，实现用户到工厂的两点直线连接，去除所有中间环节及流通成本，让客户足不出户就能体验着装顾问免费上门量体服务。客户可以先通过线下体验其服务及产品品质，再从线上下单。

这样一来，就能很好地解决客户对产品质量的信任问题，从而让客户成为凡匠的忠实粉丝。

消费者在专业服务人员的指导下享受DIY的乐趣。同时，为了充分匹配国内的强关系市场情况，销售不一定靠实体店，而是由受过专业训练的造型师做线上线下的连接，从而更加精准地满足用户需求。

由于凡匠C2M模式是按需生产，这就可以有效地避免浪费问题，减少库存及流通成本。因此，这一模式将有助于改变中国制造业在整个产品价值链中一直处于底部的低端地位。

私人定制与商业品牌的不同

商业品牌更像是一个合唱团，它会通过对目标客群的年龄、身份、消费能力、着装需求等要素的设定来确定品牌风格，成衣会进行大规模生产，元素也会跟随流行趋势，以此获得更大的商业利益。品牌的性质和客群的设定，决定了商业品牌不会把自己框在一个太小的数据文件空间里面，所以从一定程度上来说，为了满足大众审美的需求，品牌会更趋向于折中，在潮流和需求之间取一个平衡点。

在商业品牌工作的设计师，品牌的风格和调性是在设计时必须放在首位的，就像孙悟空给唐僧画下的一个圈，可以在圈内大做文章，也可以踩线做一点形象款、限量版，但是跳脱太远就不会被接受，同一个圈内类似的设计也会被砍掉。所以，商业品牌的设计师是需要忍耐的，不断地自我否定和被他人否定，不断地把自己的脚放在目标客群的鞋里去了解需求，不断地考虑自己的设计在整个一季的系列里该如何不突兀却又有看点。

而设计师品牌则更像是一个偶像明星，一般都以一位设计师的思想为主导，更注重个性的表达和审美的体现，在表现手法上更为自由、发散和具有辨识度。这需要给品牌本身赋予一个强有力的灵魂，因为它要做的不是跟随趋势，而是创造流行，如果设计师并没有相应的思想根基和审美高度，那么浮于表面的技巧和噱头只能吸引到图个新鲜的路人，无法真正建立起欣赏和追随这个品牌的拥趸。

两大难题困扰行业发展

私人定制的市场前景未来可期，而且服装品牌正积极研究如何利用新兴技术实现私人定制的在线化和规模化。就目前的发展情况来看，想要实现这样的经营模式，主要存在两大难关。

第一，需要多套软件和硬件系统的支撑。"在线定制"从想法到实现，需要经过商城搭建、资源配备、工厂生产、售后服务等多个环节；而在这些环节的实现中，需要软件系统和硬件系统的支撑。

对此，企业需要团队去建设和运营服装定制商城，收集和输出订单数据、定制的数据、量体的数据等；而工厂需要有一套和商城对接的系统，去处理订单、安排生产、仓储运输、物流发货、售后服务等，甚至需要智能吊挂、智能扫描、智能裁床等设备。

因此，企业要实现在线定制的模式，无论是软件系统还是硬件系统，都缺一不可。

第二，商城里获得的数据比在实体店获得的数据误差要大。在获得量体数据和选择款式、面料方面，商城只能由用户自己录入和选择数据；而在实体店，除了顾客自己选择，还会得到专业的建议。毋庸置疑，在实体店得到的数据会更准确。而商城的数据因为存有一定的误差，会导致返工和成本上升。

因此，如何减少误差，是在线定制亟待解决的一大问题。

服装销售咨询小贴士

私人定制看似是借助互联网技术发展,尤其是对大数据的开发利用的一个创举,但背后还面临更多需要重视的问题。

在众多问题中,尤其应该考虑的是消费者究竟需要怎样消费。过分地依赖科技,完全以科技的思维来思考人类,原本就是一条容易出现错位的路径。但是,当下人们对于科技的重视程度远远高过了对人性的思考。

互联网及私人定制

现在很多明星的礼服都是私人定制的，掀起了私人定制服装的浪潮。在很久以前，工业化还不是很发达的时候，人们穿的衣服都是纯手工制作的，就像电视剧里面一样，需要花银子去买好看的布料，然后通过裁缝量身定做，由于以前手工制作衣服时间长，而且不能批量制作，所以逐渐被工业化取代。

互联网和私人定制发力

与成衣和传统定制服装相比，私人定制综合优势明显，保守测算，国内私人定制服装潜在市场空间在1022亿元，到2020年有望达到2000亿元。

放眼整个制造业，未来30年制造讲究的是智慧化、个性化、定制化。再看现在的服装行业，已经走到了变革的拐点，行业痛点表现为消费者的个性化需求难以满足、市场激烈变化导致生产与库存难以把握，进而对资源造成了极大的浪费。

精细化的按需分配才是服装行业升级的大前提。不过度生产，不提早生产，根据消费者的需求来制定服装生产计划。既避免了资源的浪费，又可以让企业降低生产成本，提高效益，从而实现利益最大化。此外，在移动互联网时代，单纯地走实体店或者电商渠道显然是不够的。如果非要给服装产业的未来一个最佳答案，那"实体店加盟+线上导流"的O2O定制模式一定可以入选。

除了传统的线下模式，随着"互联网+"的兴起，电商也是定制服装销售的好渠道。南京的"80后"张校瑜就靠着卖定制服装，年销售额达1500万元。

"我店里提供私人定制服务，利用'互联网+'模式，与不同层次的设计师合作，从线上到线下，为客户提供既时尚又个性的轻奢服饰。"张校瑜说。

以张校瑜的店为例，定制一套男式西装，价格一般在4000至6000元，微店上线不到一星期，就已经完成了7笔交易。

而让人没有想到的是，目前我国服装智能制造的应用不仅可实现一人一码量体裁衣，而且最快72小时就能将定制做好的服装交到消费者手上，让普通人也能实现私人定制的梦想。据悉，红领集团自主研发在线定制直销平台——C2M平台，通过互联网将消费者和生产者、设计者等直接连通，个性化定制的服装1件起定制，传统服装定制生产周期为20~50个工作日，红领已缩短至7个工作日内。目前，红领单个生产单元年生产150万套件定制服装。

被业界誉为服装定制电商行业领导者的衣邦人以"网络营销+上门量体+工业4.0工厂店"的模式切入国内服装定制市场。今后消费者足不出户，就能体验到明星般的私人定制服务，专业服饰顾问上门量体定制，通过互联网平台实现用户需求与设计师无缝对接。

仅是一件衬衫量体就要完成21个部位数据的采集，一位服饰顾问量体，而另外一位私人顾问则手持平板电脑，将数据输入该公司的App，这个强大的数据库不仅记录下消费者的所有信息，还将消费者的喜好及品貌特征——记录下来，基础数据采集完毕后，消费者今后再定制服饰时直接下订单即可，只需一分钟即可实现消费者和设计师、服饰顾问的无缝对接。随后服饰顾问根据消费者的特点和喜好给出专业性的意见，同时有上千种面料、几十种领型和袖口、数十种

08 私人定制，销售的时代呼唤

板型，消费者可以根据喜好自由组合搭配。服饰顾问本身也像公司的"代言模特"随时都会指着衣褶上的细节，给你细细讲述公司设计上的创意。如果消费者喜欢还可以要求在袖口、袋口等绣上自己的名字，或具有象征意义的字符和图案。

这样的私人定制服务，小到裙子、衬衫、牛仔裤，大到西装、大衣、羊绒衫等，都可以提供上门专业定制服务。布料、款式乃至颜色都可以根据顾客的要求设计，包括每一个扣子、领口样式，都可以自由选择，专业顾问给客人量体裁衣，这样做出来的衣服一定是非常合身的，出席高端会议、婚礼等场合需要穿的衣服都可以定制。

多元化的私人定制

面对国内市场消费升级加速，定制服务逐步进入快速发展期。用创新来促进行业转型，国内定制行业也百花齐放，各种定制平台、定制品牌、定制工作室、成衣品牌转型定制都在推进中国服装定制企业的多元化和高速发展。

衣邦人首创"互联网+上门量体+工业4.0"模式

2018年第一个工作日，高端互联网定制平台衣邦人宣布：1月2日，微信粉丝突破200万！自衣邦人微信公众号2015年4月上线，第一个100万粉丝，用了两年多时间；而第二个100万粉丝，只用了短短两个多月。粉丝的高速增长，带来的是2017年12月营收超6000万元，继续保持行业领先地位。所有信息都表明：第二个三年，衣邦人会进入高速发展期。

衣邦人首创"互联网+上门量体+工业4.0工厂店"模式，对高端服装定制行业带来创新、革命性的体验，互联网基因带来不同于其他定制服装企业的裂变之路。衣邦人关注互联网与用户体验，围绕用户需求打造服务链与产品链。互联网营销将决胜未来，200万粉丝的关注，给衣邦人带来的不仅仅是关注度的提升、预约与销量的增长，这也将是衣邦人的核心竞争力又一个关键强势节点。

在2017年8月，中国服装协会研究机构中服时尚研究院曾经发布过《中国服装定制品牌官微影响力排行榜》，衣邦人位列榜首。影响力排行榜从各定制平台、品牌官微的栏目内容质量及关注数出发，结合发布频率、阅读数、点赞数、最高阅读数等相关数据，综合评分得来。衣邦人在排行榜上评分远远高于其他平台与品牌，所以此次微信粉丝额高速增长，也正是作为行业榜首所展现出来的在多方面的实力。

企业实力体现在多方面，团队建设日趋完善、服务能力继续提升、产品质量精益求精，背后是衣邦人600多名小伙伴在过去三年的齐心努力，更重要的是用户的高度认可，新用户、复购、转介绍都成为12月营收突破6000万元的关键。35万的预约用户，与传统定制覆盖数千人的规模相比，已经超越了很多人的想象。

埃沃裁缝和易裁缝

埃沃（IWODE）服装定制品牌所走的"互联网+"路线，充分利用线上线下流量入口，代理商可依托总部品牌推广资源，抢占消费者心理认同。不仅在产品上与其他男装形成差异化，客户对产品产生高黏性；客户量身定制后尺码信息的收集，方便客户再次消费，形成回购习惯。本地化的代理运作模式，让商家和顾客产生亲切和信任感，建立情感共鸣。埃沃致力解决生活中那些买服装的困扰：购买的服装不贴身，不平整，质感差；一家店面款式有限，更换商铺又增加沟通带来的时间成本和磨合造成的不愉快；店铺距离远，交通拥堵，本已宝贵的空闲时间无法陪伴家人等。

埃沃始终致力于探索高端服装链条两端的连接。一方面，埃沃不断更新国际高端品牌面料供应商数据库，将最新研发的高端面料引进国内市场，与行业精尖制作厂商达成战略合作，面料库与款式第一时间更新，对接国际时装市场，最终将一件汇聚数百道工艺流程、细节展现精致的服饰呈现在消费者面前。另一方面，通过订单系统汇总整理,埃沃记录并分析每一位用户的信息。结合用户身体指标特征和对款式品牌的热衷度,推出相关产品的定制项目,让客户享受一站式的定制消费体验。

大数据时代已经来临,埃沃将扮演一个中央数据处理中心的角色,将联合上下游的面料生产商、配饰供应商、产品设计团队、量体定制服务团队及完善的售后处理系统,打造高端定制服饰的时尚王国。

原创设计师服装定制平台:云裳添香

作为一家原创设计师服装定制平台,云裳添香不满足于传统的DIY个性服饰定制服务,而是通过独立研发的云定制平台,让每个用户可以根据自己的需求设计不同的服装,定制不一样的生活情调,并有海量商品文案、手把手培训、一键代发、专属客服等特色服务,打造中国领先的服装定制社交零售平台。

云裳添香支持原创力量,网罗来自全球各地的原创服装设计师、原创漫画师、原创品牌进驻商城。在这里,不用再担心没有客户源。云裳添香的所有商品不需要打款,不需要压货,出售商品后即可获得返利;快速物流响应,平台一件代发货;平台配备专属客服解决售前售后咨询服务等。这些配套服务也吸引了大量设计人才入驻平台。

定制专属服务,享受明星般的生活体验

在江苏省宿迁市"定呗"平台的线下工作室内,500平方米的办公楼内排满了各式各样的服装定制款式,包括西装、衬衫、皮鞋、夹克、时尚外套等。此外,办公楼内还设有接待室和量体裁衣间,整个楼层设计十分讲究。

如果有客户想定制属于自己的服装,可以有多种选择,客户可以通过"定呗"商城直接下单,也可以到"定呗"线下工作室内由设计师当面量身定制。平台上有一套专为国人设计的尺寸系统,用户只需要提供自己的身高和体重,设计师就可以用系统自动生成的数据为客户量身定制专属服装,非常方便。

平台的服装定制可以精确到服装的布料、款式、颜色以及纽扣的数量。给每一位客户量体裁衣，在确保数据精准的情况下，做到生产的每一件服装都非常合体。

互联网上的服装定制平台很多，但像"定呗"这样的平台目前全国仅此一家。"定呗"服装定制平台的创始人卢翔介绍：现在的定制是一种潮流，是一种品质，我们用最原始的方式创造出品质最高的服装。目前，像我们这样的平台全国只有一家，我相信以后会有更多的平台模仿我们。但是，我们会一直把用户的需求放在第一位，我们永远会记住我们的初衷是定制个性化服务，创造品质生活。

私人定制，让每一位定制服装的客户都能具备独具特色的风格。过去由于种种限制，服装定制一直缓慢发展，人们想买一件适合自己的服装很难。但是现在，受到互联网的影响，不管是上海还是西藏，只要点击一下鼠标就可以轻松享受到定制服装带来的品质生活，相信私人定制服装会做得越来越好，离大众越来越近。

服装销售咨询小贴士

个性化需求是未来服装消费者的需求，高级私人定制是零售发展的趋势。在这个大众创业、万众创新的时代，一批"互联网+"的新产品和新模式如雨后春笋，正蓬勃发展。

而随着国家"一带一路"战略规划的推进，中国服装行业将更快地与世界接轨，中国企业则要加快打造自己独特的核心竞争力。定制行业未来的竞争将集中在服务客户的能力上，对企业而言，就是在打造供应链与人才团队层面。

私人定制和人工智能

有数据显示，2015年我国人均衣着消费支出1164元，按照6.5%的年均增长率，2020年人民生活水平的提升将带来整体衣着消费增量6600亿元。未来10年内，我国的中产阶级数量将从2亿快速上升至6亿。在中产消费者心中，品位不等于流行，越来越多的消费者将从对国际知名品牌的追求转移到个性鲜明的设计师品牌上来，追求独特的专属性。

很多人在问这样一个问题：服装私人定制是否是服装行业在这个时代的主流？服装行业发展到今天，我国从早期的默默无闻发展到纺织服装类大国。从数据上看，服装行业也在不断地寻求着变革，服装私人定制似乎是突破传统瓶颈的一个窗口，但如何做好私人服装定制是一个很重要的问题。

新零售和3D技术人工智能

马云曾说：在将来，电子商务将会消失，未来会是新零售的时代。自马云提出"新零售"这个概念后就引发热议，而新零售与服装私人定制又会有怎么样的碰撞呢？

什么是新零售时代下的服装私人定制？答案是使用低廉的运作成本，就能实现高效直观的3D可视化定制，提升消费者的定制购物体验。在新零售与当代服装私人定制相结合的情况下，服装私人定制或许真的是服装行业的一次变革。

在智能化愈发火热的今天，私人定制服装品牌抓住智能化定制技术，就能实现工业化生产。

曾经观看过一家企业关于实现私人定制服务的宣传片，整个过程充满现代化与科技感，只需要在互联网上选择商家，填写数据，全程在线便可以实现自主搭配，满足个性化定制需求。通过3D成像技术，消费者可以很直观地看到自己穿着后的形象。接下来企业进行数据处理后传到生产端进行生产，在规定的时间内，消费者就能通过物流收到自己的商品。

人工智能时代，任何领域都在朝智能化发展，服装行业也不例外。服装企业在服装行业哀鸿一片的时候，要想独树一帜，就要学会运用智能技术，配合消费者的需求，适应消费者的特点。定制化服务正是这一过程中很重要的一环。

近几年，服装行业哀鸿一片，身处其中的红领集团却成了炙手可热的香饽饽，众多中外企业趋之若鹜，从四面八方赶来参观学习。阿里、海尔、万科、联想、TCL等名企都是它的访客，海尔集团的张瑞敏更是七进车间，要求海尔所有的管理层都必须到红领去学习。

一家服装企业，何以有这么大的魅力？其秘诀就是让私人定制实现工业化生产。

在传统制衣业，一条流水线被认为做不出两件不同的产品。个性化定制和工业化规模生产是一对水火不相容的矛盾体，要定制，就不能量产；要量产，就不能定制。但在红领的工厂里，一条生产线做出的产品件件不同且效率是传统制衣方式的数倍。这是怎么做到的呢？

进入红领的生产车间，就会感觉到它与传统车间的明显差异。这里更像是一个IT公司，每个员工都对着一个电子显示屏，按照上面的指示来开展自己的工作。流水线上每件产品的颜色、款式、面料都不同，它们都挂有自己的"身份证"，工人只要将其在自己面前的识别终端轻轻一扫，这件衣服的信息及制作要求就一目了然。

08　私人定制，销售的时代呼唤

控制这一切的，是红领自主研发的智能化定制系统。从初始的量体，到成单、打板、剪裁，再到最后的成衣，一套服装被细分成300多道标准工序，怎样搭配最合理，怎样剪裁最省料，全部由系统来计算并执行。

红领在这套系统中建成了板型库、款式库、工艺库、材料库等多个数据库，里面据称存储了涵盖中外服装的百万亿大数据。传统批量生产的服装一般只有大、中、小三个号，最多不超过10个。但在红领的数据库里，一套衣服有9000多个型号，从1.3米，到2.5米，高矮胖瘦，各种身材的数据都有。这不仅将客户需求的不满足率降到万分之一，更大大提高了制衣效率。比如制衣流程中的打板环节，传统方式里，一个资深打板师一套西装至少要一整天才能完成，但在红领智能系统的帮助下，只要20秒即可完成。仰仗这套系统，红领车间里210名员工一天可以完成2000套个性化服装，这在传统车间是不敢想象的。而红领能打造出这样一个"魔幻"工厂，全靠掌舵人张代理十几年如一日的坚持和隐忍。

红领与国内外60多家传统制造企业建立了合作关系，涵盖化工、自行车、家具、纺织品、装修设计、鞋帽、电子产品等多个行业，红领向其输出了整套智能化方案。

从智能化改造这一角度来看，红领正在撬动一块更大的蛋糕。近几年，传统制造业转型升级形势越发严峻，其关键点正是工厂智能化改造。如果红领能为国内甚至国外大量工厂设计标准化解决方案，那么其收获将不可限量。仅各工厂的海量数据就会帮助红领掌握未来的工业云平台，从而占据工业4.0的制高点。

但这并不意味着红领在前进的路上可以高枕无忧。在信息化、智能化快速迭代升级的背景下，红领会不会出现竞争对手？虽然中国个性化定制市场空间巨大，但用什么方式、要用多久才能撬动这个金矿？怎样进一步提高用户体验？能否让现有的智能工厂再升级？这些，都是未来红领集团和中国服装企业需要思考、面对和攻克的难题。

服装销售咨询小贴士

　　某种程度上看,依赖于计算机来简化创作过程既可以说是一种创新,也可以说是一种偷懒。但是,从科学的角度讲,这确实是科技创新,是提高生产力的支撑。

　　私人定制加人工智能,这是未来服装行业的一大趋势,也是一大特色。人工智能技术与人类的协调,可以帮助服装私人定制来加强自己的创作和运作。虽然目前人工智能技术的发展正处于从感知智能向认知智能进发的阶段,但我们必须相信科技的力量和辅助意义。

　　或许有一天它还可以创造出更加天马行空的设计,真正全面地完成私人定制呢。未来大有可期。

私人定制与设计师

近两年,韩剧和美剧逐渐成为流行的电视剧,经常看电视剧的小伙伴们肯定会看到,剧中一些帅气的男主角和漂亮的女主角都会到专业的服装店或是知名的网店量身定制服装。时下,追求时装个性化、专属化已经成为年轻人的一大标签。

随着人们生活水平的提高、审美观念的提升,传统的批量化标准化生产的服装开始受到冷落。以"80后""90后"甚至"00后"为主的消费群体在购物时,热衷于个性化和差异化,越来越多的人开始选择私人定制服装,注重品质生活。基于这样的特点,专为中国人设计的服装私人定制服务应运而生。就像国外普遍有私人医生一样,今后有消费能力的消费者也会有自己的私人服装设计师。

设计师是私人定制的灵魂

私人定制是体现某些消费群体追求差异化的选择,可以体现消费者的品位,甚至是身份的象征,这种需求是海淘、普通品牌不能满足的。所以私人定制的吸引力是毋庸置疑的。

吸引顾客购买私人定制的是设计本身,虽然这类消费者也会买品牌的东西,但是独一无二的东西显然更具吸引力。很多人买衣服的时候,对设计都是有自己的看法的,比如"这里再收腰一点""下摆再长一点",这些都是私人定制才可以实现的。让私人定制更物有所"值",设计上更具个性、更符合顾客气质、选材更优质、做工更精良,正是私人定制服务的终极目的。

另外,私人定制也离不开市场营销和团队运营,最重要的是设计,要有好的设计师、制板师和裁缝。对于高级私人定制来说,手艺精湛的裁缝师傅是非常重要的,特别是处理一些纱质面料等,需要非常精致的包边,非常考验裁缝师傅的技术。

设计师的工作,在表达自己想法的同时,最重要的还是得根据客户要求来修改。通常来说,设计出一件礼服,大部分客户会要求改一些小细节的部分,如果设计师不能适应,是很难令顾客满意的。

服装私人定制除了做到符合顾客的购物和审美需求之外,更深层次的是要满足顾客的情感和心理需求。因一个人的气质、性格、素养而延伸出来的定制服装,应该是最高端的。大家起初认为定制就是高端,但现在也有大部分人认为定制即合适,并非印象中那么神秘和高不可攀。目前大批量、无差别的生产很难再满足大众需求,即便是刚走上社会的职场新人,也会想要自己独特的着装,不浮夸、不造作、适合自己,即便贵一些也乐意购买,但是市面上能满足这种需求的精致的定制渠道太少了。

Judy范在国内的高端定制圈非常有名,很多人知道这位从英国伦敦萨维尔街归来的女设计师。她为众多的明星和名人提供了具有英伦风格的先锋定制服装和成衣。

在伦敦的萨维尔街定制一套服装,远没有想象中那样贵,有些价格甚至比不上一套阿玛尼套装。但不同的是,一人一板,即裁缝会根据客人的体形专门制作出一个板型。店里有专人给你量体型,制作专属于顾客个人且永远会存放在店里的板型。

在Judy范的观念中,服装不是艺术品而是商品,卖得出去才最重要。所以她的品牌,客户是最需要考虑的因素之一,先有客户喜好的分析与参考,再开始做设计是Judy范的时装理念。

08　私人定制，销售的时代呼唤

Judy范的工作室JKOne先锋定制采用顶级进口面料，所有面料都来自意大利和英国，除了一人一板、量身定制等作为最基础的配备外，还根据不同人的体形和年轻人的审美改良板型，并融入设计与流行元素，传达的不只是经典，更多的是时尚。

JKOne品牌定制西服的设计和打板均由Judy范负责，裁缝是从国内找的有多年资深经验的老裁缝。

Judy范觉得在如今快节奏的社会里，"衣不如新"才是常态，每个人都希望穿新衣服。所以JKOne先锋定制用了将近一年的时间去尝试如何控制不必要的开支，在使服装保持高水准的基础上把成本压到尽量低，让更多的人消费得起，从而让越来越多的人了解到定制文化。

假如在英国一个高端定制品牌的起价是2500英镑（折合人民币2.2万元左右），那么在JKOne先锋定制使用相同的面料，设计和板型都是相同的，只有裁缝不一样，价格却比英国的那个高定品牌优惠很多。JKOne先锋定制的西装起价是7800元，衬衣起价1980元，手工皮鞋起价4280元。所有的单品都需要北京工作室预约，量体到试衣3周，试衣到取衣3周。

私人定制成本

随着人们生活水平的提高，大众对服装的时尚与品质的追求不断提升，穿着工业化批量制作的衣服，难免会遇见撞衫的尴尬情况，而且在这个同质化严重的时代，人们追求个性化，通过私人定制做出来的服装几乎都是独一无二的，带些轻奢品质的定制服装能给人带来极大的优越感和满足感。

一般的私人定制服装的步骤是去私人定制服装店里面选材质，选样式、款式，然后设计师根据个人尺寸，量身定做出你满意的产品，这个过程需要的时间长短不一，少则两三天，久的需要半个月左右，价格取决于材质与设计水准。

定制的特征之一就是量少。个人认为成本方面的劣势有材料的单价高（例如辅料，算上版费）；量少，与供应商及工厂的议价处于弱势；人工费用（机会成本）高；物流费用高等。

私人定制大致可分为量化的大众定制和质化的高品质定制。量化会牺牲一定的产品品质，比如面料、板型、工艺设计细节等，量化细节使成本降低。质化确实能不断细化产品品质，甚至做到极致，成本也随着面料、辅料、设计板型、工艺流程的不同而有优劣之分，成本自然无法降低。在市场繁荣时，会更追求品质，但当市场消费减少、僧多粥少的情况下，显然顾客会选择性价比更高的产品。

设计师和私人定制的提升空间

高端定制行业有较为明显的三极分化特点，一部分是以设计主导的名人效应扩大声势，进行资源合作；一部分是工厂及传统品牌为主导，大部分一二线商场品牌也会提供相应的定制服务；还有一部分是在两者之间，因为进入行业久，以工装为导向，发展店铺的定制服务，一般以产品做工为核心，价格非常接地气。

定制行业的问题也非常显著，包括服务同质化、产品单一化、市场定位趋同（比如人脉交往、高端场合、婚庆）。

丰富服务理念也是一大可提升的地方。绝大部分定制服务的关注点在"物"而非人，市场已经从需求转化为习惯，培养自己的习惯而非客户的习惯，这是非常大的市场拓展，例如关怀客户的习惯，婚庆的消费者仅仅是客户而非用户，怎么使客户变成用户，关心服装的使用率和使用场合。不要过于指望婚庆客户会再带客户过来，婚庆服装使用率低，而且用途单一，大部分只穿几次，根本不会去分享。

服务体验的关怀也有待提升。在用户量体完成、等待衣物的这段时间里的互动，不要认为是在打扰客户，这段时间的沟通会避免很多风险。比如简单的发胖或消瘦，就要进行合理预防和沟通，提供专业建议；另外售后服务不要仅限于对产品的维护，需要不时提醒客户服装保养的细节。

团队技能也有很大的提升空间。定制市场很多在深耕产品，而非拓宽客户需求、体验、习惯；和客户沟通尽量忘掉你是做服装的，他要的不是衣服，而是满足需求后的喜悦；个人觉得定制会普遍化，而且产品会多样化，催生出趣味性、利他性，个性而不唯一、柔美而不孤傲；服装定制的核心重点是业务流程及元素重塑而非产品本身，让产品的元素更多地融合进来，一改传统定制的高冷、严肃、呆板等刻板印象，匠人般的专业精神固然重要，但来一些新趣味调剂一下也许会让顾客更喜欢你的服务。

身边的定制形式

第一，成熟的设计师品牌。 这些品牌有稳定的平台，价格和风格定位自然是随自己品牌的，只要经营好品牌自身，订单会源源不断。设计师是真正能做时装款式，而非职业装或婚纱礼服的那种。可以给明星定制，也可以给时尚人士定制。

第二，资金投入少的传统定制。 比如单做男衬衫，设计师做好一些领子、袖子、纽扣、配件和面料等样品，供顾客挑选，组合搭配后，由工厂完成成衣，价格在500元左右。顾客群可以在朋友圈里延伸，也可以放在婚纱店等配合女装去推广。

第三，高投入的高端定制。 这就需要去法国或其他一些定制服装前卫的地方专门系统地学习，而且在国内要有强大的消费群体，可以接一些高端人士的订单。但由于专注打板和工艺，在款式上比较传统，还是以西服套装为主，男装居多，这跟第一种设计师主导的区别一目了然。

服装销售咨询小贴士

设计是开端,搭配着营运技巧,最终还要靠技术支持,团队配合。分工明确,大家理念要相同,不管是彼此之间的合作,还是与客人之间的沟通,都要保持积极进取的态度。我们身边有太多人创业后,因为分工不明确导致彼此干涉过多,最后不欢而散。

展望未来,国内的设计师正在崛起,我们的设计师和品牌只要占领了中国这个世界上最大的消费升级市场,就能造就世界级的设计师和定制服装品牌。